JN013122

Fighting Talk: Forty Maxims on War, Peace, and Strategy

戦略の格言

戦略家のための40の議論

普及版

コリン・グレイ 著
奥山真司 訳

芙蓉書房出版

「戦争は万物の父である」

エフェソスのヘラクレイトス（紀元前五四〇～四八〇年）

「ボルジア家の統治下にあった三十年の間に、イタリアじゃ戦いやテロや殺人や殺し合いが起こっていた。しかし同時に彼らはミケランジェロやレオナルド・ダ・ヴィンチの他に、ルネッサンスも生み出したのさ。ところがスイスの同胞愛、そして五百年の平和と民主主義はいったい何をもたらした？　鳩時計だけさ」

映画「第三の男」のハリー・ライム（Harry Lime）のセリフ

「私は、平和の長さというものは敵に与えた壊滅の度合いと正比例する、という原則を信じている。つまり敵に与えた打撃が激しいものであればあるほど、敵が静かでいる期間が長くなるということだ」

ミハイル・スコベレフ将軍（Gen. Mikhail Skobelev）

はしがき

本書は私が何年も前に設定した、自分自身への挑戦に応えようとたものである。その挑戦とは、「戦争、平和、そして戦略という最も深刻なテーマについて、他の本よりもなるべく簡潔で分かりやすい形で提示して説明することはできるだろうか？」というものだった。もちろんこれが上手く行ったかどうかの判断は読者諸氏の判断にお任せするしかない。歴史では、最も必要な人々に対して即席の智慧を授けてくれる「戦略の知恵のカタログ」を作るために、長年にわたって多くの人々による努力が積み重ねられてきた。もちろんこのような「ハウツー本」の需要は常にあるように見える。本書はそのような人気のありそうなタイプのものに思えるかも知れないが、少なくともこの場合は見かけと中身はかなり違う。本書はたしかに読みやすいものかも知れないが、それでも戦争、平和、そして戦略に関する「猿でも分かる」ような種類のガイドブックではない。おそらく急いで付け加えなければならないのかも知れないが、本書はそのようなことを狙って書かれたわけではないのだ。

格言についての本というのは特に珍しいものではない。しかし私の知る限りでは、現在活躍している戦略家でこのようなことを計画しているのは私一人だけである。「格言」、「原理・原則」、「永続的な真実」などは、お世辞にも学術的なものとは言いがたい。しかし、一般的にこのような格言が見下されているための当然の結果として、人々が戦争、平和、そして戦略の性質やその関係性の基本について深刻な知識不足に陥っているのは全く残念なことだ。

「イントロダクション」では本書の構成が説明されている。私がここで言っておかなければならないのは、それぞれの格言についての議論は引用句で始められて引用句で終わっているということだ。これらの引用句は単なる飾り付けのために引用されているわけではなく、本文の中で展開されるストーリーや説明と一体となったものだ。本書を書くということは、戦略家である私にとって（知的な面を除く）ほぼ全ての面において実験的な試みであった。私は戦略というテーマについて数多くの本を書いてきたが、今まで一度もこのように選ばれた格言に沿った形でこれほどまで簡潔に戦略史の核心的な真実――「真実」という言うべきだろうか？――を説明しようと懸命になったことはない。本書に収められている四〇の格言のほとんどは、それが十分理解されているかどうかは別としても、すでに有名なものばかりである。逆に言えば、私のオリジナルの格言だけを集めた本を作るほうがむしろ奇妙であろう。なぜなら、なぜそれほどまで長い期間に渡って「永遠の真実」が発見されなかったのだろうか？という疑問が出てくるからだ。そして当然だが、このような考えは馬鹿げている。しかし私は本書でこれらの格言のアイディアを、それが有名であるなしに関わらず、かなり独特だが首尾一貫した形で扱ってきたということだけは胸を張って言うことができる。

もちろん私は以前にこれらの格言のうちのいくつかを多くの聴衆の前で何度も披露してきたことがあるが、これらの議論については完全にオリジナルなものだ。ここで断っておかなければならないのは、本書の中の議論はすべてこの本のために書かれたのであり、どのような形であれ、それが記事や論文として書かれたことは一度もないということだ。

ここで扱われている格言のテーマはあまりにも広範囲にわたるため、正直に言って、自分自身でもどこの誰からインスピレーションを受けて考えついたのか見当がつかない。おそらく私がまず引用しなければならないのはナポレオンであり、彼の『ナポレオン言行録』(Military Maxims)が本書を作ることになった最初のきっかけだ。本書の格言のセレクションは、私の四〇年近い戦略のプロとしての経験から生み出されたものだ。しかしながら、私は自分の生徒たちによって本書の中にあるアイディアが熟成されたことを指摘しておきたい。私は長年にわたって自分が指導してきた研究生たちとの知的会話が、彼ら自身よりもむしろ私にとって大きな利益を与えてくれたと感じている。特に私はイギリスのハル大学と、現在のレディング大学の博士号課程の生徒たちから実に多くのことを学んだ。彼らは常に私に刺激を与えてくれたし、時には私が主張する「真実」に対して挑戦してきたのだが、このような場合はよく考えれば彼らの言い分が正しかった。多くの大学教授というのは(少なくとも私だけは)学問的にトラブルが全くないとは言い切れないのだ。

いつものことだが、バーバラ・ワッツ(Barbara Watts)女史には原稿をまとめるという大変な作業を行う上で素晴らしい手腕を発揮してくれた。バーバラには感謝している。そしてまたいつものことだが、私の家族は私の本を書くという事業に対して正当な不満を述べつつも支援してくれた。ヴァレリー(Valerie)とトニア(Tonia)には仕事の虫のような夫で父である私を寛大に見てくれて感謝している。ヴァレリーには特に索引を作るという大変な作業を手伝ってくれたという意味で特別な感謝をしなければならない。これ以上の大きな愛を持つ人はいない。

コリン・グレイ(Colin S. Gray)

英国、ワーキンハムにて

二〇〇六年十月

イントロダクション
大きな問題を正しく理解するために

格言（maxim）とは、「たった一言で表現される一般的な真理、もしくは行動のための法則」である。[*1] 本書は基本的に二つのアイディアをベースにして書かれている。一つは戦争や平和、そして戦略についての格言が存在するということであり、それらは真理を述べていて、かつ重要であるということ。二つ目はこれらの真理がよく忘れられることがあり、そのために悲劇的な結末を生み出すことが多いということだ。本書は戦略家の教育のために必須な知識を提供することを狙って構成されている。[*2] もちろん、このようなことは、ナポレオンの最も有名で忠実な解説者であったアントワーヌ＝アンリ・ジョミニ男爵（**Baron Antoine Henri de Jomini**）によってすでにかなり達成されているように見える。ところが、このような印象は（完全にとは言えないが）かなり間違ったものであると言えよう。また、カール・フォン・クラウゼヴィッツ（**Carl von Clausewitz**）が「法則」、さらには「格言」などというものを嫌っていたのは正しいのだが、本書の構想に最大のインスピレーションを与えたのは他ならぬ彼の格言なのだ。[*3] 本書で提示され論じられている格言の数々は、「こうすればこうなる」ということが書かれたマニュアルのようなものではなく、むしろ戦争や平和、そして戦略の本質というものを理解する助けとなることを狙って説明されている。

本書のように「格言を列記して説明を加える」というスタイルは、一般的にもかなり珍しいタイプのものであろう。また、正しいプロフェッショナルの実践に役立つ学術的な意見としては、批判をされても仕方のないようなものに見えるかも知れない。もし本書に掲載された四〇の格言がそれぞれのテーマの本質を探らなければならないようなものであるとすれば、学術的な面からの批判も仕方ないと思われる。ただし、これらの項の狙いはそこにあるのではない。なぜなら、本書の目的はそれぞれの格言を「説明・解説すること」なのであり、それらを「主張して論じること」ではないからだ。したがって、これらの格言はそもそも議論を呼ぶような性質のものではない。私はこれらの格言が正確なものかどうかを論じるのではなくて、その重要性を論じるのだ。その証拠に、これらの四〇の格言は、どれも頭ごなしに否定できるようなものではない。たとえば「戦争はギャンブルだ」という格言や、「戦争で最も重要なのはコンテクストだ」、もしくは「摩擦を考慮せよ」ということを説得力を持って否定するのは、そもそも非常に困難である。つまり、本書は突拍子もないことを論じているのではない。なぜなら、格言というのはその性質上、問いかけに対する「答えそのもの」だからだ。したがって、本書は「答え」を集めたものである。また、これは極めて私的な性質を持つものだ。たしかに、私の格言の選択については疑問を持つ人もいるかも知れないが、私は単にこれらが私なりの選択であり、批判する人々はそれぞれ自分たちの好みのリストを作れば良いと考えている。

また勘違いされては困るのだが、本書は戦略というものについての、戦略家である私個人の見方を提示しただけにすぎない。各項ごとの「格言とその解説」という形式は、読者の読みやすさを考えてデザインされたものだ。各項では現役の戦略家である私の考え方が散りばめられており、それぞれの格言の意味が説明され、重要性が強調され、それらを無視した場合の危険性も示されている。本書は、戦争、平和、そして戦略というものについての戦略家の意識的な考え方を明らかにしているという意味で、たった唯一というわけではないが、それでも極めて珍しい著書であるといえよう。それぞれの格言の解説はあえて簡潔に書いたが、それでも深みに欠ける表層的なものではないと私は信じている。これらの格言は学術的なものには見えないかも知れないが、それでも、これらが簡潔にまとまっているのは、私の過去四〇年間にわたる学術的な探求と政策志向の研究、そして政策に関連性のある研究の成果によるものだからだ。たしかに、戦略家というのは自分たちの考え方というものを意識せずに使うことが多い。なぜなら我々のような戦略家は、議論を呼ばない些細な問題をいつまでも長々と論じることはしないからだ。政治家や兵士はこれらの「格言そのもの」よりも、それを「どう使うか」ということに一番関心を持たなければならない。たとえば、彼らは戦争の後の平和を構築することがどれほど難しく、またなぜ難しいのかを理解しなければならないからだ。

格言の中には、わざわざ言われなくても自明なものも多い。しかし、ある意見が「格言」と呼ばれるようになるためには、それがたった一人の発言では全く物足りないのだ。たしかに、本書で提示されている四〇の格言は、私というたった一人の著者の選択によるものであり、いくつかの例外を除けば、背景となる文化の影響を受けたものであると批判することができるかも知れない。これらの格言には、一つの戦略文化、つまり一人の英米の戦略家の世界観が表されていると言えるのだ。もちろんこれらの格言の多く、もしくはそのほとんどは、著者である私の所属する文化圏を越えて支持されるものであろう。しかし他の文化のコンテクストの中では、格言の意味や行動が本来とはやや違った捉え方をされることも起こりうる。

本書で紹介されている格言は戦略理論の基礎を成すものであり、明瞭さというものを妨げることもある「学術的な仕掛け」というものをあえて使わずに説明されている。なぜなら、本書の狙いは探求作業に集中し、戦略の本質に迫ることにあるからだ。本書は私がこれを厳格に行うようにするために、このような構成で作られている。一見したところではわかりにくいかも知れないが、本書はかなり考えられて作られており、単なる小論文を乱雑にまとめただけのものではない。私は、読者がこの知的なデザインの努力に気づいてくれることを願っている。本書で提示されている戦略論の世界観は首尾一貫しており、それぞれの解説はすべて互いに補足しあうような関係のものである。したがって、格言の解説のいくつかは似ていたり、同じことの繰り返しになったりしているケースがあるのはご理解いただきたい。

格言は大きく五つのグループに分けられている。

パート1「戦争と平和」(War and Peace) に含まれる格言（1～10）は、戦略家にとって最も重要な分野――戦争の本質や戦争と平和の関係――についてのさまざまな見方を示している。戦略は戦時・平時の両方に必要なものである。戦争は平時の状況から生まれるのであり、平和も戦争の後に訪れるのだ。よって、戦略家は常に備えていなければならない。もし戦争が「他の手段で行われる政治」であるとすれば、政治は「他の手段で行われる戦争」であるということにもなる。もちろんこのような考え方はあまりに出来過ぎかも知れないが、それでも競争関係にある政治組織間に見られる状況を浮き彫りにしているといえよう。パート1では、戦略の思想と実践によって形成されてきた、戦略史の中でも大きなテーマを取り上げた。

パート2「戦略」(Strategy) に含まれる格言（11～21）では、パート1「戦争と平和」でとりあげたコンテクスト的なものから、戦略の実行に必要とされる、さらに実践的な領域へと話を移している。このような強引とも思える話題の突然の転換は、パート1で示された政治面での制約の結果として導き出されるものであることを考えた時に初めて納得できるものだ。なぜなら、戦略は「政治的な意思」と「軍事力」（もしくは「大戦略」と「パワー」）の間をつなぐ「橋」だからだ。実際のところ、このような見方は本書の構成にも反映されている。パート2の格言は、政治面に注目してきたパート1と、軍事面に注目したパート3をつなぐ、重要な「かけ橋」となっている。

パート3「軍事力と戦闘行為」（Military Power and Warfare）に含まれる格言（22〜28）では、戦略からさらに具体的な軍事の実践面の話に移っていく。言いかえれば、ここでは「戦略の実行」、つまり作戦や戦術、そして兵站・補給などについて論じられているのだ。これらの格言では、戦略史における最も暴力的な面である、戦闘行為そのものを検討している。

パート1からパート3まで、戦略家が最も真剣に取り組まなければならない問題をじっくりと見た後は、あえていくつかの仮定的な状況を考えることによって戦略の教育を充実させる作業に入る。とくにパート4「安全保障とそれに対する脅威」（Security and Insecurity）の格言（29〜35）では、なぜ戦略が重要なのか、そのいくつかの理由について論じられている。ここでは戦略家（少なくともこの私）が、世界政治の本質やダイナミックな性質、そして働きというものについてどう考えているのかが説明されている。

そして最後のパート4「歴史と未来」（History and Future）に含まれる格言（36〜40）では、フェルナン・ブローデル（Fernand Braudel）の「長期持続」（longue durée）という考え方が採用されている。[*4] ここでは、歴史変化のプロセスや、仕事として日頃から注目している出来事の流れというものを、戦略家により理解しやすくさせるように構成されている。パート4では、特に「進歩」

（progress）という議論を呼ぶ曖昧なコンセプトを考慮している。戦略家というのは、人類の進歩、つまり戦争の無い（もちろんすべての暴力を無くすことは無理だろうが）世界の実現に本当に貢献できるのだろうか？　それとも、戦略家は今までと同じように、政治と軍事力をつなぐ橋を支え続けなければならないのだろうか？　また、戦略史の全体的な流れというのは、神様のようにすべてのシナリオを書いている存在がいて、我々を最終的に平和で安全な未来へと導いたりしているものなのだろうか？　それとも、戦争の歴史というのは到達する目的地のない旅なのだろうか？　私が賛同する後者の見方に従えば、歴史はどこか特定の場所を目指して動いているわけではないことになる。

したがって、戦略家にできることと言えば、政治的な動機による暴力の実行をできるだけスムーズに行うための補助をすることぐらいなのだ。

本書で掲示されて説明される格言というのは、決して文化を越えた普遍的なものではない。これらは、必然的に著者である私の文化や、それを生み出したコンテクストを反映したものなのだ。それでも、戦略というのはすべての人類にとって普遍的な「コンセプト」と「実践」である。たしかに他の文化では本書のいくつかの格言のアイディアについて少し違った考え方をするかも知れない。しかしそれでも私は違う文化圏の戦略家がこれらの四〇の格言を全て否定するとは思わない。つまりこれは戦略についての一般的な知恵のほとんどは本当に文化を越えたものである、ということを暗示している。もちろん、私はこれらの「格言そのもの」や、「格言の解釈が実際の行動の時に出てくる際の現れ方」は、それぞれの地域文化や大衆文化、戦略文化、そして軍事文化などによって変化する、ということを急いで付け加えておかなければならない。[*5]

私は、これらの四〇の格言が文化を越えて普遍的な有効性を持っていると信じている。ただし、本書の目的はこのような気宇壮大な主張をすることにあるのではなく、むしろ遥かにささやかなものである。私が主張しているのは、単に「歴史の教訓が我々に教えてくれる、戦略の本質と仕組み」なのだ。この歴史の教訓というのは、小論文的な形をとった格言の解説をわかりやすくするのにかなり役立っている。もちろんある人はこれとは別の格言のリストのほうが良いと思うだろうし、多くの人はこのような「戦略の格言」という考え方の利便性や、その有効性というものまで否定するかもしれない。ところが、私はそれでもかまわないと思っている。なぜなら、本書は個人的な意見の表明にすぎないからだ。

このイントロダクションの副題「大きな問題を正しく理解するために」というのは、本書における私の狙いの核心を述べたものだ。私は、政治家、軍人、そして熱心な国民がこれらの格言を理解できれば、現在行われている戦争や平和、そして安全保障に関する議論に存在する多くの（そしておそらくほとんどの）間違った考えに対して備えることができると信じている。もちろん、間違いは常に発生するものなのだが、これらの格言によって得られる戦略の教訓は、間違いを多くするのではなく、むしろ少なくする作用があるはずだ。戦術や作戦レベルでの間違いは、方法論のレベルで発生したものなので後で修正が効く可能性があるが、政治レベルや戦略レベルの間違いは、目的そのもののレベルで発生したものなので、結果としては取り返しのつかないことにつながる。戦略の成功というのは絶対に保証できるものではなく、常に「政策のセンス」や「軍隊の能力」、そしてその二つの間の「対話」によって左右されるものだ。したがって、良い戦略というのは常にこの「対話」の中から生まれなければならない。[*6]

＊1 Judy Pearsall and Bill Tumble, eds., *The Oxford English Reference Dictionary*, 2nd ed. (Oxford: Oxford University Press, 1996), 893.

＊2 2, Antoine Henri de Jomini, *The Art of War* (London: Greenhill Books, 1992). 〔アントワーヌ＝アンリ・ジョミニ著、佐藤徳太郎訳『戦争概論』中央公論新社、二〇〇一年〕

＊3 Carl von Clausewitz, *On War*, edited and translated by Michael Howard and Peter Paret (Princeton, NJ: Princeton University Press, 1976). 〔カール・フォン・クラウゼヴィッツ著、清水多吉訳『戦争論』中央公論新社、二〇〇一年ほか〕

＊4 Fernand Braudel, *The Mediterranean and the Mediterranean World in the Age of Philip II*, 2 vols. (New York: Harper Colophon Books, 1976). 〔フェルナン・ブローデル著、神沢栄三訳『地中海世界』みすず書房、二〇〇〇年〕

＊5 私は現在の戦略文化についての議論を "Out of the Wilderness: Prime-time for Strategic Culture," *Comparative Strategy* 26 (January-March 2007). でまとめて分析している。その他にも Lawrence Sondhaus, *Strategic Culture and Ways of War* (London: Routledge, 2006). を参照のこと。

＊6 See Eliot A. Cohen, *Supreme Command: Soldiers, Statesmen, and Leadership in Wartime* (New York: The Free Press, 2002). 〔エリオット・コーエン著、中谷和男訳『戦争と政治とリーダーシップ』アスペクト、二〇〇三年〕

戦略の格言《普及版》●目次

パート2　戦略

パート3　軍事力と戦闘行為

パート4　安全保障とそれに対する脅威

パート5　歴史と未来

パート 1

戦争と平和

格言1

最も重要なのは戦争の「コンテクスト」である

戦争を理解するにはそれをコンテクストに当てはめて考えることが必要になってくる。軍事史というのは歴史のコンテクストの中の一部なのだ。

ジェレミー・ブラック（Jeremy Black）、二〇〇四年[*1]

戦争とは、それだけを研究すれば理解できるような独立した流れを持つものではなく、むしろ完全に「コンテクスト」（context）の中から生み出されたものであると言える。戦争の流れや結果というのは、それらのコンテクストに大きな影響を受ける。だがコンテクストは戦争の実行面を決定するわけではない。なぜなら、戦うもの同士はそれぞれ自分たちの独特のやり方で戦い、また周到に用意された作戦でも、偶然のめぐり合わせによって思ったよりも上手く行ったり、その逆に簡単に阻止されたりすることもあるからだ。

では、戦争における最も重要なコンテクストとは何だろうか？　よく考えてみると、これは全部で七つある。よって、この項では「全ての戦争はこれらの七つのコンテクストによって理解できる」ということが論じられる。このコンテクストをそれぞれ挙げてみると、「政治」、「社会・文化」、「経済」、「テクノロジー」、「軍事・戦略」、「地政学及び地政戦略」、そして「歴史」ということになる。すべての戦争、つまりあらゆる時代のあらゆる種類の戦争は、この七つのコンテクストによって分析することができるのであり、これらは特定の武力紛争の本質的な特徴を浮き彫りにするのだ。読者の方々の中には、私が研究家の悪いクセで単純で明快なものをわざわざ複雑に説明しようとしていると疑う人もいるかも知れない。もちろん私は、このような思い込みによる批判に反論しなければならないが、それ以上に、私はここで示された七つのコンセプトは戦争の多くのコンテクストの中から選ばれた最も重要なものばかりである、ということを急いで付け加えておかなければならない。この項の格言の前提となる考えにあるのは、戦争は常にとても複雑な行為であり、ＣＮＮで断片的に見られるような戦闘場面というのは、実は我々に本当の理解を与えてくれる全ての題材という大きな氷山のほんの一角でしかない、ということだ。したがって戦略家という人種は、戦争で本当に起こっていることを理解するためにはその中からコンテクストというものを摘出しなければならないことをよく知っているのだ。

戦争の中の「政治」のコンテクストは、実質的にすべての紛争の原因である。ところがこれは「すべての戦争の原因は同じだ」と言っているわけではなく、むしろ「戦争というのは政治的な理由で行われる」ということである。もし組織化された暴力が政治的なものでないとすれば、それは戦争や戦闘行為ではなく、犯罪による暴力か、それとも単なる暴力的な野蛮行為ということになる。そもそも戦争というのは（ダイナミックな性格を持つ）「政治」のコンテクストが存在した時にだけ初めてその意味と目的が与えられるのだ。

「社会・文化」のコンテクストは二つの点で重要だ。まず一つ目は、それが戦闘行為に直接作用するものであるという点だ。たしかに、戦争を実行するのは国家やその他の政治組織なのだが、戦争の行為というのは、実際のところはそれが属している社会や共同体によって行われるのだ。二つ目は、これらの社会というのはそれぞれ独自の文化によって形成されている、という点だ。したがって、どのレベルの分析をする際にも、我々は常に大衆文化や戦略文化、そして軍事文化との関連性（もしくはその関連性の欠如）を意識しておかなければならない。

次に、すべての戦争には「経済」のコンテクストがある。一般的な見方とは違って、歴史において経済的な動機が戦争の原因になったことはあまりない。ただそれでも、実際に戦争を行う組織は、実行とそれに対する準備の際に経済的なコンテクストに決定的な影響を受けるのだ。

また、全ての戦争には「経済」のコンテクストがあるのと同じように、「テクノロジー」のコンテクストも存在する。もちろん、テクノロジーの重要度は戦争ごとや時代ごとによって上下する。たとえば、クラウゼヴィッツは『戦争論』の中でテクノロジーの要素を無視しているが、それは彼の時代にはそれほど激的な変化が起こっていなかったからだ。彼が死んだのは一八三一年であり、産業革命が軍事力に及ぼした初期の影響を見届けることができなかったのだ。しかし客観的に見れば、クラウゼヴィッツの議論の中にテクノロジーに関する要因が入っていなかったことは我々にとっても喜ばしいことだ。なぜなら、もし彼が自分の戦争の理論の中にテクノロジーの変化の要素を組み込んでいたら、彼の著作は書かれた直後から時代遅れになってしまう危険があったからだ。要するに、重要なのは「テクノロジーそのもの」ではなく、むしろその「テクノロジーの使い方」なのであり、これはまさに普遍的な真理であると言ってよい。

また、全ての戦争には「軍事・戦略」というダイナミックなコンテクストがある。このコンテクストは二つの面で現れてくる。一つ目の面は最もハッキリとしており、実際の敵同士、もしくは将来敵同士となる可能性のある二つの勢力の間には、均衡（もしくは不均衡）な競争的関係が常に存在するということだ。二つ目は、全ての戦争というものは、軍事科学の発展している歴史の流れの中の、ある特定の時点で発生するということだ。科学技術というのは時間と共に進化・発展するものであり、敵（もしくは将来の敵）もいずれは最先端の軍事技術を手に入れて使ってくる可能性を考えると、戦略においては「条件つきの重要性」しか持っていないことになる。つまり、戦う者同士が軍事科学のどの部分を使うのか（もしくは使うことができるのか）というのは、「テクノロジー」だけではなく、「社会・文化」、「経済」、そして「軍事・戦略」などのその他のコンテクストによって左右されるのだ。[*2]

全ての戦争には「地理」のコンテクストがある。これは、二面的に、つまり地政学（geopolitics）と地政戦略（geostrategy）という二つの面で考えるとわかりやすい。テクノロジー面での変化は、地政学と地政戦略のコンテクストのいくつかの意味や詳細を確実に変化させてきた。しかし、テクノロジーは「地理」のコンテクストの重要性を完全に消滅させることはできなかったし、これからもそれは無理であろう。[*3] 情報化時代の戦争の預言者たちは、サイバー攻撃や（超音速で）長距離を越えて仕掛ける空爆などが実現することによって、地理というものがもはや過去の時代の制約であると決めつける傾向がある。ところが彼らは間違っている。その主な理由は、彼らが新しい兵器によって距離（そして時間）を克服できると勘違いしてしまうだけでなく、むしろ戦闘行為の複雑性というものを「ターゲットの破壊」という行為に単純化して考えてしまいやすいからだ。もちろん、戦争や戦闘行為というのはそれよりも遥かに複雑なものだ。

その他にも、全ての戦争には「歴史」のコンテクストがある。戦争にはまず過去というものがあり、そのために発生し、そこに至るまでの流れや行為、そしてその成り行きというものが将来に残っていくものなのだ。「歴史」のコンテクストを無視してしまえば、どの戦争も理解することができなくなってしまう。また、戦う者の双方の歴史の解釈を見てみると、彼らが戦う動機や、彼らが実際にどこまで本気なのかまで教えてくれるのだ。

もちろん、本項で紹介したこれらの七つのコンテクストの重要性は、それをいくら強調してもまだ足りないほどだ。たとえば、これらの七つのうちの一つでも見落とせば、最悪の結果を招くことになりかねない。本項の格言の最も良いところは、戦略家が戦争に対処する時に、あらゆる面から包括的に考えさせてくれるという点である。もちろん戦略家も人間なので、この中のいくつかのコンテクストだけに注目しすぎてバランス良く考えられなくなってしまうことが多い。たしかに戦争を成功に導くのは非常に困難なことであり、戦略家という人種はいくつもの「賢者の石」、つまり複雑な情報によってできた非金属を完全な状況判断という純金に変えることができるような魔法の知恵をいくらでも持っているように見せたがるものなのである。しかし、戦争にはいくつもの複雑なコンテクストがあるということを知っている戦略家は、そのような誘惑にかられることも少なくなる。

戦略家が自分の仕事を成功させようと思うなら、これらの全てのコンテクストで有利に立つような方法はあえて考えないほうがよい。しかし、これらの七つのコンテクストの中のたった一つだけでも弱点があると命取りになるのであり、そのために同時に全てのコンテクストにおいて最低限のレベルを達成しておくことが必要になるのだ。もし現在のアメリカがイラクやアフガニスタンで行っているような異文化との戦いの戦略を考える場合は、その紛争の「社会・文化」のコンテクストをしっかり把握できていないと大失敗につながる恐れが大きい。[*4] たとえ戦略家がどんなに崇高な目的を目指していたとしても、「社会・文化」のコンテクストを理解できていなければ、この紛争における最も重要な人々、つまり紛争の当事者である現地の人々の最も重要な問題を解決することが難しくなり、結果としてその行為が無駄に終わってしまうことになるのだ。

ここでは「社会・文化」のコンテクストが強調されているが、それは、このコンテクストの理解がアメリカという超大国の行動の中で以前から最も戦略的に弱いところであるからだ。ここで一番問題なのは、アメリカの軍事関係者が自分たちの困難な状況をよく知っているにもかかわらず、「特効薬」のような一発で解決する方法を求めたがる傾向を持っているということだ。現在の「特効薬」は「他文化の理解」であろう。ところが、以前と同じようにテクノロジーが再び特効薬として注目を集めるようになるのはほぼ確実だ。アメリカ陸軍元少将であるロバート・スケールズ（Robert H. Scales）は、「我々の戦略文化の中には、テクノロジーで全て解決しようとするＤＮＡが受け継がれている」と書いている。[*5]

戦略家は、複雑さというものが支配する世界の中に生きている。これが事実だ。しかし、戦略を決定したり実行したりしなければいけない実践的な人々は、常に簡単な近道を探そうとするのだ。したがって、七つの最も重要なコンテクストの複雑な関係を強調するのは、彼らにとってあまり役立つものではない。戦略は実践的な仕事である。政府官僚や軍人が欲しいのは解決法であり、「使える答え」からはほど遠いような「複雑さを理解すること」ではないのだ。そのような事情から、戦略では常に「テクノロジーによる解決法」や「他文化の理解」、それに「歴史の理解」など、一つのコンテクストに偏った解決法が注目されることになる。悲しいかな、歴史の個別のケースの中での重要度のバランスは違えども、これらの七つのコンテクストがすべて重要だというのは事実なのだ。本項の最初では歴史家のジェレミー・ブラックに敬意を表して彼の引用を取り上げたが、本項の最後も彼の言葉で締め括ってみよう。

戦争というのは、ほとんどの人が考えているほど根本的なレベルで頻繁かつ劇的に変化するものではない。この理由は、単にそれが「一定のこと」――あるまとまった集団が、敵を殺したり命の危険を顧みないで戦おうとする意欲のこと――を抱えているからではなく、実は「社会・文化」や「政治」のコンテクストや力のほうが、戦争の物質的な面（武器の使用やそれを支える補給システム）という目立ちやすいものよりも重要だという点にある。これらのコンテクストは、軍事行動の目的や、軍隊とそれが属している社会との関係の本質、そして軍隊の内部構造やエートス（風紀・理念）などを説明してくれるのだ。

ジェレミー・ブラック、二〇〇四年[*6]

＊1 Jeremy Black, *Rethinking Military History* (London: Routledge, 2004), p.243.
＊2 See Emily O. Goldman and Leslie C. Eliason, eds., *The Diffusion of Military Technology and Ideas* (Stanford, CA: Stanford University Press, 2003).
＊3 私は、地理が引き続き重要であり続けることを以下の論文の中で説明している。"Inescapable Geography," in Colin S. Gray and Geoffrey Sloan, eds., *Geopolitics, Geography and Strategy* (London: Frank Cass, 1999), pp.161-177.（コリン・グレイ、ジェフリー・スローン編著、奥山真司訳『地政学―地

理と戦略（仮題）』五月書房、近刊）
＊４ See Montgomery McFate, "The Military Utility of Understanding Adversary Culture," *Joint Force Quarterly* no. 38 (3rd Quarter, 2005), pp.42-48.
＊５ Robert H. Scales, "Clausewitz and the World, IV," *Armed Forces Journal* (July 2006), p.17.
＊６ Jeremy Black, *War and the New Disorder in the 21st Century* (New York: Continuum, 2004), pp.163-164.

格言2

戦争は平和につながり、平和が戦争になることもある

戦争はいかななる状況においても**独立して存在するもの**ではなく、常に**政策のための手段**として見なされなければならない。また、このように考えることによってのみ、すべての戦史と矛盾に陥らずに済む。

カール・フォン・クラウゼヴィッツ（Carl von Clausewitz）、一八三二年[*1]

戦争というのは、その定義からして自給自足的で自己完結的なものではない。戦争を行うということは、政治的及び法的な関係に入るということだ。戦争の目的、したがって戦闘行為の実践というのは、常に政治的なものなのだ。戦争はそれ自身だけで厳格に正当化できるものではないため、その意味は「政策の論理」や「衝動」などのように、戦争の外から由来するものでなければならない。

本書の後半の格言は多くの戦略家には受け入れられると思うが、あまり一般的には賛同されないものであろう。どのような形であれ、「平和」というものが形成されるということは、その後に「戦争」という時代が来るということだ。このようなことはあまりに明らかなことで新鮮味に欠けると見

られがちだが、それでもかなり困難を伴う問題を指摘している。本項の格言は結果論であり、戦略の本質というものを鋭く突いている。したがって、この格言は戦争が平和を達成するために戦っていることを述べているのにすぎない。しかも、それが「どんな平和でもよい」ということではなく、「戦争を戦っても手に入れたいような平和」なのだ。つまりこの格言では、戦略家は平時にも将来の戦争で成功を収めることができるよう戦略的に行動しなければならないことを教えている。したがって、この格言の中の二つの言葉は、双方とも純粋に「戦略的な関係」というものを主張しているのだ。

この格言に潜むロジックには、かなり挑発的とも言える二種類の「取引」(transaction) というものをやや隠してしまう作用がある。最初の「取引」とは、戦略の本質に根本的にかかわっている問題だ。これを具体的にいえば、国家指導者や軍人というのは自分たちの望む政治的な目標を達成するために、軍事力を実際に使用したり、使用すると脅したりする必要がある、ということだ。彼らはこれを「戦略的効果」、すなわち軍事的脅威や、実際に軍事力を使うことによって達成するのだ。これをわかりやすくたとえると、政治的な目標を達成するための軍事力を使った「取引」をするというのは、公式な為替レートがない場所で外国の通貨を両替するのと似ている。敵を強制して服従させ、しかも降服させるにはどれだけの軍事力を使う必要があるのだろうか？　この答えを教えてくれるのは「経験」だけである。

二つ目の「取引」は、一つ目のものよりも上のレベルにある。国家指導者は、戦闘行為における優位を、戦争全体の成功とその先の自分たちの求める平和の状態の実現につなげる必要があるのだ。この場合には、外国通貨の為替取引の例が再び参考になる。つまり、この格言が戦略家に教えているのは、平時に戦争のことを考え、戦争を行う際には戦後のコンテクストで必要とされることを常に考慮しておかなければならない、ということだ。

本項の格言のロジックに従おうとする際に実践面で障害となる可能性を持つ要因の数は、本当に無限にある。しかし、戦略家にとっての最大の挑戦は、最終的な結果を二つのステップで考える必要があるという点だ。簡潔にいえば、戦略家は自分たちの行動の結末の可能性や、その先の結末まで見極めようとしなければならないのだ。また「格言16」でも主張されることになるが、「敵にも決定権はある」ということを忘れてはならない。また、戦略家というのは戦時中に紛争にかかりっきりになってしまうことが多いことは理解していただけると思う。もちろん、戦争が行われている際に軍事力を最大限、もしくはとりあえず満足できるレベルまで活用するというのは、それだけでもかなり困難を従う作業である。しかし戦略的効果を追求し、それを実行可能な計画にして政治的にもなんとか許容できる範囲の戦後の秩序を獲得するというのは、それと同じくらい困難なのだ。

また平時になると、戦略家は公式的には「現在の平和の状態を維持する」という仕事ばかりに追われてしまう。もちろん戦争の計画というのは世界の国々で普遍的に行われているのだが、（その行為自体はあまり役に立たない）政府の方針によって、多かれ少なかれ禁止させられているものである。本項の格言は、戦略の準備に必要とされる二つの両極端な面をよく表している。「戦争は平和につながる」という当たり前に思える格言も、我々が目の前の軍事的対応に目を奪われてしまうために、歴史的な現実の中に埋もれてしまいがちなのだ。「難しい政治問題は戦争に勝った後に考えたい」という誘惑は大きいものであり、結局のところは戦場で出た結果によって戦後の政治秩序が決まってくるという考えになりがちなのだ。もちろん、これは間違った考えなのだが、それでも長い歴史を見てみると常に起こっていることなのだ。

この格言の後半の句に関して言えば、前半の句と全く逆のことを言っている事実こそが最も批判を受けやすい部分であろう。戦時の戦略家というのはどうしても目の前の軍事的な問題に対処しなければならないことが多いのだが、その逆に、平時の戦略家というのは、概して非現実的な政治の想定によって縛られたり発言を禁じられたりするのだ。

それでも、現在の西洋文化（もしくは「文明」）では、おそらく他の文化の場合と同様に「平和そのものに価値があると思われている」という事実から逃れられないのであり、したがって「平和は戦争につながる〈きっかけ〉である」という風には見られない。むしろ、平和は圧倒的なメリットを持つ「最終到達目標」であると見なされるのだ。また、理念から言えば、人々は「単なる平和そのもの」よりも、「安全が保障されている平和」のほうを好むものだ。しかし実際には「安全保障」という曖昧な概念について適切な定義を設定するのが難しいことから、「平和」はそれだけで十分に好ましい目的であるとして崇め奉られることになる。戦略家というのは、本項の格言の前半の句のように明らかに無視されてきたものや、後半の句のように大きな批判を浴びるような想定を基礎にして物事を考えなければならないのだ。

本項の格言はこの上ないほど重要である。なぜなら、戦争↓平和↓戦争という連続的なつながりの関係を述べているからだ。もちろん、この格言はこのような「連続的なつながり」という想定をそのまま表現しているのではなく、むしろ、戦略史はいびつな周期で巡っているのであって、平和の後に戦争、そして戦争の後に平和が終わりなく不規則に訪れる、という想定を元にしていることを述べているのだ。また、戦略家というのは、戦闘行為は常に世界中の何十ヵ所で同時に発生している普遍的な現象であることも知っている。ほとんどの戦争行為は、アフリカ、アジア、そしてラテンアメリカなどにおいて「非正規戦」という形で政治的な動機によって行われているのだが、大国間の戦争はかなり起こりにくくなっているといえよう。これをもう少し詳しく言えば、核武装をした国同士の戦争はとりあえず今まで一度も発生していない、ということになる。

西洋社会では、文化的に「戦争と平和は連続したもの」——つまり平和と戦争というのは本質的に同じ現象のそれぞれ別の面である——という考えは受け入れにくいものであり、我々の世界観では戦争と平和をそれぞれ明確に区別しがちである。聖トマス・アクィナス（St. Thomas Aquinas）の功績が大きいキリスト教の伝統的な「正しい戦争」（just war）という概念は、我々に「戦う目的についての正義（jus ad bellum）」、「戦い方における正義（jus in bello）」、そして「平和のための正義（jus ad pacem）」など、道徳的な基準となる考え方を与えてくれている。[*2] しかし戦争に関する国際法についての考察がいくら深く行われたとしても、「正戦論」には道徳的な権威面での怪しさが残っているために、あまり戦略的な現実を理解する助けにはならないのだ。

本項の格言は、戦争と平和の間の一般的な（そして法的な面での）区別というものを完全に消滅させているわけではないが、それでもそれと似たような見方を示している。我々が知性面で師と仰ぐクラウゼヴィッツは、戦争は他の手段による政策（あるいは政治）の実行であると主張している。もし我々が戦争と政治を一つの方向に統合させていかなければならないとすれば、その逆はどうだろうか？つまり「政治は他の手段による戦争」ではいけないのだろうか？　ソ連で誤用されたマルクス主義や、ナチス・ドイツのイデオロギー（またはエセ宗教）などでは、国家は軍事的暴力を使わなくとも、常に戦争状態にあった。ソ連とナチス・ドイツの双方にとって、「平和」それ自体は価値を持っておらず、実際のところはその逆が正しかったのである。その証拠に、ナチスは戦闘行為を誇りとしていたのだ。[*3]

この格言は「戦争と平和を完全に融合させろ」と主張しているわけではない。ところが、この二つの状態は互いに密接な関係を持っているために、有能な戦略家はどうしても反対の状態に及ぼす影響を常に念頭におきながら行動しなければならないのだ。本項の格言は、戦略の最終段階の行動を常に慎重に行うよう警告している。つまり、これは「平和は戦争の後にやってきて、戦争は平和の後にやってくる」という、不規則だが終わりのないサイクルによって成り立っている世界観を示している。[*4]そして、平時における戦略的な行動の質は、将来の戦争の経過と結果に対して決定的なインパクトを与えるのだ。同様に、この格言は戦争に勝つことだけでは十分ではないし、ましてや鮮やかに勝つ必要はないことを主張している。敵同士というのは単に勝つことだけを目的として戦うのではなく、「勝利」もしくは「優位に立つ」というのは、実は戦後の秩序を形成するための「きっかけ」でしかないのだ。

西洋社会の人々に「戦争と平和は、国政術という同じコインの両面を表しているだけであり、基本的に同じもので永遠に切り離せないものである」と説得するのは大変なことだ。「戦略の知恵」を敵視するような「楽観的な理想主義者」と呼ばれる人々の間で目立つのは、それなりの価値はあるのかも知れないが、それでも明らかに間違っている考え方だ。西洋社会では、一般的に戦争に反対することと自体が道徳的に望ましいことであると考えられているために、たとえ歴史の結論から導き出された本項の格言でさえも、大きな抵抗を受けやすい。楽観的な理想主義者たちは、平和は戦争ではなく、さらなる平和へとつながっていると考えたがるものだ。この見方に従えば、戦争は「将来の戦争を起こす平和」につながるのではなく、「最後の怪物を倒す一世一代の歴史的な大チャンス」ということになる。私も、たしかにこれは高尚な見方だと思う。しかし我々が唯一手にとって検証することができる「歴史」から見てみると、このような見方は全く矛盾していることがわかる。

したがって、本項の格言が持つ戦略的な感覚を否定したり無視したりする人々は、この格言を否定しない人々に直面した時に非常に不利な状況に立たされることになるはずだ。

> **理論（セオリー）と実際に起こったことが全く別の結果を表している場合、その理論を確実なものとして認めるわけにはいかない。**
>
> チャールズ・コールウェル（Charles E. Callwell）、一九〇六年[*5]

＊1 Carl von Clausewitz, *On War*, edited and translated by Michael Howard and Peter Paret (Princeton, NJ: Princeton University Press, 1976), p.88 (emphasis in the original). ［クラウゼヴィッツ『戦争論』］

＊2 簡単に訳すと、「正しい戦争目的」（*jus ad bellum*）とは戦争を実行するという判断の正しさを示しており、「戦争手段」（*jus in bello*）は正しい戦争の仕方という意味だ。また、「正しい平和目的」（*jus ad pacem*）は正しい平和の計画と実行のことをさす。A. J. Coates, *The Ethics of War* (Manchester, UK: Manchester University Press, 1997), では正戦論についての素晴らしい議論が行われている。

＊3 See Richard Bessel, *Nazism and War* (London: Weidenfeld and Nicolson, 2004).

＊4 これについて特に役に立つのは Matthew Hughes and Matthew S. Seligman, *Does Peace Lead to War? Peace Settlements and Conflict in the Modern Age* (Stroud, UK: Sutton Publishing, 2002).

＊5 Charles E. Callwell, *Small Wars: A Tactical Textbook for Imperial Soldiers* (London: Greenhill Books, 1990), p.270.

格言3
戦争をするよりも平和を形作るほうが難しい

戦争は終わったが、本当の戦いはこれから始まるのだ。

アフガニスタンのことわざ

戦争はその後に続く平和のために行われるために、格言2で説明したような海外通貨の為替取引の際の難しさがすべて含まれている。軍事的な面だけ考えれば、戦争というのはあまり複雑なものではない。なぜなら、その目的は敵を自分達の意思に従わせることだからだ。[*1] 敵を自分たちの意思に従わせるには二つの方法がある。一つは敵の戦う能力を物質的に支配してしまうことであり、もう一つは敵をこれ以上抵抗するのを諦めるよう「強制」(coercion) するという方法だ。ところが戦闘行為、つまり戦争の実質的な軍事分野での行為には、政治面の考慮が必要であり、また必要であるべきなのだ。戦術の遂行はもちろんのこと、作戦や戦略面における選択は、結果的に政治的な意味を持ってくるのだ。そして、この政治的な意味に含まれてくるのが、結局のところは「人の死」と「(建物などの) 破壊」が戦闘行為と切り離せないということなのだ。

本項の格言は、戦略の本質そのものについて真正面から突きつけられた問題を浮き彫りにしている。そもそも戦略というのは、一つの通貨（軍事行動）を別の通貨（政治的効果）に変換させるというものであるために、本項の格言は戦略家にとっての問題の核心を問いかけているのだ。もちろん、この格言は「戦争を遂行するのは簡単だ」と言っているわけではなく、むしろ「平和を作るほうがさらに難しい」と言っているだけだ。つまり、本項の格言では、軍事的勝利や、軍事的に優位に立つ重要性などについては、あえて触れられていないのだ。

もちろん、軍事面での情勢とその政治的な結果には深いつながりがある。しかし、そのつながりも、実は一方の優位が自動的にもう一方の有利につながっているというような単純なものではなく、非常にわかりにくいものなのだ。たとえば、アルジェリアにおけるフランスのように、戦闘行為では勝ったが戦争には負けたという例は歴史上でもかなり多い。また、本項の格言にさらに近いことで言えば、戦争には勝ったがその後の平和で負けるということもあり得るのだ。しかもさらに複雑なのは、本項の格言はそれ自身がなぜ重要なのかをはじめから説明していないのだ。具体的に例をあげてみると、そもそもこの格言は平和と戦争をあまりにも簡単に区別しすぎている。ところが、現在のイラクとアフガニスタンのように、戦略史の中では戦争が終結したと思われた後でも次々と戦争が起こるような例もあり、平和構築の段階へと移行する動きが挫折してしまうこともあるのだ。簡潔にいえば、国家やその同盟というのは、通常の敵を通常の戦闘において打ち負かすことはできたとしても、その後にまた新しい敵対関係の段階に入って非正規戦を行うはめになることもあるのだ。

本項の格言は、政治と軍事機関がさらに一層深く協力し合わなければならないという非常に貴重な点に注目するよう教えている。戦略を成功させるには、政治家と軍人との間で継続的な対話が行われることが不可欠なのだ。この対話の中では常に政策が上に立たなければならず、政策が軍事に制約されるのは「その政策が軍隊にとって本当に実現可能かどうか」という場合だけなのだ。著者である私にとってこの格言が意味しているのは、戦争というのは実行される際にまず明確な政治的使命の自覚がなければならず、この使命そのものが相手に到底受け入れられないもの（例えばあまりにも残酷な手段を使ったために戦後の和解が不可能になるもの）であってはいけないし、敵に和平調停へ向かわせるだけの動機を持たせる結末が必要であり、戦争は「蓋然性」、「不確実性」、そして「摩擦」の領域にあるために、柔軟性と適応性によってしっかり管理されるべきものである、ということだ。[*2]

もちろん、歴史上では政治の目的と軍事目標が「敵の破壊」というただ一点に絞られていたような珍しいケースもあるのだが、それでも戦略と政策というのは戦争の実行段階に入ると常に闘争関係に陥るものだ。たしかに一方では「どこまで戦争を行えば良いか」という道理にかなった議論もある。つまり、限定的な政治目標を達成するためにはどれだけ軍事力の行使を制限すればよいのか、ということだ。ところがその一方では、どのような政治目標を目指せばよいのかという問題もある。たとえば、政策がしっかりと固まっていない場合、軍事面での行動によって政策自体が引きずられてしまうことにもなりかねない。その結果、戦場で起こっている事情によって、はじめは限定的だった狙いが、当初の政治目標とは全く関係なく必然的に拡大していくという「任務の漸進」（mission creep）が起こってしまう。

本項の格言の背後にあるのは、戦争に勝つのがいくら上手くても、それは平和づくりの上手さを保証するものではないということだ。この二つのスキルはまったく異なるものであり、たとえば前者には正規戦、もしくは非正規戦における「軍隊の優秀さ」が必要とされ、これらのスキルは教育することができる。ところが、平和構築のような後者に必要なスキルは、教育することができないのだ。政治家というのは基本的に内政の専門家であり、防衛や外交に詳しい人はほとんどいない。ところが、どの政治家も国際的な平和構築の必要性から逃れることはできないし、かといって専門知識を習って簡単に身につけられるわけでもない。内政における紛争を解決した経験はそれなりに役に立つのかも知れないが、それでも内政と国際関係における紛争解決はあまりにもタイプの違うものであるし、逆に内政の経験が戦後の平和構築に害になることもありうるのだ。しかも、国際紛争は各ケースでそれぞれ異なる独自の性格を持つものであり、「戦後の本当の平和は、自分達の兵士が戦場で獲得した血と努力によってしか手に入れることができない」と言われることも多い。この主張には一理あるのかも知れないが、それでもこれは全体の中のほんの一部のことを語っているにすぎない。

　本項の格言の基礎にあるのは、戦争における目標は「より良い平和を得ること」であり、ただ単に「勝つこと」ではないということだ。[*3] 戦争と戦闘行為というのは政策の道具にしか過ぎない。したがって、戦争を指揮するような高い立場にある人が覚えておかなければならないのは、どれほど軍事的な問題に集中しなければならないような時でも、それらは結局、軍事だけではなく政治的な意味を持つことになる、ということだ。もちろん、戦争というのは当初の政治的な狙いを困難にしてしまうことがあるので、政策をそれなりに柔軟かつ適合性のあるものにしておくことも忘れてはならない。戦争というのは荒っぽい手段を使うものなのであり、たとえ巧妙に立てたプランでも、「敵は独立した意思を持っている存在である」ことなどの様々な要因によって、失敗する可能性はいくらでもあるのだ。

　本項の格言の重要性は、いくら強調してもまだ足りないくらいである。この格言は、戦争が平和のためであり（格言2を参照のこと）、さらには平和を構築するのは戦争を行うよりもはるかに難しいことを主張している。また、敵が明らかに弱く、しかも自分たちが戦いをなるべく効果的に行おうとする場合、その後の平和も自然にうまくいくと勘違いしてしまうパターンが（これはある程度は仕方ないことなのかも知れないが）かなり多いのだ。さらに言えば、プロの軍人は自分が発生させた政治的な影響に無関心な場合が多い。たとえば、軍人を政治から厳格に切り離すという原則に立った軍事文化の影響が強い国があるが、アメリカはその典型的な例であろう。[*4] ところがこのようなケースでは、軍事だけのことを考えている軍人が、戦後の平和構築の交渉に参加したり主導するはめになり、いきなり政治の世界に巻き込まれてしまうこともよくあるのだ。

本項の格言の重要性の核心を鋭く浮き彫りにしてくれる状況が二つある。一つ目は、完全な軍事的勝利が確保された時である。このような非現実的な状況の場合、我々は、平和づくりを行うための政治はこれ以上ないほど簡単であると考えてしまいがちだ。しかしあいにくだが、このような状況は絶対にありえない。これは、戦争に突き進ませた政策や、軍事行動を支えた理由が何であったかを考えれば明らかである。その答えは「敵を倒すこと」だったのだ。ところが、敵を倒してしまった後にはどうすればいいのだろうか？　敵を地政学的に完全消滅させるべきなのか？　敵を何代にもわたって再び立ち上がることができないようにするべきであろうか？　それとも最初に相手を罰した後に、幻のような虚構的実体である「国際共同体」（international community）への有益な参加者としてすぐさま復活させるべきであろうか？

二つ目の状況は、主に政策の狙いに挑戦を突きつけてくるような性格のものだ。まず民主制国家というものは、国民の意見の力というものを考慮しなければならない。戦争で軍事的に勝利を収めたばかりの国民というのは、敵に対してあまり寛容ではない場合が多いからだ。したがって、国家指導者が戦後交渉を敵と和解するような穏やかな性格のものにしようとしても、国内の政治的な反発によって身動きがとれなくなることもあるのだ。[*5] さらに重要なのは、自国と重要な同盟を組んでいた他国の要求も、その国際的な影響力から完全に無視することはできないという点だ。本項の格言は、「戦争の実行」と「平和づくり」は（完全に同期させる必要はないが）並行して進められなければならない、ということを教えている。たしかに激しい交戦状態になると、国家の政策の中では戦争の遂行が必然的に優先されることになる。ところがこのような状態の中でも次の平和のための計画は作成され、交渉は進められなければならないのだ。交戦状態が終わって軍事的な決着がついた場合、当然のように「戦争の実行」と「平和づくり」という作業は逆転し、今度は後者が優先事項になる。それでも、戦争終了直後に「戦争の実行」が無関係になるわけではない。なぜなら、戦後には無秩序や混乱が必ず表面化するし、勝った側の国々は勝利によって得た戦利品の分け前をめぐって争うのが常であるため、軍事力による脅しや行動が再び必要とされる状況も出てくるのだ。

「敵を打ち負かすこと」は確かに平和づくりのための必須条件ではあるが、それでも、むしろ戦争の本来の目的を達成するための重要なステップの一つであると捉えたほうが良い。そして何度も重ねて言うが、この目的は（自分達にとって）より良い平和を構築することにあるのだ。そしてそのような平和は、安定した国際秩序の合意の基礎の上にのみ成立することができるのだ。

戦争の性質、とくにその遂行期間の長さと、その国が持つ独特の戦い方というのは、その後につながる平和づくりの成功を左右することになる。近代の戦史に照らし合わせてみれば、少なくともこれが正しいことが証明されていると言えよう。同様に、戦場での戦いが終わるとすぐに会議の席上で別の形の戦いがヒートアップすることも確実なのだ。

その他に、要求をつり上げてくる同盟国の圧力に屈してしまったりするような「外交の不手際」のために、慎重に考えられた新しい国際秩序の形が必然的に妥協せざるを得ないものになってしまうことも多い。したがって、現在進行中の戦争をなんとしても勝ちたいと思うなら、戦略家は「政府というのは無責任にあらゆる約束を交わすものである」ということだけは憶えておく必要がある。勝利が確定すると、政府は八方美人的に交わされた「借り」の約束を果たさなければならなくなるし、それが守られるかどうかに関係なく、そのような約束が戦後の平和作りのプロセスに大きなダメージを与える可能性が出てくるのだ。もし政治的なダメージを広範囲に与えることがわかっているのに、それらの約束を守ることが優先されることになると、それが和平交渉にまで害を及ぼすことになってしまう。ところが約束が守られないことになると、がっかりした同盟国たちは恨みや反感を持つことになり、戦後の世界が不安定になる原因を作ってしまうのだ。両大戦間のイタリアと日本がその典型的な例である。

結局のところ、本項の格言が教えているのは、「戦争というのは歴史の中で簡潔によくまとまった話であったようなことは今まで一度もない」ということだ。戦争の遂行の部分は、戦場ですべきことを叩き込まれたプロの兵隊に任されるものだが、彼らは常に政治的に何をしなければいけないのかを熟知しているわけではない。ところが、戦争の後に平和を作るというのは、実際のところかなり難しい作業なのだ。訓練された平和づくりのプロというのはほとんど存在しないし、その任務はかなり複雑で、その性質上、戦争の遂行よりも大きな部分と細かい部分の両方で、必ず問題が発生するものなのだ。

平和づくりを成功させるには、敗れた側にしっかりと負けを認めさせることが肝心だ。もしこの目標が達成できなければ、「昨日の敵は、明日も敵」となる可能性も出てくる。負けた側の国家やその他の政治組織を安定した国際秩序に組み込むためには、和平交渉の条件は控え目にしなければならないし、その相手を戦後世界の秩序を維持する重要な担い手にしなければならないのだ。

勝利の結果を持続させるためには、敗者側の利益と問題を考慮して、彼らがその負けを最終決定として受け入れることができるようにしておかなければならない。和平条件は敗者にとって寛大か、少なくとも納得できるように見られるものでなければならない。したがって、長期にわたって続く平和というのは戦争の中身と同じように互恵的なものなのだ。

マイケル・ハンデル（Michael I. Handel）、二〇〇一年[*6]

＊1 Clausewitz, *On War*, p.75.〔クラウゼヴィッツ『戦争論』〕
＊2 Ibid., pp.104, 119.
＊3 B. H. Liddell Hart, *Strategy: The Indirect Approach* (London: Faber and Faber. 1967), p.366.〔ベジル・リデルハート著、森沢亀鶴訳『戦略論―間接的アプローチ』原書房、二〇〇八年〕
＊4 これについての古典的な著作は Samuel P. Huntington, *The Soldier and the State: The Theory and Politics of Civil-Military Relations* (New York: Random House, 1964).〔サミュエル・ハンチントン著、市川良一訳『軍人と国家』上下巻、原書房、二〇〇八年〕がある。強力な修正主義的な視点からのものとしては Eliot A. Cohen, *Supreme Command: Soldiers, Statesmen, and Leadership in Wartime* (New York: The Free Press, 2002).〔コーエン『戦争とリーダーシップ』〕を参照。
＊5 たとえば、一九一九年のヴェルサイユ会議に参加した国家のリーダーたちは本国の国内政治に縛られて

いたのだ。長期の平和を狙ったこのプロセスを批判する際にはこのような事実があったことを忘れていけない。

＊6 Michael I. Handel, *Masters of War: Classical Strategic Thought*, 3rd ed. (London: Frank Cass, 2001), pp.197-198.［マイケル・ハンデル著、防衛研究所翻訳グループ訳『戦争の達人たち―孫子・クラウゼヴィッツ・ジョミニ』原書房、一九九四年］

格言4

戦争は効く！　しかし意図しなかった結果や不測の事態は常に発生する

戦争にチャンスを与えてみよう。

P・J・オローク（P. J. O'Rourke）一九九二年[*1]

本項の格言は、「戦争は他の圧力的手段では解決しなかった問題を解決することができる」ということを教えている。全体的に見れば、この格言はカール・フォン・クラウゼヴィッツによって修正されたキリスト教の「正戦論」（just war theory）の伝統を基礎としてできた主張と、強い警句から成り立っている。

正戦論では、六つの判断基準を持つ「戦争についての正義」（jus ad bellum）を満たした時に限って戦争を行って良いと述べている。この六つとは「正義に基づく根拠」、「正統的な権威の存在」、「正しい意図」、「成功の見込み」、そしてこれらの中で最も議論の的となる「最後の手段」ということだ。[*2] 非正規型の紛争が集中して発生しているこの時代において「正統的な権威の存在」というのは非常に議論のわかれる概念だが、これは「すべての紛争解決手段が尽きた時に戦争という手段に訴える」という、長年伝えられてきた教会の教義の伝統によって認められている。正戦論の教義の根拠となっているのは「必要悪ではあるが、戦争は効く」ということだ。クラウゼヴィッツはさらに、この主張に「戦争は偶然と不確実性の領域にある」と論じることによって戦略の現実を教えている。[*3] 彼はこの議論を単に人目を引くものとしてではなく、警句まで高めることにより、戦略家の自信過剰に対して強力な警告を発している。[*4]

戦略史は、戦争はある特定の問題を解決する効果を持っているということを教えている。しかし同時に、戦争はひとつのことを解決しても、他の問題を発生させたり大きくしたりすることがあることは否定できない。そして、それらのいくつかは全く予期しなかったことである可能性が高いのだ。本項の格言の底にある戦略の根拠は、とにかくシンプルかつ重要である。特に政治的な問題というのは、時の経過とともに必ず発生するものであり、混乱を引き起こしたり安全保障を脅かしたりするものである。このような例はいくらでも存在するが、現代の例では、すでに核武装した北朝鮮や、核武装を行おうとしているイランなどがすぐに思い浮かぶ。このようなケースを過去の歴史に照らし合わせて考えてみると、イランや北朝鮮の核の動きを防ぐのに唯一効果的なのは軍事力の行使である。もちろん、このようなやり方が望ましくないという議論は多いのだが、もし国際社会がそのような「ならず者」的な政権に核兵器を獲得させるべきではないという強い覚悟を持っているのならば、現実的にはたった一つの選択、つまり軍事力の行使しかない。そして、軍事力の行使だけが、唯一この二国の行動が広範囲に及ぼす大きな害を阻止することができるのだ。

本項の格言は、この世の中には非軍事的な手段では解決できない問題がいくつか存在することを指摘している。それらの問題のうちいくつかは、最後の手段である「軍事力の行使」を必要とする場合もある、ということだ。一九三九年のイギリスとフランスの国家指導者たちは、戦争のもたらす恐怖や、戦争によって政策の収拾がつかなくなるということをいやというほど思い知らされている。結局のところ、彼らのほとんどは一九一八年十一月十一日に終結した「全ての戦争を終結させる戦争」（訳注／第一次世界大戦のこと）に何からの形で参加しているはずなのだが、彼らは、一九三九年三月にヒトラーがドイツ以外の領土であるチェコ・スロヴァキアを侵攻するまで、第三帝国はたった一つの手段、つまり「戦争でしか止められない」ということを認めようとしなかったのだ。この時点になると、戦争は最後の手段であり、残された唯一の手段だったのだ。もちろんこの時には「何もしない」という選択肢もあったが、これは西側諸国がヒトラーに東欧を差し出し、しかもその流れから「我々もそれを望んで黙認している」というメッセージだと勘違いされる危険性もあった。

もちろん、この格言の中にある警句は、「戦争は効く」という冷酷な主張を裏付けるようなものだが、だからといって、逆に戦争の行使を奨励するための主張として扱ってはならない。たとえば、ある脅威が及ぼす危険があまりにも大きなものとして判断された場合、潜在的には大きなダメージとなる可能性のある戦争の（予期されている、もしくは予期されない）負の部分でさえ、必要な対価として受け入れられなければならない場合もあるのだ。ところが本項の格言は、たとえ戦争の効果があった時でも、そこには支払わなければならない対価があり、その対価も様々な「通貨」、つまり血や税金、影響力、名誉や評判などによって支払われる必要があるということを、しかるべき人々に思い出させるものなのだ。軍事力の行使がキリスト教の教義の中で「最初の手段」ではなく「最後の手段」であるとされているのも、むしろ当然のことと言えよう。

西洋諸国、とくにヨーロッパ連合（ＥＵ）の「古い欧州」の中では、「戦争は効かない」、もしくはは「今まで効果があった試しがない」ということが、まるで宗教の教義のように主張されていることが多い。つまり、ここではこのような「通貨」としての役割さえ認められていないのだ。これを言い換えれば、「軍事力によって政治議論が解決するはずがない」ということになる。こうなると、戦争によってはっきりするのは「どちらが軍事的に強いのか」という点だけであることになる。さらに、暴力はさらなる無益な暴力を生むだけであるということにもなる。したがってこの観点から考えると、「**戦争は効く**」という格言は間違っていて危険なものであるということになる。ところが都合の悪いことに、このようなリベラル派の批判は真実の半分しか言い当てていない。本項の格言は、危険な真実を主張しているのだ。悲しむべきことだが、この格言は真実であり、戦略史はその血塗られた歴史のほぼすべての出来事においてこれが正しいことを証明している。

本書で触れられることになる格言の中には、公然と無視されたりするようなものもある。なぜなら、それらは我々の持つ道徳的良心に反した神経を逆なでするようなものだからだ。本項の格言の「戦争は効く」という露骨な主張も、多くの人々にとっては道徳的に不快極まりないものである。その証拠に、これはあまりにも不快を与えるものであるために、それを冷静に考慮することさえ拒否されているのだ。ところが、戦略家である私はあえてこれを行っている。なぜなら、本書の目的の一つは、政治的なレトリックや、専門家が使う用語の裏に潜んでいる想定や前提というものを明らかにすることにあるからだ。戦争は政策を行うための一つの手段である。軍事力の行使や、それを行使するという脅しは、イギリスでは「大戦略」(grand strategy)、そしてアメリカでは「国家安全保障戦略」(National Security Strategy)と呼ばれるものを実践する人々にとっては、欠かすことのできない選択肢の一つなのだ。

大衆、もしくはほとんどのエリートが戦争に対して持っている嫌悪感というのは、今のような時代においては理解できるものであり、むしろ褒め讃えるべきことであろう。ところがこのような嫌悪感が戦争の無条件の拒否につながること自体は、潜在的に危険でもある。したがって、ここでは本項の格言の持つメリットの核心についてはっきりさせておかなければならない。戦争は、効くのだ。もちろん常に当初から予測していたように物事が運ばないことは認めるが、それでもこれは戦争の実行の際には特に慎重にしなければならないことを教えているのであり、はじめから選択肢をすべて拒否しているわけではないのだ。

本項の格言にある警句が真実を述べていることを歴史から証明するのはあまりにも簡単すぎるほどだ。ほとんどの戦争には「流れ」と「成り行き」があり、それは結局のところは意図せず予期しなかった結果につながっている。クラウゼヴィッツが説明しているように、これこそが「客観的に変化しない戦争の本質」というものなのだ。[*5] イギリスは一九三九年の九月三日にポーランドへ侵入したドイツに対して、フランスと共にすぐさま宣戦布告しているのだが、戦争開始から六年近く経ってから、ようやくフランスと結んでいた同盟関係をソ連とアメリカとの関係に切り替えたのだ。その後、ドイツの脅威はなんとか壊滅させることに成功したが、その脅威はソ連にとってかわり、ポーランドはナチスからソ連の植民地として組み込まれてしまった。それでも、戦争だけがナチス・ドイツの狂暴な行動を抑えることができたのだ。ドイツを阻止するには戦争以外の選択肢はありえなかったと言える。

歴史を詳細に見てみると、本項の格言とは逆の「戦争は何も解決しない」という意見は、戦略史の重みの前にもろくも崩れさってしまうのだ。おそらくこの問題の核心は、多くの人が「戦闘行為」は「政治」のせいでここまで普及した、という事実を理解していない点にあるようだ。このような「戦争と政治は別々の領域にある」という世界観を持っている人には、戦争には政治的な意味があるというのは理解不能であろう。ところが、クラウゼヴィッツの議論を読み、その核心（戦争は政治的な行為であり、軍事行動は政治行動であるということ）をつかめている人にとっては、これらの格言の意味はすんなりと理解できるはずだ。

本項の格言は、明らかに非現実的な想定を（おそらく無意識のうちに）考えてしまう人々からの批判の火に油を注ぐような性格のものである。ところが、この格言が主張しているのは「戦争は重要な問題を決定する役割を果たすことができる」ということだけだ。つまり、ここでは「戦争が全ての問題を解決する」という話をしているのではない。戦略家である私は、戦略史が周期的なものであり、今日の問題は（違った形ではあるが）将来も復活して必ず我々の目の前に戻ってくるということを知っているのだ。同様に、私は戦争が政策の荒っぽい手段の一つであり、むしろその「文法」とダイナミックな性質は政治的な狙いを台無しにしてしまう、ということを積極的に認めている。しかし重ねて言うが、戦争は最も重要な問題に決着をつけることができるのだ。

いくつか例を挙げてみよう。第一次世界大戦は、ドイツ帝国のヨーロッパ支配の阻止を決定づけた。第二次世界大戦は、ナチス・ドイツがアリーア民族の超国家によるヨーロッパ支配や、そこから世界支配へと突き進むことを阻止した。一九五〇年から一九五三年にかけて行われた朝鮮戦争は、朝鮮半島の分裂状態を決定した。そして、一九六〇年から一九七五年まで南ベトナムで行われた戦争では、ベトナムの統一を決定したのだ。このように、近代においても何事も決定しなかった戦争というのを見つけるのは難しいくらいだ。このような戦争による決着というのは、おそらくほとんどの場合は根本的な問題を解決することにはならないのかも知れないが、それでも政治に代わる解決法にはなるのだ。もちろん、軍事力による決着よりも外交交渉による政治合意のほうがはるかに良いのは確かであろう。しかし私には、世界をありのままに見て説明する義務があるのだ。

本項の格言を拒否する人々は、国際秩序を復元させるための「外交手段に欠かせないツール」としての国際的な仕組みである「戦争」というものを否定するはずだ。重ねて言うが、戦争という「鉄のサイコロ」を振ることには偶然が伴ってくることは間違いない。しかし、「戦争は完全にギャンブルである」というのも間違いだ。戦争はクラウゼヴィッツの言うように、確かに偶然の伴うものなのだが、それでもその全てが偶然にゆだねられているわけではないのだ。

> 戦闘というのは、普通だったら何年もかかる偶然、スキル、運命などによる変化をたった数分の間に行ってしまうため、かなり激しいやり方で歴史を変えてしまうことになる。
>
> ヴィクター・デイヴィス・ハンソン（Victor Davis Hanson）、二〇〇三年[*6]

＊1 P. J. O'Rourke, *Give War a Chance: Eyewitness Accounts of Mankind's Struggle Against Tyranny, Injustice and Alcohol-Free Beer* (New York: Grove Press, 1992).

＊2 See Michael Howard, "*Temperamenta Belli*: Can War Be Controlled?" In Howard. ed., *Restraints on War: Studies in the Limitation of Armed Conflict* (Oxford: Oxford University Press, 1979), pp.1-15.

＊3 Clausewitz, *On War*, p.101.〔クラウゼヴィッツ『戦争論』〕

＊4 See Dominic D. P. Johnson, *Overconfidence and War: The Havoc and Glory of Positive Illusions* (Cambridge, MA: Harvard University Press, 2004).

＊5 Clausewitz, *On War*, p.85.〔クラウゼヴィッツ『戦争論』〕

＊6 Victor Davis Hanson, *Ripples of Battle: How Wars of the Past Still Determine How We Fight, How*

We Live, and How We Think (New York: Doubleday, 2003), p.14.

格言5

平和と秩序は自律的なものではなく、誰かによって維持・管理されなければならない

新世界秩序というのは、我々が今までの歴史で見てきたように、維持される必要性があるのだ。

マイケル・ハワード（Michael Howard）、二〇〇一年*1

国際秩序には警察官や警備を行うメカニズムが必要だ。ここで言う「秩序」とは、国際間の国家の状態の先行きが予測できるような、比較的安定した状態のことを意味する。秩序というのは、ある程度決まった相互作用のパターンに大きな変革を起こそうとするような国家の行動とは相容れないものだ。ところが、国際秩序というのは静的なものではなくてダイナミック（動的）なものであり、国家の興亡や突然の危機の勃発に調整したり順応しなければならないものである。変化の大きさによってはそれがスムーズに行えない場合もあるし、国際秩序が何年間にもわたって崩壊してしまう騒乱期もある。たとえば、勃興した後にまた復活した二十世紀のドイツのようなケースでは、秩序は戦争によって回復されたり再構築させられたりする必要があったのだ。逆説的ではあるが、国際秩序は平和に

とって根本的に必要なものであるが、同時にそれは戦争、もしくは「戦争の脅し」によって、定期的に構築されたり維持されたりしなければならないものなのだ。もちろん、戦争が国際秩序に必要不可欠な手段であるというのは核兵器の登場によって劇的に弱まったという議論を行う人もいる。しかし、歴史的に見てもこれが間違いであることは、核武装した国家が核を持った後のリスクの増大によって（少なくとも今日までは）行動を慎重にするようになったことからも明らかだ。

政治とは、つまりパワー（power）のことなのであり、これは国内政治でも国際的な分野でも共通して言えることだ。本項の格言は、我々を国際秩序や平和維持のカギを握ることになる（永久に議論の絶えることのない）「パワー」という概念に注目するように促すのであり、平和は国際連盟や国際連合（ＵＮ）のような公式な制度機関によって作られたものではないことを暗黙のうちに教えているのだ。このような国際的な協力関係というのはすべての価値観から中立であるわけがなく、しかも、それが秩序と平和を維持するために効力を発揮するのは、主要国家が互いに協力しようと思った場合だけなのだ。国際制度機関というのは、それ自身だけでは国際秩序の回復を狙った政策を先導したり実行したりすることはできない。もちろん意欲的な国連の事務総長が主要国家の考えとは独立して考え行動しようとして、まるで主権国家を管理する社長のように振る舞おうとしたことが過去に何度かあったが、それでもそのような試みは全て失敗している。なぜなら、国連にはまず主要国家のように行動できるだけの能力がなかったからだ。国連というのは参加国によって構成されたものであり、しかも、この参加国とは世界の全ての国々のことであるため、いわば国連は「全ての国の国民のための組織」ということになるのだ。たしかに、国連は便利な外交の場を提供したり、国際秩序を乱すものに対して懲罰的な行動をとる側に法的正統性を持たせたり、ある大国が他の大国と戦争を勃発させるような行動をしようとする際の抑止力になったりすることで、実際に国際秩序に貢献できるかも知れない。しかし、国連それ自体だけでは国際秩序の維持をすること、つまりその秩序を強制できるような解決法になるとは言えないのだ。

もちろん本項の格言は、国際秩序がそれなりに意義のある概念であることを表明している。また、このような国際秩序は、主要国の間で行われる野放しの国益争いによって保証されるものではないことも認めている。つまり本項の格言は、このような秩序が力を持つ側からの建設的な政策の働きによって維持される必要があることを主張しているのだ。[*2]

戦略史を紐解けば、秩序の維持には二つの方法しかないことが明らかだ。この二つの方法は「パワーの不均衡」(the imbalance of power) と「パワーの均衡」(the balance of power) という名前で呼ぶことができるだろう。最初の方法、つまり「パワーの不均衡」には、トップに立つ覇権国という存在が必要になる。これについてドナルド・ケーガン (Donald Kagan) は、「もちろん完全とは言えないのだが、とりあえず効果があるのは、圧倒的なパワーを持つ国家の存在によって平和状態を維持しようと考える国々が持っている〝資産〟と、この目標を達成するために必要となる負担と責任を肩代わりしようとする〝意思〟である」とアドバイスしている。[*3] ケーガンのやり方では、秩序の維持において同盟国が集団で強制的な力を発揮することが狙われている。ところが、これにはリーダー、つまり最も重い負担を担う意思と力を持つ国家が必要なのだ。この国家には秩序の勢力を維持することのできる自然で必然的なリーダーとなるだけの十分な力があり、結果として後続の国家たちに自信を与えることができなければならない。よってリーダーとなる国家は、実質的に世界秩序の「保安官」、もしくは「守護者」でなければならないのだ。[*4]

世界秩序を維持するための二番目の方法は、一つ目の方法が実行されるのを阻止するというものだ。具体的にいえば、国際秩序はバランス・オブ・パワー（勢力均衡）の機能によって維持されることになる。現代の覇権的な世界秩序は（もちろんこれが平和な状態にあるとは決して言えないかも知れないが）アメリカによって維持されているのであり、しかも、これはアメリカの意向や価値観に従うことに不満なライバルの同盟国によって挑戦されて対抗されることが確実だ。四十五年間続いた冷戦時代が証明しているように、バランス・オブ・パワーを使ったやり方というのは確かに効果を発揮するのかも知れないが、それでも限界はある。たとえばバランスを行う国家がひとたび国策を誤ってしまうと、全体的なバランスは（核兵器の使用を含む）大規模な戦争によってしか回復されないことになるし、世界政治が二つの勢力の競争関係に支配されることになると、両勢力とも各地域で発生する脅威に対して消極的になり、結果的に後のバランス・オブ・パワーをめぐる争いにつながりかねないのだ。

たしかに、本項の格言は実践面での応用が難しいのだが、だからと言って、それが示す意味を軽視してはならない。なぜなら、この格言は実際面での実用性が高い真理を述べているからだ。枝葉をそぎ落としたその根本的なエッセンスだけ見てみれば、この格言は平和な状態が「誰か」もしくは「何か」によって、（時には強制力を使って）維持される必要があることを主張している。これは「自明の理」でなければならないのだが、歴史上の多くの議論によって明らかなように、実際はそのように考えられてはいない。二〇〇三年のイラク侵攻によって明確になったのは、多くの国々が自分たちのパワーと影響力よりも（それがどういう定義であれ）「国際秩序」というものにあまり関心を持っていない、ということだ。アメリカのイラク侵攻に対する反対というのは、世界の保安官であるアメリ力のグローバルな影響力を制限しようとする決意の現れだったのだ。

国連の安全保障理事会の常任理事国の中のアメリカ以外のメンバー（とイギリス）は、国際秩序のために大胆な行動をとるだけの集合的な意思や能力を持ち合わせていないが、それでも妨害者的な役割を果たすことはできる。ロシア連邦、中国、フランスなどは、大体において世界秩序の問題の解決に貢献するよりも、むしろ問題の一部分となるような役割を果たすことを好むのだ。繰り返すが、この理由は、彼らが国際的な無秩序状態よりもアメリカの覇権のほうが迷惑であると感じる点にある。

本項の格言の重要性は、逆にこれを無視した結果によって計ることができると言えよう。この格言は、平和と秩序というものは誰かによってまとめられて維持されなければならないことを主張している。ところが、国際秩序のためにあえて重荷を背負うようなことのできる能力と意思を兼ね備えた存在がなかったとしたらどうであろう？　もしくは、そのような国があったとしても、その国内政治が国連の総意や安保理による特別な承認など、いずれも実現不可能なものを期待している場合はどうであろうか？　このような現象の典型的な例は、イランとその公然の秘密である核開発計画によって考えることができる。アメリカやイスラエルがこの計画を無効化しないかぎり、イランは数年内に核武装国家の仲間入りを果たすことになるはずだ。この結果、中東の地域秩序はひどいことになるだろう。ここで問題なのは、形のない実体である「国際社会」が、アメリカの軍事行動をうながすよりも、核武装したイランと生きることを望んでいることだ。このような国々というのは、行動をとらなかったことの責任を負わずにアメリカという守護者を制限し、パワーを行使しようとするのだ。

本項の格言の背後にある戦略的なロジックと歴史的な証拠は、当然のようにこの格言の核心、つまり「国際秩序は、誰か、そして何かによって維持され保護される必要がある」という問題だけに関わるものだ。よって、この格言は冷酷な覇権主義を正当化するものではないし、他国に対する命令や平和強制の実行の際にその正統性（レジティマシー）を主張するための理由付けとして使うことはできないのだ。この格言は、歴史に実在した人物の例と同じくらいの有効性を持っているといえる。なぜなら、格言というのは「愚言」、「無能」、そして「完全な不運」などによって信頼性を不当な形で損なうこともあるからだ。

戦略史の中には、国際秩序がそれほど脅威を受けず、その保安官の役割も軽くてほとんど役割を果たさなくても良いような時期も存在する。たとえば、一九二〇年代のドイツとイタリアは自分たちの置かれている国際的な状況に不満を持ち、潜在的に現状を打破しようと考えていたのだが、彼らの前には、ヨーロッパ大陸において軍事的には圧倒的な存在であったフランスが立ちはだかっており、とりあえずしばらくの間はこの新しい秩序に挑戦することはできなかったのだ。もう一つの例は一九九〇年代のアメリカであり、彼らは「一極の瞬間」（**unipolar moment**）を享受することができたのだが、この瞬間の活用の仕方についてはあまり明確なイメージを持っていなかったのだ。

ここで確実に言えるのは、この時期のアメリカの国内経済は最も繁栄しており、この頃にバルカン半島やアフリカや旧ソ連周辺で発生した大規模な非正規紛争にはあまり関心を持ってはいなかった、ということだ。アメリカという保安官は行動して活躍するだけの備えを持っていたのかも知れないが、覇権的なパワーの「ソフト」と「ハード」の両面を使う方向性や、それに対応する政策を持っておらず、またそれが緊急に必要とされるような状況にはなかったのだ。

今日のヨーロッパでは、アメリカの一極主義に対する批判は日常的に行われている。彼らは国際秩序のための武力行使は最終手段であり、しかも、それは全国際社会の承認を得た場合のみに許されるものであると本気で論じているのだ。これは共通の目標に向けて参加者全員が貢献する義務だけを取り除いた、いわゆる「集団安全保障」(collective security) の誤った考え方の復活である。これによって、国家の集団が非常事態の迫った時には必要とされる決定的な行動を起こすことができる、という大いなる幻想が再び広められることになってしまった。ところが実際には多極的な見方(つまり誤った考え方)では国際秩序を守れないのであり、集団安全保障には達成不可能なコンセンサスが必要とされるのだ。ドナルド・ケーガンが記しているように、この現実から引き出される教訓は、主導的な立場にある国家の持つ「圧倒的なパワー」や、問題解決にきちんと役割を果たすことができるような「親しい同盟国の存在」が必要である、ということだ。実践的にはこれ以外の選択肢はありえない。

紛争というのは、場合によっては我々の広範囲にわたる利益や価値に対する重大な脅威となるために、平和と安定の回復のためには紛争への武力介入が必要となることがある。近年の例が我々に教えてくれたのは、国際共同体はこのような平和作戦を行うための訓練や能力を持つような十分な装備が整った軍隊を持っていない、ということだ。

ジョージ・W・ブッシュ (George W. Bush) 大統領、二〇〇六年[*5]

＊1 Michael Howard, *The Invention of Peace and the Reinvention of War* (London: Profile Books, 2001), p.124.

＊2 国際秩序について特に優秀な研究としては、Hedley Bull, *The Anarchical Society: A Study of Order in World Politics* (New York: Columbia University Press, 1977). [ヘドリー・ブル著、臼杵英一訳『国際社会論—アナーキカル・ソサイエティ』岩波書店、二〇〇〇年]; and Ian Clark, *The Hierarchy of*

States: Reform and Resistance in the International Order (Cambridge: Cambridge University Press, 1989).の二冊がある。

＊3 Donald Kagan, *On the Origins of War and the Preservation of Peace* (New York: Doubleday, 1995), p.570.

＊4 See Colin S. Gray, *The Sheriff: America's Defense of the New World Order* (Lexington, KY: University Press of Kentucky, 2004).

＊5 George W. Bush, *The National Security Strategy of the United States of America* (Washington. DC: The White House. March 16. 2006), p.16.

格言6

政治体だけではなく、社会や文化も戦争と平和の形を決定する

すべての文化は、それぞれ独自の戦争のやり方を発展させる

ジェフリー・パーカー（Geoffrey Parker）、一九九五年[*1]

戦争というのは、「政治体」（polities）によって行われる一種の社会制度（social institutions）である。政治体と言っても、「国家」のようなものから国家としての基準の多くを欠いた「安全保障コミュニティー」のようなものまで、その形は様々である。それでもこれらに共通するのは、「文化をまとった」（encultured）社会であるという点だ。そして、この政府は、自分たちが統治しているコミュニティーのために行動するものである。その政府がいかに独裁的なものであったとしても、その統治者はその社会の多数派の意見に耳を傾ける必要があるのは確実だ。また、どのような統治システムでも、支配者と被支配者が同じ文化的伝統を共有している確率は高い。

本項の格言は、戦略史における国内政治の状況に注目するよう促すものだ。したがって、これはネオリアリズム（neorealism）と呼ばれる学術理論を拒絶することになる。ネオリアリズムの学者た

ちはケネス・ウォルツ（Kenneth N. Waltz）が一九七九年の『国際政治の理論』（*Theory of International Politics*）の中で提唱した、国内的な要素をあえて排除した簡素な理論を基礎にしている。[*2] ネオリアリズムは「国際システム」という高いレベルを分析するのであり、国際関係は国家間のパワー関係の計算だけによって動かされると主張している。つまり、各国家の国内的な事情の違いは無関係になり、国家の行動はパワーの配分とその流れを見ることによって理解することができる、ということになる。

大きな影響力を持つこの国際関係論のアプローチは、一九七九年より遥か前の近代の戦略理論にも散見することができる。その証拠に、核兵器の登場によって発展したアメリカの戦略思想の三つの柱は、その根本的な前提から完全にネオリアリストそのものであった。たとえば、一九五〇年代のアメリカの防衛関係者の間では「核抑止」や「限定戦争」、それに「軍事管理」などの理論が発明され発展させられていた。これらの理論はたしかに論理的に洗練された素晴らしいものだったが、問題なのはそれらが文化の独自性などに関係なく、全ての政府に普遍的に適用できるものであると想定していた点だ。したがって、現代の戦略理論は、「すべての政治体が同様の問題に直面した場合には（しっかりとした教育を行えば）全く同じ合理的選択をするものだ」という前提を元にして発展してきたのだ。これは「理論というものは戦略を実行するもの全員に共通して当てはまる」という暗黙の了解の上に成り立っていたということだ。

本項の格言では、このような理論は間違いであることが主張されている。実際のところ、このような理論は歴史を考える人にとってあまりにもばかげているために、頭脳明晰であると考えられている人々がわざわざ説得されて政策や戦略の形成のための指針とするかどうかはかなり疑わしい。本項の格言は、安全保障コミュニティーや国家の内側の社会・文化はその行動にまったく影響を与えることがないとする、いわば「ブラックボックス」のように取り扱ってはならないことを強調するものだ。その逆に、本項の格言はこのようなコミュニティーが、トゥキディデスの言う「恐怖、名誉、そして利益」の分析を元にして判断し行動することを主張している。[*3] そして、この「分析」というのは、必然的に文化に影響を受けたものであることになる。社会を安全保障コミュニティーとして見るこのアプローチでは、社会というのは独特な歴史経験や地理の特徴を持っているという事情を踏まえつつ、政治・戦略問題を理論や法則では割り切れないような、それぞれ独自の「個別のケース」として見ていくのだ。ネオリアリストとは対照的な存在である「ネオクラシカルリアリスト」(新古典現実主義者)たちも、国際システムにおけるパワーの配分の重要性は十分に認めている。ところが(本書の著者である私を含む)彼らは、政策と戦略に関する全ての判断というものは、それぞれ独自の文化という味付けによって左右されるものであることを主張しているのだ。もちろん、同じような文化的空間が社会の枠組みを越えて共有されている場合があるのは事実だろう。ところがそれでも、「他の社会にいる人々が我々と同じように考える」と想定するのは危険だ。

本項の格言が伝えようとしているメッセージは非常に重要だ。たとえばこの格言では、敵が我々の想像しないような方法で自分の利益を分析してそれを最大限に守ろうとしてくる可能性や見込みがあることを教えてくれるからだ。本項の格言は、「核兵器が示す意味についての理解は文化を完全に越えたものである」と主張する人々にとっての強烈な警告となる。核抑止は信頼できるものであるから、悲しいかな、核兵器というのは一九五〇年代から西洋中心に論じられている「安定的な抑止」を説いたものだけではなく、その他にもいくつかの戦略的に有益な理論を生み出してきたのだ。核兵器をはじめとする大量破壊兵器が世界中に広がることになるにつれ、今後もそれらの役割や偶発的な使用についての政策や政治に対してそれぞれの地域のコンテクストが与える影響というものに注目することがますます求められることになるだろう。

ネオリアリストが根本的に間違っているのは、政治体というものが国際システムのレベルでの力関係のロジックに厳格にしたがって行動したり反応したりすると想定している点だ。ところが、一般的に戦略理論家というのは、防衛政策や戦略、そして軍事組織の構造などについての判断を生み出す国内政治のプロセスを重視するものだ。当たり前だが、これらの行動というのは国内的な事情によって発生するのであり、常にそのように見られるべきものだ。もちろん国内政治の動きというのは国外の脅威による刺激によって影響を受けるのかも知れないが、それでも外因的な要素というのは、最終的にはある特定の文化の中で行動する国防官僚やコメンテーターなどによって国内で扱われることになるのだ。[*4]

国防政策と戦略というのは、政治や文化の違いを超越するような論理による議論によって決定されることは決してありえない。政策と戦略というのは、歴史の解釈や地政学・地政戦略的な状況など、その共同体に引き継がれている文化的な好みに影響を受けるのだ。ところがこれらは財政面での限界によっても大きく影響を受けることになる。また、ある社会が無理なく国防を続けられるかどうかというのは、あいまいだが決定的に重要な「大衆のムード」（the public mood）という現象にも左右される。この「ムード」というのは、ある出来事に対する反応によって急激かつ劇的に変化することもある。たとえば一九五〇年六月の北朝鮮による韓国侵略は、アメリカの大衆のムードをあまりにも劇的に変化させたため、国民は国防費がいままでの三倍にまで増加することを許したのだ。同じようなことは二〇〇一年九月十一日の衝撃によってアメリカ議会が共有する大衆のムードが変化した時にも見ることができる。九・一一後は特に「国土安全保障」という名前のプロジェクトに対して、国防費が湯水のようにつぎ込まれることになったのだ。

また、本項の格言は「人種中心主義」(ethnocentrism)に対する警告でもある。たとえば、アメリカやそれ以外の国々の戦略理論家たちが「戦略関連の問題は、合理的選択という共通のロジックによって理解することができる」と主張した場合、彼らはこの人種中心主義の罠にはまってしまいがちだ。[*5] こうなると、「共通のロジック」というのは必然的に「自分たちのロジック」ということになってしまい、「我々が予測する合理的選択」は「我々自身の合理的選択」であることになる。ここでは「合理性」(rationality)と「理性」(reason)という二つの概念の決定的な違いに気づくことが重要になる。

「合理的な行動」というのは、戦略的な行動の中にある規範(the norm)である。よって、戦略家の中でも異文化社会の戦略判断を理解する必要性を重視して合理的選択を批判する人々たちは、合理性というアイディアそのものを拒否するから批判するのではない。むしろ、実際には「合理性」そのものに問題があるのではなく、それよりもその「合理性の中身」にあるのだ。合理的な外交の中では、手段と目的がしっかりと結びつけられて考えられており、それぞれの判断は完全に行き当たりばったりや個人の思いつき、もしくは文化やその他の背景によって厳格に決定されることはないのだ。このような適当な判断によって決定される政策というのは、国家などのコミュニティーの安全保障やそれに保護される人々にとって、致命的になるようなネガティブな結果を引き起こすことにもなりかねない。つまり国家の指導者たちは、一般的なルールとして合理的に行動しなければならないのだ。また、国際秩序や安全保障について見落とされやすいのは、ある国家指導者が完全に合理的であったとしても、我々の合理性の観点から見れば非理性的な行動をすることがある、という点だ。抑止を行おうとする側にとっては、この事実が示している困難をあえて強調するまでもないだろう。もしアメリカが敵の戦略文化を完全に理解できていないような状態で抑止を行おうとすれば、結果的には二つの間違いを冒してしまう可能性が高い。一つ目は「抑止を行おうとするアメリカ側と抑止される外国の敵は、戦略的に同じ理由付けの仕方を共有している」という勘違いの思い込みだ。そして二つ目の間違いは、アメリカが「相手は非合理的な敵だ」と思い込んでしまい、しかも敵が非アメリカ的な戦略的思考法を見せたときに発生する。つまり実際のところは、アメリカが「合理的だが非理性的な相手」と対峙していることになるのだ。

本項の格言は、ネオリアリズムの「国家＝ブラックボックス論」というナンセンスを打ち砕くための強力な武器となる。この格言は、国際政治史の戦略面には、政府だけではなく、社会もきわめて重要な役割を果たしていることを主張している。実際のところ、この格言は我々に「政府を構成する国民は、社会という枠組みによって〈文化〉をまとっている（encultured）存在である」という現実に注目することを教えてくれる。最近のアメリカの国防担当者の間では文化面からの分析がかなり頻繁に行われているが、これはアフガニスタンとイラクでの経験の他にも新しい核武装国家を抑止する必要が出てくることが予測されるために、戦略学者が文化の違いを理解して適応しなければならなくなったからだ。

戦略におけるその他の素晴らしいアイディアと同じように、本項の格言も誤った解釈を引き起こしやすい。もちろん、本項の格言は正しい真実を述べている。つまり、政策と戦略は国内（地元）で形成されるものであり、世界に向かって公表される前にまず国内的に受け入れられるものでなければならない、ということだ。戦略文化の分析の中でもかなり厳密なものになると、文化というものは少なくとも三つのレベル、つまり「大衆文化」、「戦略文化」、そして「軍事文化」という枠組みで考えられなければならず、しかも、この三つは常に一致しているわけではない、ということが言われている。もちろん本項の格言は、政治組織が国外の状況に関係なく、国内政治の事情だけによってその行動を決定する、と言っているわけではない。むしろこの格言が教えているのは、「社会や共同体というものは、戦略的なものに対処する場合にそれぞれ独自のアプローチの仕方を持っている」ということなのだ。本項の格言のメリットを誇張して述べたものとしては、紀元前四〇〇年頃に書かれた孫子の知恵から引用するのが最適であろう。以下のサミュエル・ハンチントン（Samuel P. Huntington）の引用はたしかに議論を呼ぶものだが、我々にとっては最も有益な警句であろう。

このような事情から、孫子は「敵を知り、己を知らば百戦危うからず」と言っているのだ。敵を知らず、己だけを知っているものは、勝つ場合もあるし、負ける場合もある。そして敵も知らず己も知らないものは、全ての戦闘に負けることになるのだ。[*6]

私が基本的に伝えたいことは、アメリカの戦略とそれが形成されるプロセスというのは、アメリカ社会の性質を反映したものでなければならない、ということだ。だからこそ以前の私はアメリカ社会の伝統的な性質とは一致しないような戦略を採用するよう主張している人々を批判したのだ。

サミュエル・ハンチントン、一九九六年[*7]

＊１ Geoffrey Parker, "Introduction: The Western Way of War," in Parker, ed., *The Cambridge Illustrated History of Warfare: The Triumph of the West* (Cambridge: Cambridge University Press, 1995), p.2.

＊２ Kenneth N. Waltz, *Theory of International Politics* (New York: Addison-Wesley, 1979). ネオリアリストと文化主義的なアプローチの衝突について手近なものとしては、John Glenn, Darryl Howlett, and Stuart Poore, eds., *Neorealism Versus Strategic Culture* (Aldershot, UK: Ashgate, 2004).

＊３ Thucydides, *The Landmark Thucydides: A Comprehensive Guide to The Peloponnesian War*, edited by Robert B. Strassler (New York: The Free Press, 1996), p.43.

＊４ See Colin S. Gray, *Modern Strategy* (Oxford: Oxford University Press, 1999), Ch.5.

＊５ See Ken Booth, *Strategy and Ethnocentrism* (London: Croom Helm, 1979).

＊６ Sun-tzu, *The Art of War*, edited and translated by Ralph D. Sawyer (Boulder, CO: Westview Press, 1994), p.179. 〔孫子著、金谷治訳『新訂孫子』岩波書店、２０００年ほか〕

＊７ Samuel P. Huntington, *American Military Strategy*, Policy Papers in International Affairs 28 (Berkeley, CA: Institute of International Studies, University of California, Berkeley, 1986), p.33.

格言7

理性は戦争の上に君臨しているが、激情と偶然はそれを支配しようと脅かす

計画というのは冷静さと計算から生まれるのかも知れないが、それらは激情や予測のつかない形で実行されやすい。

ローレンス・フリードマン（Lawrence Freedman）、二〇〇六年[*1]

クラウゼヴィッツの戦争の理論には、「激情」（passion）、「偶然」（chance）、そして「理性」（reason）という三つの要素の間にある、本質的に不安定な関係がその前提にある。[*2] 不安定で常に変化するこの三つの要素の相対的な影響力の強さの変化は、武力紛争の発生とその流れを教えてくれる。このクラウゼヴィッツの「三位一体理論」が優れている点は、理論的な枠組みの統一性をくずすことなく、この三つのうちの一つの要素だけが支配する状態を説明できることだ。本項の格言は、当然のようにクラウゼヴィッツの三位一体理論に触発されたものだが、この格言は彼の理論に潜む洞察を、彼の主著である『戦争論』の中の議論からさらに発展させたものだ。

この格言は、「政策や政治は戦略行動や戦闘行為などよりも上位に位置する独立したものである」

という真理を肯定するものだ。しかし、これは単に「激情」と「偶然」が戦争の中のその他の必須要素と同じくらい重要であるということを示しているだけではない。実際のところ、クラウゼヴィッツは「激情」、「偶然」、そして「理性」というものを、「国民」、「軍隊」、「政府」にそれぞれ均等に対応させてはいない。彼はさらにその先へと議論を進めて、すでに述べたような優れた関係のメカニズムを主張したのだ。学者たちは、正確な理解を広めるという価値ある目的を目指して、このプロシア人の「激情」、「偶然」、そして「理性」という「第一の三位一体」や、「国民」、「軍隊」、「政府」という「第二の三位一体」を区別するために多大な努力を行ってきた。[*3] ところが、人間というのは重大な要点を拡大解釈してしまいがちであり、この場合も例外ではない。つまり「第二の三位一体」はたしかに重要だが、それでも「第一の三位一体」ほど重要というわけではないのだ。

本項の格言は、戦争や戦闘行為が政策の手段でなければならず、その行動も「理性」に主導されたものでなければならないことを主張しているのだが、それでも、「理性」が戦闘行為の激しさや戦闘の混乱状態に圧倒されてしまう可能性を否定してはいない。我々の戦略教育にとって、クラウゼヴィッツの戦争の理論は素晴らしい貢献である。しかもこの素晴らしさは、彼の三位一体的な理論構成の鋭さや柔軟さ、そしてその適応性が理解できると、ますますその輝きを放つのだ。彼はこの三つの要素の関係が固定されることはなく、しかも本質的にこの関係は不安定であると言っている。この警告の他にも、クラウゼヴィッツは我々に「戦争の流れというものは、政策や戦略などよりも、敵愾心という激情や、軍隊とその指揮官が獲得するチャンスなど、おそらく予期しない形で動かされるものだ」という事実に目を向けるよう注意を促しているのだ。

本項の格言の重要性は二通りに分けて考えることができる。まず一方では、クラウゼヴィッツの戦争の三位一体理論の真実を再確認しており、この理論を率直に是認している。ところがもう一方で、この格言は我々もクラウゼヴィッツの考えと同じ形で三位一体論をしっかりと理解する必要があることを教えているのだ。とくに重要なのは、我々は今まで戦争には「理性」や「政策」や「政府」のようにしっかりとした構造があり、戦争が起こるとそのうちのどれかが最も影響力を持つことがある、ということはあえて想定しなくても良かったということだ。もちろん、このようなことは初歩的で明白なことであるように見えるかも知れないが、実はそれほど初歩的ではないし、明白でもない。たとえば、「世論」(public opinion)というのは近代の戦争としては一八五四年から一八五六年まで行われたクリミア戦争で初めて考慮しなければならない要素となったのだが、これは政府の政策を支持したり反対したりする役割も果たすし、場合によっては政策を変えさせることもある。[*4] 歴史の中の例から見れば、クラウゼヴィッツの「理性」は、単なる大衆の要求への迎合へと堕落することもあるのだ。

同様に、クラウゼヴィッツの三位一体論では「理性」が「政府」につながっていると強く主張されているが、彼がこの主張を重視している点も極めて重要だ。なぜなら、政策というのは戦場のダイナミックな結果によって変更されたり動かされたりするし、実際にもそのように動かされてきたからだ。戦争は政策の一つの手段なのだが、その二つの要素の間の関係は相互的なものだ。そして、政策は「戦略」という仲介的な役割を果たすものを介して戦闘行為を導かなければならない。ところが、政策で何を目指すべきなのかは、実際に何が実現可能なのかが見えてこない限り明確に知ることはできない。そして、このような知識は実際の戦闘行為の体験からしか生まれないのだ。したがって、実際の政策というのは、軍が自ら達成できる「意図」や「ゴール」として表現され、これによって変更されたり調整させられたりすることが多いのだ。

クラウゼヴィッツのこの説得力あふれる三位一体理論というのは、戦争の実行の際に発生する二つの典型的な病理を見えにくくする効果がある。この病理の一つ目は、政策の「理性」という部分が「激情」というたった一つの要素に文字通り「支配されてしまう」ということであり、二つ目は、政策が戦闘行為に必要とされる（と感じられる）ものに完全に乗っ取られてしまうということだ。前者は、政治システムの性質の根本を問うような「政府は国民の意見に対してどこまで反応するべきなのか」という問題を提起しており、後者は、政府が軍を管理する際の障害となっている。その証拠に、戦闘行為の実行に付随するすべての問題と責任を負った将軍たちが、自分たちの軍事行動の大きな政治的意味を確実に理解しながら行動するわけではないからだ。彼らが実戦の際に軍事面から要求されることの量は圧倒的だ。したがって、（国家の政策家たちのことを示す）「理性」というものは、（自国の兵士たちを意味する）「偶然」や「蓋然性」というものと永続的な対話を交わしていく必要がある。そして当然だが、この対話の中で特に重要なのは「軍は文民に従わなければならない」ということだ。もちろん軍の任務は、政策家に対して真実を語り、何が達成可能で何が不可能であるように見えるのかを正しく伝えることだ。もし政策家たちが軍から聞いたことに納得できない場合、彼らは「軍が自分たちの承認なしに勝手な行動をした」と言い張ることもできる。しかも軍側のほうがこれに納得しない場合、軍のトップは解任・退役させられたり、その任務から外されたりするのだ。

戦争には偶然の関わる領域が広く、そこで要求されることは苛酷であるため、国の命運の最先端を担って実行しなければならない人々は、自分たちが政策の目的に影響を与える可能性があることをある程度認めてもらわなければならない。本項の格言では、このようなことが頻繁に、そして決定的に政策を動かしてしまうことを警告している。つまり、戦争が政策の手段になるのではなく、逆に政策が戦争の手段になってしまうということだ。もちろん、政策が戦争の手段になるというのは、ある一定のレベルまでは正しい。政策というものは戦闘行為の効果的な実行のために大きな方向性などと共に、それを達成するための手段を供給しないといけないからだ。ところが、政治家が政治方針やその実行の理由を示すのを怠ったり、将軍たちに勝手な戦争をさせて自分たちは高みの見物を決め込んだりしてしまうような政策をとった場合には、大きな問題が発生することになる。このような場合には、「政策」というものが、単に軍が「達成した結果」や「達成しなかった結果」という意味と変わらないことになってしまう。つまりこの場合には、政策が戦闘の成り行きと結果のロジックだけに動かされることになってしまうのだ。

その他にも、政策が積極的で怒れる大衆の激情に影響を受けたり動かされたりするという病理は、近年においてますます深刻になっている。リアルタイムで報道を行うメディアの発信のおかげで、この地球上では、グローバル化したメディアの目に触れずに自由に戦闘行為を行うことは困難になったからだ。現在世界中で盛んに行われている非正規戦は、政治的な意思のぶつかり合いである。それらは軍事的な結果よりも、心理的なインパクトに働きかけるために行われているという側面がかなり大きい。つまりこれは、「人々そのもの」が戦場であることになる。ここで問題になる「人々」というのは、統治が争われているような国や、国としての組織がしっかりとしていても対外的に介入しているような国に住んでいる人々のことだ。

本項の格言では、政府だけではなく、社会が戦争を形成するということを明確にしている。大衆の意向と感情が戦争とその実行に影響を与えるようになるのは確実であり、それは同時に望ましいことでもある。そしてこれはそれほど議論を呼ぶようなものでもない。なぜなら、特に民主制度のある国々では、大衆が政府の行動について知性の高い意見を出す必要があるからだ。政府のマニフェストが実現されない場合や、軍事・政治面での状況の変化、もしくは戦争の実行の仕方について新しいアイディアの必要性が感じられた場合には、大衆によって政策方針や政策家に変化を求める要求が高まるのだ。ところが、大衆が実行中の戦闘行為についてあまりよく知らされていないと、大きな問題が発生することになる。なぜなら、彼らは必要以上に迅速でポジティブな成果を軍に対して要求することもあるからだ。そうなると、政治家は国内から強烈な批判に立たされた場合に政策に対する手綱を緩めてしまい、いざ失敗したと判断すると、軍の中に濡れ衣を着せるための対象を探し始め、実質的には政策が政治感情の波に流されるのを許してしまうような危険性が出てくるのだ。そして政策があまりにも本来の目標からはずれてしまうと、政策を戦争開始以前の状態に戻すような、単なる「敵対行為からの回避」だけが唯一の選択肢になってしまうこともある。

本項の格言は、戦争の本質をもう一度しっかりと見直すような役割を持っている。つまりここでは戦争の最も根本的な構成要素と、それらの不安定だが決定的に重要な関係が言い表されているのだ。この格言が我々に教えているのは、国民感情には政策に与える潜在的なパワーがあることや、戦闘行為には政策を追い込む傾向があるということだ。戦闘行為というのは非線形で支離滅裂な活動なのであり、国家指導者の政策の意図に込められた理性によって簡単に支配できるようなものではないのだ。本項の格言で警告されている危険性をしっかりと認識できれば、戦略家はクラウゼヴィッツの戦争の理論を戦略教育の最高の手引きとして最大限に活用することができるのだ。

戦争は本物のカメレオンのように、それぞれの状況に自分の性格を少しずつ変化させてい

くものである。また、戦争というのは全体的にみても、その支配的傾向の中に独特な三位一体を持っている。この中の第一の要素は、盲目的な本能と見なすことができるような、憎悪や敵意をともなう原初的な「暴力行為」であり、第二の要素は、戦争というものの中で創造的な精神が自由に活動する「偶然」や「確実性」の働き、そして「理性」だけに左右されることになる、政策のため手段としての「従属的な要素」である。

カール・フォン・クラウゼヴィッツ、一八三二年[*5]

＊1 Lawrence Freedman, *The Transformation of Strategic Affairs*, Adelphi Paper 379 (Abingdon, UK: Routledge for the International Institute for Strategic Studies, 2006), p.36.

＊2 Clausewitz, *On War*, 89.［クラウゼヴィッツ『戦争論』］

＊3 See Edward J. Villacres and Christopher Bassford, "Reclaiming the Clausewitzian Trinity," *Parameters* 25 (Autumn 1995), pp.9-19.

＊4 電信の発明とその使用の発達は、現代の戦争の通信を生み出すことになった。人々は歴史上初めて前線で何かが起こった直後にそれを賞賛するのか非難するのかを決定することができるようになったのだ。電子メディアがリアルタイムで軍事活動を監視している今日の状況については、Freedman, *Transformation of Strategic Affairs*, Ch. 5.で詳しく分析されている。

＊5 Clausewitz, *On War*, p.189.［クラウゼヴィッツ『戦争論』］

格言8

戦争には戦闘行為よりも多くのことが含まれている

戦闘行為というのは戦争の一部である。戦争とは二つの国家、もしくは内戦や二つのグループの関係のことだ。戦闘行為というのはたしかに戦争の中で一番重要なものかもしれないが、それでもその全体のほんの一部分にすぎない。軍事史は戦争の歴史のことであるが、たいていの場合は戦闘行為の歴史に集約されている。

ピーター・ブロウニング（Peter Browning）、二〇〇二年[*1]

戦争（war）と戦闘行為（warfare）は別々の概念であり、その違いはかなり大きい。この二つの概念は、一般的に混同して使われることが多いのだが、戦略家もその事実を知りつつも同じような間違いを犯していることが知られている。戦争とは、二つの交戦国が国際法にのっとって（もちろんこのようなケースは激減しているが）行う、法的な状態のことを示す。また、戦争というのは国際関係内の制度であり、国民の社会生活面にも体系的に（つまり制度的に）結果を生み出すものだ。つまりこれは社会もしくは政治的な行動に、正当的もしくは現存的に顕著な意味を与える、大きくまとまった一つの概念なのだ。

ところが戦闘行為（warfare）というのは、戦争において実際に行われる行為の中でも、それとは対照的に原則として軍事面だけを示している。国家によっては、戦争と戦闘行為の違いをごちゃまぜにしてしまうような戦略文化を持っている場合もある。このような国々では、後者の成功を追求しすぎてしまうために、前者に必要なことを無視する傾向がある。たしかにこのような考え方を持っていれば戦闘行為では成功するのかも知れないが、結果的には戦争で負けてしまうことにもなりかねない。[*2] 同様に、格言2と格言3を振り返って見ればわかるように、戦闘行為のコンテクストを考えずに戦闘行為そのものに集中しすぎてしまうと、その戦闘行為によって達成しようとしているもの、つまりある政治的な目標というものを、すっかり忘れてしまう傾向があるのだ。

ジェレミー・ブラックが強い説得力で主張するように、戦争には多くのコンテクストがある。[*3] 戦闘というのは確かに戦争の中で最も目立つ部分かも知れないが、それでもこれが全てではない。戦争の規模の大小や、正規戦と非正規戦、古代と現代などの違いはあるが、これら全てに共通するのは「命を賭けた戦い」なのだ。軍隊は政治的な目的を持っていなければならないが、強制（coercion）というのはその目的を達成するために訓練して使用できるようになる方法である。強制には威嚇（intimidation）も含まれるが、武力というのは人命を奪って物を破壊することを狙っているものだ。兵士を含む多くの人々は、この軍事力の決定的な性格をあえて無視しようとしているが、これには本当に驚かされることがある。

本項の格言は、当然のように一つの警告である。ここでは戦争が包括的に行われる必要があることを主張しているのだ。そして何度も繰り返すが、戦争には多くの面があるのであり、戦いの部分だけに集中してしまうことが多いと、他の面がおろそかになってしまうことがある。たとえば、戦争が戦い、つまり戦闘行為の部分だけに縮小されてしまうと、兵站・後方、経済、政治・外交、そして社会文化のコンテクストなどが見落とされる可能性が大きくなる。これらの面の中には軍隊が戦場でいかに素晴らしい働きをしても（それが単独であろうと複数の組み合わせであろうと）最終的には敗戦の原因となるウィルスが潜んでいる可能性があるのだ。

もちろん、ここで行われている議論は、軍事力の働きの重要性というものを過小評価するものではない。もし軍隊がしっかりと戦ってくれなければ、敵の武力を大戦略レベルの他の手段で補って対抗することは、かなり困難、もしくは不可能になってしまうのだ。本項の格言の意味は、額面通りのこと、つまり「戦争には戦闘行為よりも多くのことが存在する」ということなのだ。この格言は本当に重要であり、その正しさは戦略史の中でも繰り返し証明されている。

本項の格言は、敵対関係にある双方が戦うことを決心した時に、彼らが戦闘に勝てると思い込み、そこに持てる力の（全てではないにせよ）ほとんどを賭けてきた場合に起こる現象を我々に教えてくれる。たとえば、ある一方が戦闘行為だけに集中して戦争をするようになると、これは戦闘行為だけではなく、戦争を行うことに優れている敵にむざむざと勝利を明け渡してしまうことになるのだ。たとえば、アイルランド共和軍（ＩＲＡ）はイギリス国王の軍隊に対して一九一九年の一月から一九二一年の七月の停戦まで戦ったが、これは軍事的というよりも完全に政治的な目的のために行われたものだった。[*4]その証拠に、多くの非正規兵士たちは、古典的でクラウゼヴィッツ的な目的を目指して戦っていたのだ。戦争と戦闘行為というのは、政策のための手段なのだ。軍事行動は軍事的な効果そのもの（これはその規模も少なく、本質的にとるに足らないものだ）のためではなく、むしろその心理学的効果、つまり政治的な効果のために行われるのだ。たとえば、政府側の正規軍は反乱者側の武装兵力に対してかなりよく戦っていると思い込んでしまうことがあるが、実は反乱者側が正規軍にダメージを与えたり意気消沈させるために戦うというケースは少ない。むしろ彼らは政府の政治意思をくじくと同時に、反乱者側が最終的に成功した時に備えて、国民の政府側への支持を減らすことを狙って戦うのだ。

　本項の格言がこれほどまでに重要なのは、戦略史の中で軍事力を行使した例の多くが、当初の期待していた通りの結果を残せなかった理由を説明しているからだ。政策家というのは政治的な難問に直面した場合、その問題の大小に関わらず、その国民や戦略文化にとって好ましいやり方で対処しようとするものだ。特にアメリカのような国の文化では、戦略問題に対していつもと同じやり方で一々対処しようとする傾向がある。要するにここでは、戦争と平和、戦争と外交、そして戦争と政治というものが「全く正反対の概念」として捉えられてしまい、その逆に「互いに連続していて補足し合う関係」であるとは考えられないのだ。この典型的な例がドイツの戦争方法であり、アメリカとイスラエルも同じだ。これらの国々は、ある複雑な問題が出てくると、それを戦争という手段で解決しなければならないと考えるのであり、しかも戦争は戦闘行為に収束されてくることになる。この考え方の最も純粋で極端な例は、ドイツ統一戦争においてオーストリアとフランスに対する勝者となり、「ひとたび戦争が始まれば外交（というよりも全ての政治問題）は後回しになる」と言い放った、ヘルムート・フォン・モルトケ陸軍元帥（Field Marshal Helmuth Graf von Moltke）の例によって、これ以上ないほど明らかな形で示されている。[*5]

　ここに示されているのは、政治家がひとたび戦争開始を決断すれば、その国の命運は軍隊にゆだねられる、ということだ。こうなるとこれ以降の問題は全て軍隊に任されることになり、それ以外の手段では何も満足に解決できなくなるのだ。戦争というのは、格言4でも説明したように決定的な効果を持っているのだが、それでも常に最も望ましい政治的な効果を（特に政治家が真剣な政策議論をすることなく兵士に軍の指揮権を渡してしまった場合には）もたらしてくれるわけではない。

既に引用した歴史的な例からもわかるように、戦略史による教訓はかなりハッキリしている。一九一九年から一九二一年まで、イギリス陸軍はアイルランドでＩＲＡに対峙して耐えていたのだが、この戦争では結局のところ政治面、心理面、そして道徳面で敗北している。この戦争は純粋なテロリズムとして始まり、すぐさま暴動の初期段階まで発展したが、イギリス軍側は軍事的に全くなすすべが無かったのだ。一般的にも広く知られているように、ドイツ軍は戦闘行為だけ見れば二〇世紀でもトップクラスのパフォーマンスを誇っていた。ところが、彼らは二つの世界大戦で負けているのだ。ドイツのケースを考えてみれば、「小規模の失敗は簡単に発生するかも知れないが、大規模な失敗というのはそれに向かって多大な時間と資源が注ぎ込まれないかぎり実現しない」というバリー・ターナー（Barry Turner）の皮肉な格言に誰しもが納得せざるをえないはずだ。[*6] もちろんドイツの例は、ワイマール時代のドイツとナチス・ドイツの違いがあるためにとても複雑だ。ところがドイツの戦争方法は、目的達成を目指して視野の狭いアプローチを使ったために、二つの世界大戦で失敗してしまったのだ。一般的な歴史の見解では、ドイツは作戦面や戦術面では正しかったのだが、政治面もしくは戦略面において間違った戦争のやり方をしていたことになる。このおなじみの見解に対して付け加えなければならないのは、ドイツが兵站・後方支援（ロジスティックス）の状況にあまり関心を持たずに戦争を行っていた、ということだ。世界最高レベルの戦闘部隊が、たった二十一年の間に、しかも世界戦争に一度ならず二度も負けるというのは、実に驚くべきことである。ドイツが敗北した多くの理由の中でも最も基本的なものは、本項の格言に含まれている。つまり、ドイツ軍は他のコンテクストで他国に負けているものを、戦闘での技量（スキル）と士気によって補うことはできなかったのだ。

アメリカという国では、文化面、政治面、そして法律面での事情や、軍事と政治がしっかりと区別されていることからもわかる通り、政治的な問題を軍事力で解決してしまおうという誤った考え方に陥りやすい。ところが、実際には軍隊が解決できるのは軍事的な問題だけなのであり、アメリカが軍事的な成功を政治的な成功へと結びつけることができるかどうかというのは、アメリカ人が戦略や政策という上位のレベルでどこまで良い仕事ができるか、という点にかかっているのだ。戦争の中で実際に死人が出る戦術レベルの行動も、実は単に政治面での成果をあげるための一つの手段でしかない。ところが、アメリカの政治家たちが戦略の教育を受け、全ての軍事行動はあまねく政治的な意味を持っていることを理解できるようにならない限り、このような間違いは続くだろう。したがって、戦闘行為には独自の文法やダイナミクスがあるのだが、政策が戦略を支配し続けなければ、それらの行為の全ては無駄な努力と意味の無い犠牲になりかねない。

引用された最後の例は、おそらく本項の格言のロジックの正しさを戦略史の中から最も冷酷に証明しているものだ。イスラエルは建国当初から戦争を戦闘行為として繰り返し戦ってきており、その中でも一九四八年の戦争は生き残りを賭けた激しいものであった。領土が制限され不便な形になっている地理的な状況から考えれば、イスラエルの戦争と平和に対するアプローチがなぜそれほどまでに軍事に特化された考え方によって動かされているのかを簡単に理解できる。国家の安全が確保できるような地政戦略的なゆとりがなく予断を許さないような状態の場合、軍事的コンテクストが軽視されるわけにはいかないのだ。ところが最もタカ派な軍事リアリストでさえも、イスラエルの過去六〇年間にわたる軍事的勝利に関わらず、周辺の国々に自国の存在を認めさせる戦いには勝利できていないことを認めないわけにはいかない。本書でもすでに見てきたように、安全保障と平和を同時に確保するために軍事的勝利に必要とされるのは、「敵側が負けを認めること」なのだ。この原則から考えてみれば、イスラエルは今日まで行われてきた全ての戦争に負けてきたことになる。

本項の格言が主張しているのは、戦闘行為と同じ感覚で戦争に取り組むと、最悪の場合は政治的失敗が確実になり、うまくいっても政治的失望からは逃れることができない、ということなのだ。

> 端的にいえば、軍事史は歴史全体のたった一つの面になってきた。もちろんこれは歴史を「非軍事化」するためにそうなったのではなく、戦争の作戦面を研究するためには、軍事史に意味を与えることになる政治、社会、そして文化など、多方面のコンテクストを通して分析することが最も良いからだ。
>
> ジェレミー・ブラック、二〇〇四年*7

＊1 Peter Browning, *The Changing Nature of Warfare: The Development of Land Warfare from 1792 to 1945* (Cambridge: Cambridge University Press, 2002), p.2.

＊2 See Samuel J. Newland, *Victories Are Not Enough: Limitations of the German Way of War* (Carlisle, PA: Strategic Studies Institute, U.S. Army War College, December 2005); and Robert M. Citino, *The German Way of War: From the Thirty Years' War to the Third Reich* (Lawrence, KS:

University Press of Kansas, 2005).

＊3 Black, *Rethinking Military History*, p.19.

＊4 See Charles Townshend, *The British Campaign in Ireland, 1919-1921: The Development of Political and Military Policies* (Oxford: Oxford University Press, 1975).

＊5 Helmuth von Moltke, *Moltke On the Art of War: Selected Writings*, edited by Daniel J. Hughes (Novato, CA: Presidio Press, 1993), pp.44-47.

＊6 Barry Turner, quoted in Isobel V. Hull, *Absolute Destruction: Military Culture and the Practices of War in Imperial Germany* (Ithaca, NY: Cornell University Press, 2005), p.3. 47. Black, *Rethinking Military History*, p.19.

格言9

政策はたしかに王様であるが、その王様は戦争の本質や性格については無知であることが多い

もう一度繰り返すが、戦争は政策の一手段なのだ。

カール・フォン・クラウゼヴィッツ、一八三二年[*1]

戦争というのは政治家がその実行を決心した瞬間から、彼らの専門外の話になる。本項の格言は、戦争をするという決断をする際に潜む構造的な問題を指摘している。これをさらに具体的にいえば、軍を動かす命令を下す政治家というのは専門家以下であり、自分たちが使う軍事的な手段について無知である場合のほうが多いのだ。この無知は、いくつものレベルで存在する可能性が高い。たとえば普通の政治家は、まず戦争とはどういうものであるのかをそもそも理解できないのであり、これは彼もしくは彼女が本書の中で説明されている警句を含む、戦争の真実や示唆されている事柄についてもほんのわずかしか理解できない、ということだ。またその一方で、政治家は現在の戦闘行為についての技術（アート）と科学の状況について知識をほとんど持ち合わせていない、というのが現状だ。すべての戦争は、細かく見て行けばそれぞれ独自のコンテクスト（政治面、社会・文化面、経済面、テ

クノロジー面、軍事・戦略面、地理面、そして歴史面）を持っているのであり、これに対処する政治家にとって、自分の目前で展開していく戦闘行為の性格を理解するのはかなり困難であると言えよう。したがって、法律的にも政策を動かす立場にある普通の政治家は、「戦争の本質」（the nature of war）や、状況的に特殊な現代の戦争の性格（character）を理解できない可能性が高いのだ。このような困難に加えて、戦争は常にギャンブルと同じだという事実（格言10を参照）を合わせて考えてみると、戦略家としての特殊な才能を持つ政治家が現れたとしても、本項の最初で引用した言葉のように、なぜクラウゼヴィッツの教訓が実践面で多くの問題を隠してしまうような働きを持ってしまうのかがよく理解できる。

本項の格言は、政策が優位な立場にある（そしてその立場に置かれなければならない）ことを我々に再確認させる役割を果たしている。ところが同時にこの格言は、政策の優位な立場というものに疑いの影を落とすことにもなる。これについての解決法は、当然だが戦争の実行面の最終的な責任を軍隊に負わせるようなものではない。たとえ軍隊という組織の中で働く専門家たちが戦争の一般的な本質や特定の性質というものをしっかり捉えることができたとしても（そしてこれを可能なものとしてむやみにあてにすることはできないのだが）、彼らは軍事戦略以外の戦争のコンテクストの理解に関しては飛び抜けて無知なのである。よってこの問題の解決法は、エリオット・コーエン（Eliot Cohen）の素晴らしい説明にあるように、「不平等な対話」の実行の中に存在するものでなければならないのだ。[*2] 軍人と政治家は常にコミュニケーションを交わさなければならないし、お互いに相手側が自分の世界の話に耳を傾けるよう要求する義務がある。ところが、政策はこの対話の中でも最も支配的な参加者でなければならないのだ。もしそうでなければ、戦争と政策の間の適切な関係は破壊されてしまうからだ。

クラウゼヴィッツは政軍関係に潜む病理ついては何も分析していない。だからと言って、これがこの偉大なマスターの批判点になるわけではないのだが、それでも彼が注目した関係には深刻な問題がその陰に（しかも多くの場合では必然的に）潜んでいることは指摘しておくべきだろう。たとえば、本項の最初に使った引用には、政策と戦闘行為の間にある関連性や、この二つのそれぞれの特徴について鋭く簡潔な説明が含まれている。クラウゼヴィッツの言いたいことはここで鮮やかに説明されているし、この正しさは全く疑いのないものであり、今までの戦闘行為の歴史でも正しさが証明されている。したがって、クラウゼヴィッツの『戦争論』は間違っているわけではないのだが、本項の格言はこれをさらに忘れないようにするための厳しい警告なのだ。

本項で説明されている格言は、クラウゼヴィッツによって暗示されていたものであり、彼は「軍人ではない政治家は自分たちが使う軍事組織というものを少しでも理解しておくべきである」ということを主張している。[*3] これはまさしくその通りであろう。ところが問題は（当然だが）、現在のほとんどの政治家の軍事関連の知識が乏しく、しかも彼らの軍事アドバイザーたちも確固たる専門的な判断を求められた時には知識の足りなさを痛感してしまうことが多いという点にある。

後者に関しては、以下のような三つの理由がある。第一に、戦争の「文法」があまりにも速く進んでいるために、現状の中で何が可能で何が不可能なのかを自信を持って判断することは難しい。第二は、（アラビアの）ローレンス（**T. E. Lawrence**）の言葉を使えば、戦争という「家」には多くの「部屋」がある、ということであり、たとえば優秀な軍隊でも、正規戦と非正規戦では全く同じ力を発揮することはできないのだ。[*4] そして第三に、慎重な軍事アドバイザーは、敵によってほぼ確実に起こされる「サプライズ」（奇襲）を警戒しなければならない。なぜなら敵というのは、相手の軍事組織が好き勝手な行動を起こせるような、単なる「受け身的な立場」には絶対に満足しないものだからだ。

本項の格言が本当に伝えようとしているメッセージは、実質的には「政治家と軍人の間には構造的な緊張が必ず存在する」ということだ。勘違いされる危険を辞さずにあえて言わせてもらえば、政治家と軍人の双方が（不平等な立場であっても）互いに必要とする「対話」というものは、常に「不確実なもの」（uncertainties）に悩まされるのだ。政治家は、いざとなったら自分たちが戦争によって達成するべきものを知るはずであるし、少なくともそれを知っておくべきである。ところが多くの場合、彼らは自国の軍が戦いで何を達成できるのかをハッキリさせることさえ嫌がるものであるし、それを曖昧なままにしておきたがるものだ。逆に、軍人側は国家の政策方針が明示されるのを必要としているにも関わらず、この政策方針には（少なくとも軍人の視点から見れば）間違いが含まれている場合が多いのだ。この政策方針はかなり大まかなものであったり、矛盾した要素が含まれていたりするのだが、この理由は、その政策方針を書いた責任者たちが発生可能な様々なシナリオを予期しておかなければならない、という点にある。またこの方針というのは、もし戦争が満足した形で進まなかった場合に批判を避けたりする意味で書かれたりもするのだ。正直な軍人というのは、与えられた任務（つまり政策によって決定された任務）を自分の軍隊が完全に遂行できるかどうかについては常に確信が持てないものであり、その一方で正直な政治家の方も、決定された政策にわずかな疑いを持つことになるのだ。

他の似たような論文がそうであるように、本項の格言は、政治的な判断を効果的な戦争の遂行へとつなげることの難しさや、さらには政治的な目的のために軍事力を使うという脅しやそれを実際に行使する際につきまとう問題に注目するよう促すものである。たしかにクラウゼヴィッツはこのような議論を行ってはいないが、それは彼が「物事はどのように管理されるべきなのか」ということを教えているだけであり、しかもこれが最も重要なことだからだ。政策と戦闘行為の適切な関係を理解することは必要である。しかし、我々がこのような観点から『戦争論』の教えを理解できれば、実際の歴史的なコンテクストにおいてこれ以上の助けを借りることなく戦略上の問題をなんとか克服できるし、現実の問題に取り組むことができるようになるのだ。

本項の格言の重要性はかなり高いのだが、その理由をあえて大胆に言わせてもらえば、それは政治家というものが軍事的に実現できるのかわからないような不確実な目標を選択する傾向がある、ということを述べているからだ。この不確実さは、まさに「戦争の本質」そのものに原因がある。つまりこの不確実さは、戦争の状況、無数の活動が行われることによって必ず発生する「摩擦」、それに激情・偶然性・政策という「三位一体」の関係性が予測不可能な形で作用すること、そして敵の行動の選択などによって、どんどん増加するのだ。これは何度も繰り返されている歴史的な事実なのだが、自分の目指す目標に固執している政治家というのは、自分の聞きたくない軍事的なアドバイスを聞いて方針を変えることはほとんどない。不思議なことに、政治家の「望ましいこと」は、彼らの意志の力によって「実現可能なこと」にすり替わってしまうのだ。政治家が「達成したいと思うこと」は「達成されなければならない」のであり、ここで急いで付け加えなければならないのは、プロの軍人というのは実践的な人間として、また問題を解決する人物として、そして国家の忠実な下僕として教育されるということだ。これを言い換えれば、責任感が強く賢明な軍人は、自分たちが満足に準備できていない任務に対して異議を唱えつつも、最終的には政治家達に敬礼しつつ、「イエス、サー」と言って最大限の能力を発揮して仕事をしなければならない、ということだ。

二〇〇三年のアメリカのイラク侵攻は、あらゆる面で本項の格言の意味と示唆するところが表れている。この時に採用された政策では、最も重要な狙いであったイラクの政権変換（レジームチェンジ）によって発生する全ての政治的な問題は考慮されていなかったのであり、イラクに関する社会学と文化人類学は完全に無視されていたのだ。アメリカの軍事エスタブリッシュメントも実は正しい判断をしており、たとえば、当初の最小限の陸上部隊しか使わない侵攻計画をかなり疑問視していた。ところがこの計画は（正規）戦後の安定化作戦、つまり戦後の戦争である「対暴動」に対するまずいやり方のおかげで、結果的に火に油を注ぐこととなってしまったのだ。[*5] もちろんイラクの激変する政治状況を理解できなかったのは政治家だけではない。ほとんどの軍人たちも、アメリカ政府の誤った政策によって彼らの任務が絶望的に困難にさせられたことにより、非正規戦における軍事・社会文化面でどのように対処すればいいのかわからなかったのだ。

> 戦争開始当初の動機であるところの「政治目標」とは、達成可能な軍事目標と、それに必要とされる努力の量の両方を決定する。
>
> カール・フォン・クラウゼヴィッツ、一八三二年[*6]

＊1 Clausewitz, *On War*, p.610.〔クラウゼヴィッツ『戦争論』〕
＊2 Cohen, *Supreme Command*.〔コーエン『戦争と政治とリーダーシップ』〕
＊3 Clausewitz, *On War*, p.608.〔クラウゼヴィッツ『戦争論』〕
＊4 T. E. Lawrence, *Seven Pillars of Wisdom: A Triumph* (New York: Anchor Books, 1991), pp.191-192.

〔T・E・ロレンス著、田隅恒生訳『完全版・知恵の七柱』平凡社、二〇〇八年〕

＊5 See Michael Gordon and Bernard Trainor, *Cobra II: The Inside Story of the Invasion and Occupation of Iraq* (London: Atlantic Books, 2006); and Thomas E. Ricks, *Fiasco: The American Military Adventure in Iraq* (New York: the Penguin Press, 2006).

＊6 Clausewitz, *On War*, p.81.〔クラウゼヴィッツ『戦争論』〕

格言10
戦争は常にギャンブルである

戦争とはまた極めて偶然の支配する世界でもある。

カール・フォン・クラウゼヴィッツ、一八三二年[*1]

軍隊というのは戦争を戦い、兵士を戦わせるために訓練されているものである。ところがほとんどの軍隊というのは、実際に戦争を行っている時間が非常に少ない。平時の演習で目覚ましい活躍をする兵士はいるのだが、彼らが実戦で同じ活躍ができるかどうかは判断できないのだ。さらに言えば、全ての戦争はそれぞれ違う性格を持っているのであり、最近の戦いの経験でさえ次の戦争でのパフォーマンスを保証することになるわけではない。よって、政治家と軍人がこのような準備の完璧さや「計算されたリスク」を吹聴する場合、彼らはウソをついているか、単に勘違いをしているだけである。軍事面での困難によって発生するリスクは、文字通り常に「計算不可能」なのだ。

戦争によって生じる危険というのは、特にその直接的な参加者や社会そのものにとってはあまりにも強烈で命に関わるほどの問題であるために、確実性を求めたり、少なくとも大規模なリスクを減少させるという作業は、彼らにとって最も賢明なこととなる。このような作業は不可欠であるし、我々を成功へと導くのかも知れないが、それでも究極的には失敗を避けられないものだ。なぜなら「偶然性が支配する」というのは、戦争の木質そのものの中にあるからだ。この根本的な理由は、戦争の複雑さにある。リスクを必死に減少させようとするギャンブルを行う戦略家にとって、戦争の中には確実にコントロールしなければならない要素があまりにも多く、しかもそれらが相互に関連しているのだ。リスクが高ければ高いほどそこから得られる利益も大きいのだが、それにつれてその利益を証明する必要は大きくなるのだ。リスクのない戦闘というのはあり得ない。

不確実性が生まれる原因は、主に三つの分野に分けることができる。「敵」、「味方」、そしてもう一つはシンプルな言葉を使えば「予期しないこと」だ。もちろん優れた軍事面のマネージメントによって「ギャンブル」という要素は減少させることができるのだが、それでも本項の格言は戦争に関する必然的な真実を示している。当然なのだが、戦略家というギャンブラーにとって戦争の中でも最もコントロールの効かない要素というのは、「敵の意思」である。我々はたしかに自分たちの行動を、最初に敵に直面するという決定的な地点まではコントロールすることができるのだが、そこから先はそれ以前の準備が単なる当てずっぽうになってしまうのだ。

戦争というギャンブルは、「軍事」と「政治」の二つ面で行われる。軍事面では、戦争の焦点が戦術レベルからから始まっても、その上の作戦レベルとその成功や失敗が戦争全体にどのような影響を及ぼすのかという風に移っていくことによって、戦闘力の計測がますます不確実になっていくのだ。これは何も難しいことではなく、ここで問題になっているのは本物の「戦争」なのであり、実際の「戦闘行為」をどう遂行するのか、ということではないのだ。政治家が戦闘行為というゲームで勝って手に入れたチップを、このゲームで唯一意味をなす「政治面での成果」という現金に換金することができれば、たしかにこのギャンブルは英雄的な行為にもなり得るのだ。

本書の格言の最も重要な「価値」(知的には「楽しみ」と言っても良いのかも知れないが)は、それがいくつかの例外を認めている点である。ポストモダン的な考え方から言えばこのような考え方はかなり異端的であろうが、私はそれでもかまわないと考えている。本項の格言は、戦争を行う/拒否するという決断をする際には命がけの覚悟が必要だ、ということを教えている。これは全ての場合に当てはまる戦略の真実だ。我々はこの真実が示唆していることを意識的に減少させることもできるが、それでも実際的にはその「完全な排除」ではなく、それを「軽減すること」を狙うべきなのである。もちろん本当に戦争が起こってしまった場合には我々はあえて厳しい道を選ぶこともできるのだが、成功の確率を上げる最も魅力的な方法は、奇襲をかけて軍事・戦略面で主導権を握ることだ。そのために、我々は敵が持っている自由意志という「予測不可能な要素」を戦略の理論の中から消してしまうことになる。[*2]もし自分たちの敵が、単なる不運な犠牲者であったり、空から虐殺される標的のまとまりであったり、もしくはこちらの作戦が行われれば降伏するだけの「混乱してさまよえる烏合の衆」であるならば、たしかに本項の格言は間違っていることになる。しかしあいにくなことに、上記のような珍しい例外的な状況を除けば、本項の格言に含まれている真実は思ったより説得力を持つものなのだ。効果的な奇襲攻撃と、それに続いて行われる完璧な殲滅作戦を行えば、たしかに戦争のギャンブル的な部分を取り除くことになるのかも知れないが、それでも敵に対する強大で圧倒的な優位を確保するためには莫大なリスクを背負わなければならない。壮大な「欺騙」(deception)を含む巧妙な計画には、心臓が止まるかと思うほど恐ろしい危険が常に含まれているものなのだ。

政治家や軍人というのは「哲学者」ではなく、あくまでも「実践的な人間」だ。彼らに必要とされ求められているのは、実際に効果のある真実なのだ。このような「必要性」があると、むしろ独創的なものや、単にもっとも良く聞こえるだけのものや、（あまり多くはないが）明らかに役立たずのものを集めてしまいがちだ。戦争の責務を負って実行するという役割はあまりにも重いのだが、そのリスクを避けるための解決法がアカデミック界に存在しないというのは非常に奇妙なことである。本項の格言の利点は、危険な「希望的観測」に対する強固な鎧を提供しているという点だ。このような偉業は、「永久不変の真理」と「部分的」もしくは「偶然的な真理」を区別することによって達成することができる。

「戦争は常にギャンブルである」という格言には例外というものがほとんどない。この格言の重要性はこれ以上ないほど高いのだ。政治家がこれをあえて無視したり、もしくは彼らが戦争の中に存在するチャンスが持つ危険性を、政治的、戦略的、軍事的、そして文化的な解決法を追求することによって乗り越えることができると勘違いしてしまえば、直接的に降り掛かってくる危機の発生は避けられないことになる。

平凡な考えと本物の知恵との間にある差は紙一重である。格言というのはほとんどの人々が知っているような普遍的な真理なのだが、それを完全に理解している人は本当に少ない。ほとんどの国防分析や軍事計画、そして新兵器の獲得や新しい作戦面でのアイディアの創出、そしてそれらを効果的に発揮させる組織というのは、永続的な戦争や戦闘行為の本質によって発生する障害物を乗り越えるための「価値ある努力」であると言えよう。実践的な人間としてこれらに対処する人々は、目の前の問題の「解決者」とならなければいけないし、これが彼らに課された任務でもある。政府の要求（そして個人の考えも）は知性面やその他の分野での創造性を突き動かすことになるので、ある問題に対する「解決法」として提供される理論の数にはこと欠かないことになる。ではそのような理論が豊富な中で、本項の格言はどのような役割を果たさなければならないのだろうか？

その他の格言と同じように、本項の格言は我々を経験的な土台の上に立脚する「歴史」へと積極的に呼び戻す役割を持っている。「戦争は偶然性の領域にある」というアイディアはあまりにも当たり前に聞こえるために、これが逆に政治家たちに戦略への軽視を生み出し、彼らが持たなければならないこの真理の影響にあえて逆らうような働きをしてしまうのだ。そもそも格言というのは、耳障りの良くない現実を述べる、一つの方法である。政治家というのは戦争がギャンブルであるということを知りたくないし、思い起こされることを嫌がるのだ。もちろん彼らは（少なくとも腹の底では）戦争がギャンブルであることを知っている。そして彼らが必要としているのは、この格言の持つ影響力を否定したり相殺したり、なんとかしてごまかしたりする方法なのだ。また彼らの周辺にいるアドバイザーたちは、この古めかしい格言を、全くの誤りであることを証明できなかったとしても、とりあえずは手なづけたり回避したりすることができるものであることを政治家に教えようとして躍起になるのだ。

本書に書かれている戦争、平和、そして戦略についての格言の数々は、その表面的な印象とは全く逆の、戦略哲学をつなげただけの単なる無駄なアカデミックの産物ではない。むしろ、このような格言では実践的な効果だけが狙われており、また、そこだけに価値が存在する真剣なものなのだ。そして必然的に「実践的な心構え」を持たなければならないリーダーたちは、狂暴な戦略的状況がもたらす構造という非常に扱いにくいものをコントロールする必要に迫られているために、彼らはそもそもこれをコントロールすることが不可能であることを認めたがらないものなのだ。もちろん自分たちに限界があるということを認めてしまうことは、政治家や軍人たちの輝かしい経歴に傷をつけてしまうことになる。ところが幸運なことに、理論家の仕事というのは軍事や戦略面でのパフォーマンスの向上を思いとどまらせることではなく、むしろその逆なのだ。理論家の使命というのは、格言を見てもわかるように、実際に行動をする人々を、彼ら自身の間違いや、勝利を完全に保証する方法を教えようと誘惑する者から救うことにあるのだ。

ここでの議論は、「大きな真理」と「小さな真理」に関係している。「小さな真理」というのは、戦争や戦闘行為につきもののリスク、偶然性、そして不確実性というものは減少させることができる、というものだ。つまりこれは、「優秀で幸運な人々や組織がそれなりの結果を達成するための生産性を生み出すことができる」ということだ。ところが「大きな真理」というのは「戦争は常にギャンブルである」ということなのだ。戦争というのはあまりにも複雑であり、数多くの面を持っていて非線形な進み方をする完全な混沌（カオス）であり、計画通りには進まない出来事であり、大きなリスクを完全に取り除くことはできないものだ。[*3] なぜこれが過去・現在・未来でも変わらないのかについての理由は数多くあるのだが、この中でも最大の理由は、非協力的で自らの意思を持っている「敵」という不都合な存在にある。その他にも重大な理由は、命に関わる危険性をはらんだ「偶然性」という領域にある。ところが、自然に発生するこの偶然性というものは、自ら積極的に人を困らせようとしてくるものではない。その逆に、「敵」という人間の行動は全く異なるものであり、彼らは我々が都合良く動かせる単なる物体ではないのだ。原則として、敵には選択肢があるのだ。この選択肢というのは、常に敵側にとっては魅力的なものであるとは限らず、しかも特に効果的なものであるというわけでもないのだ。ところが敵のもつ選択肢というのは、我々が準備した当初の計画を我々自身が「変更すべきだ」と納得できさえすれば、変化させることもできるのだ。

格言というのは戦略的な判断の声としての役割を果たしており、リーダーたちが見落としがちな「大きな真理」を思い出させるものである。もちろん政治家に対して「戦争は常にギャンブルである」ということを進言するのは必ずしも有益ではないかも知れない。しかし政治家というのは、政策が作られる状況や、絶望的な困難に対して解決法を探ろうとする場合に、官僚側から生じてくる組織的な圧力なども考慮しなければならないのだ。

「適切な計画があれば戦争のギャンブル的な要素は克服できる」と信じたがっている、必死で切羽詰まっている人々には、むしろこのような状況だからこそ戦争の本質というものを読み違えさせてはならないのであり、これは文字通り「決定的に重要」なのである。本項の格言を憶えて理解し、そしてこれを完全に消化できた人は、このような潜在的に致命的な間違いを犯すことはない。

> ところが「確実に発生すること」を想定して計画することは、すべての軍事の失敗の中でも最悪のものである。
>
> J・C・ワイリー (J. C. Wylie)、一九八九年*4

＊1 Clausewitz, *On War*, p.101［クラウゼヴィッツ『戦争論』］

＊2 この魅力的なオプションは James J. Wirtz, "Theory of Surprise," in Richard K. Betts and Thomas G. Mahnken, eds., *Paradoxes of Strategic Intelligence: Essays in Honor of Michael I. Handel* (London: Frank Cass, 2003), p.103. の中で素晴らしい説明をされている。

＊3 See Colin S. Gray, *Strategy for Chaos: Revolutions in Military Affairs and the Evidence of History* (London: Frank Cass, 2002), Ch.4-5.

＊4 J. C. Wylie, *Military Strategy: A General Theory of Power Control* (Annapolis, MD: Naval Institute Press, 1989), p.72.［J・C・ワイリー著、奥山真司訳『戦略論の原点』芙蓉書房出版、二〇〇七年］

パート2

戦　略

格言11
戦略に関する知識は致命的に重要だ
戦略研究の炎は灯し続けられなければならない

現代で戦略に関する本を書いている人々はかなり大胆であり、むしろ無謀と言えるかも知れない。今日では戦略的天才を信じるものは誰もいない。偉大な戦略家というのは、二つの世界大戦という大変革と、日常生活のプレッシャーの中で消滅したのであり、彼らはまるでシンプルな原色によって描かれた、崩壊しつつある古代文明の風景の絵のようになってしまったのだ。

アンドレ・ボーフル（André Beaufre）将軍、一九六三年[*1]

本項の格言は、おそらく本書で論じられている格言の中で最も重要なものであり、著者である私個人にとっても、特に思い入れが強いものであると言える。私は自分のことを戦略家であると考えているし、多くの人々がこの肩書きに同意してくれることを喜ばしく思っている。もちろん本項の格言は、パート1で示された戦争と平和の関係について述べたものよりも重要であるとは言い切れない。ところがこの格言の重要性は、まさにこれが十分理解されていないという事実によってさらに重みを増すことになるのだ。もちろん、読者は本書で分析されている他のコンセプトや仕組みを理解することについては（もちろんそれらの相互関係を理解することには多少の難しさを感じたとしても）それほど難しさを感じないかもしれないが、戦略はそれ単独でも捉えることが難しいものなのだ。この難しさには二つの面がある。まず一方では、そもそも一般的に戦略の意味と目的がしっかりと理解されていない、ということが挙げられる。そしてもう一方では（たった今指摘された問題にも一部原因があるのだが）戦略家が直面しなければならない問題があまりにも大きい、という点だ。このような難しさについての議論は、格言12で分析されているものとは異なるものだ。

私個人にとっては気恥ずかしい限りだが、とにかく私たちは「戦略家」というものを、政府か軍の上層部で実際に戦略を実行する人間か、それを理論化したり政府にアドバイスしたりする人間と捉えたほうが良い。国やその他の安全保障コミュニティーには、それほど多くの戦略家は必要とされていない。たしかに別々の視点を持つ多くの戦略家たちによる「戦略議論」というのは望ましいものなのかも知れないが、国家をはじめとする安全保障コミュニティーには、たった一人の権威ある戦略家の、たった一つの戦略しか採用できないのだ。本項の格言は、その正しさを証明することがあまりにも簡単な、「戦略についての理解は乏しい」という前提の上に立ったものだ。したがって、戦略研究の炎を灯し続けることは致命的に重要なのだ。[*2] 数少ない戦略家という肩書きに誇りを持つことができる学者や実践家の立場は、ある意味で僧侶のような聖職に近いものがあると言える。彼らの数は本当に少なく、しかも彼らが取り扱うテーマは本質的に難しいものであり、安全保障コミュニティー全体に向けてのメッセージが完全に理解されることは少なく、しかも、そのメッセージが行動の基礎として正しく使われることはほとんどないのだ。では、なぜこのようなことが起こってしまうのだろうか？

戦略の根本的な問題というのは、それが仮想的な行動であり、物質的に存在しないという点にある。そもそも戦略というのは、「愛」や「恐怖」のような重要な概念よりもはるかに描くのが難しい、抽象的な概念なのだ。では戦略とは何であろうか？　軍事面だけに狭く限定すれば、これは政策と軍事力の世界をつなげる「橋」である。[*3] つまり、軍事力のために政策の意味を解釈するのが戦略であり、政策の目的を達成するために使われる軍事力やその脅しを使う際の、一定の枠組みを作り上げるものなのだ。実践面から見ても、戦略というのは戦時もしくはそれに近い状況では常に働かせる必要がある。なぜなら、政策では軍事力で達成不可能なことを求めるべきではないからだ。同様に、軍事計画は政策の目的を達成するためだけに作られて実行されるべきだ。戦略という「橋」の上で起こるべき対話では、軍人と政治家はそれぞれの好みを相手の要求に合わせる必要が出てくる。しかしこの対話の重要な役割というのは、政策と軍事力の双方の代表者が、互いに相手の論理や文法の一貫性を尊重することを確実にさせる点にある。

ここでは戦略を軍事面だけに限定して話すだけで十分であろう。本項の格言は、守備範囲の広い「大戦略」(grand strategy)の問題に関係したものである。つまりこれは戦略を「手段的に実行されるもの目的のために使用されるものだ」[*4] と我々に教えている。クラウゼヴィッツは「戦略とは戦争の目的のためにのである」とする、簡明な主張である。もちろんこれは軍事的な狭い範囲や、戦時の戦略という意味に限定されてしまえばあまり尊敬できるものではない。私にとってのクラウゼヴィッツの「戦略」の定義の解釈は、戦時だけに限定され、その他の問題には対応できていない極めて軍事的なものであり、「戦略とは、政策の目的のために軍事力を行使したり、その行使の脅しを利用すること」である。[*5] 戦略の定義を広げることがためらわれる主な理由は、ある人物が大戦略、つまり「ある安全保障コミュニティーの全ての資源を、政策の道具として行使すること」を論じている時に、この人が全ての問題の中で特に強力な政策の問題だけに目を奪われて、特に軍事力に関連した問題を見失ってしまうからである。我々が大戦略を分析する場合、政策の道具の中でも軍事力という特殊な役割を持つものを見失ってはならないのだ。

本項の格言は、我々が「戦略的な考え」と、本物の「戦略的な行動」というものを常に必要としていることを教えている。すでに述べたように、戦略がなぜ難しいのかは格言12で説明されているので、とりあえずここでは「優秀な戦略」というのはかなり珍しいものであるということだけ述べておけばいいだろう。これは軍人としての戦略家と、それ以外の民間の戦略理論家についても当てはまる。これは、戦略の総合理論についての「古典」と言われるようなものが、図書館の棚にもほとんど存在しないことからも気づいていただけるはずだ。私のように三〇年以上も仕事を続けている「理論家としての戦略家」の経験から見てもわかる通り、政府などからの公式の直接的な依頼の要求というのは本当に少ない。この理由は、もちろん戦略の重要性が低いからではなく、ほとんどの軍・官たちが自分たちにどれほど戦略についての視点が必要かということに気づいていないという点にある。一つの安全保障コミュニティーに対して戦略を作成する際に必要とされる人の数はあまりにも少なく、しかも彼らはこれを一時的に行うだけであるために、本物の戦略専門家が必要とされることは（しかも強烈に要求されることは）ないのだ。戦略研究という極めて実践的な分野に対する要求は、限定的な政治的状況の戦略的関心によって動かされるために、学者たちはじっくりと戦略的に理論化したり考えたりすることを求められることがない。

戦略分析で役に立つものは本当に少ない。「戦略的」という言葉は、軍事的に焦点を当てたものを示すと同時に、現在議論されていることの重要度を高めたい時に使われる。たしかに「戦略的」という言葉は良い記述語であり、力強く、正統性を高めるものであり、この言葉が使われると、提出された研究やアイディアの価値を高める役割を果たすことが多い。もちろん客観的に見れば、国防コミュニティーでは戦略を重要であると認めているのだが、それでもそれほど重大なこととして追求することは極めて稀である。たとえばアメリカでは、国防費策定の背後には質の高い戦略思考がないという警告の嵐が常に巻き起こっている。もちろん議会では公聴会が開かれ、数々の報告書は発表されるのだが、これほど戦争を経験した後でも、アメリカでは相変わらず戦略の欠陥が露呈されるのだ。もちろん、政府内でも戦略の必要性が表明されるような知的活動が小規模ながら繰り返し見られることはある。[*6] それでも、このような戦略の重要性についての一時的な認識が長く続くことはない。軍人たちは自らの任務である軍事に集中するのだが、政治家は政策作りにおいて活躍することになるのだ。戦略とは「二つの世界」と「二つの文化」をつなげる「橋」なのであり、これが「全く考慮されていない」と言えばウソになるが、それでも一般的には十分に考慮されているとは言えない。このような状態は、次の国家の危機によって戦略の必要性が再確認されるまで続くことになるのだ。

あまり目立たないが、本項の格言では「戦略が議論されて発展させられるためには、戦略家という存在が必要である」ということが主張されている。たしかに、「戦略の天才」は訓練よりも天賦の才能によるものなのかも知れないが、それでも国家というのは、天才が最も必要とされている時に遺伝子の貯蔵庫や軍事・政治組織の構造などに頼ることはできないのだ。したがって、賢明な国家というのは少なくとも政官を問わず、少数の人間に対して戦略的に考えることができるように教育するべきなのだ。次項の格言でも論じるように、たしかにこれはとても難しい。しかし本物の戦略教育という任務がいかに困難であろうとも、戦争の失敗の代償のほうがそれに比べれば遥かに高いのだ。この理由は次の引用句で簡潔に示されている。

あなたが戦略に興味を持っていなくても、戦略はあなたに興味を持っている。

作者不明

＊1 André Beaufre, *An Introduction to Strategy* (London: Faber and Faber, 1965), p.11.
＊2 See Carl Builder, "Keeping the Strategic Flame," *Joint Force Quarterly* no.14 (Winter 1996-1997), pp.76-84; and Hew Strachan, "The Lost Meaning of Strategy," *Survival* 47 (Autumn 2005), pp.33-54.
＊3 See Colin S. Gray, *Modern Strategy* (Oxford: Oxford University Press, 1999), Ch. 1.
＊4 Carl von Clausewitz, *On War*, edited and translated by Michael Howard and Peter Paret (Princeton, NJ: Princeton University Press, 1976), p.128.［クラウゼヴィッツ『戦争論』］
＊5 Gray, *Modern Strategy*, p.17.
＊6 戦略について近年関心が急激に増加している証拠としては、Anthony D. Mc Ivor, ed., *Rethinking the Principles of War* (Annapolis, MD: Naval Institute Press, 2005).を参照のこと。しかしここで重要なのは、この素晴らしい本やそれに続くシリーズの本も、アメリカ海軍のジョン・モーガン副提督（Vice Admiral John C. Morgan, USN）という優秀な個人によって生み出されたものであり、政府の公式な戦略教育に対する取り組みの結果ではないという点だ。

格言12

戦略は、政策や戦術よりも難しい

もし対暴動戦争に直面した場合でも、正しい戦略を選択できていれば、たとえ戦術が悪くても最終的には正しい戦術を得ることができる。ところが間違った戦略を採用してしまうと、いくら最初から正しい戦術を使って、しかもそれを改良し続けたとしても、最終的には戦争に負けることになってしまう。我々が基本的にベトナムで犯した間違いはこれだった。

ロバート・キレブリュー（Robert Killebrew）、二〇〇六年[*1]

本項の格言は、額面通りのそのままの意味を持っている。もちろん、これは戦略が政策や戦術よりも重要だと言っているわけではなく、ただ単にそれらよりも難しいということを述べているだけだ。本項の三つのレベル（政策・戦略・戦術）の行動は、密接な相互依存関係にある。政策の選択は戦略の選択を導き出すものであるし、しかもこの選択は、戦術面の実行に影響を与えたり、方向付けをすることになる。この三つのレベルの相互依存的な関係は、第一次世界大戦の歴史において完璧に示されている。まずこの大戦で重大だったのは、政治面での問題であった。敵味方の双方の政策では「決定的な軍事的勝利」を目指していたのだが、これはそもそも戦略では生み出せないものであった。したがって、戦略が失敗した理由は、作戦面と戦術面での選択肢があまりにも限定されていた点にある。一九一四年から一九一八年後半まで起こっていた「戦術的な手詰まり」というのは、実戦における「作戦」や「軍事戦略」、「大戦略」、そして「政策」のように、戦術よりも高いレベルにおける結果ではなかった。すべては戦術レベル、つまり戦場での部隊の活躍にかかっていたのであり、部隊が活躍することができなければ、その上のレベルの優秀さも意味を成さないのだ。

本項で示されている三つのレベルにおけるパフォーマンスは致命的に重要だ。もし政策が愚かなものであったり、非生産的なものであったりした場合は、優秀な戦略や戦術も無駄になってしまうし、また、いくら戦術が素晴らしくても戦略が見当違いであれば、本項の最初でキレブリュー大佐が示しているように、軍事面での成功も有益な結果を生み出さない。そして本項の焦点でもあるように、政策が適切で戦術も全体的に効果的なものであったとしても、それらが成功するかどうかは選択された戦略の質にかかってくるのだ。ここで思い出して欲しいのは、戦略とは政策作りの機能と、軍人による戦いと死の機能とをつなげる「橋」である、ということだ。

そもそも戦略というのは、政策や戦術の意味や目的のように一般的にわかりやすいものではないために、どうしても軽視されやすい。その上、それらの意味が詳しく説明されたとしても、それがあまりにも初歩的なもののように聞こえてしまうために、それを実行するためには特別な才能が必要であるとは思われないのだ。このような理由から、我々は戦略と戦略家の果たす役割についてじっくりと考え直す必要がある。まず我々が理解しなければならないのは――①戦略家は、政治的な目標を追求することを狙った、軍事行動をまとめる計画を作らなければならない。②戦略家は、この計画をまとめるに当たって、それぞれの役割を果たそうとする政治家と軍人の両方と交渉するはめになる可能性がある。③結局のところ戦略とは、政策が戦場と出会う場所である——という三つの点なのだ。

政策作りと戦術は決して簡単なものではないが、それでも経験を積んだその道のプロが行う実際的な活動である。ところが戦略作りというのは、政治家や軍人のようなプロが持っているスキルとは違う。クラウゼヴィッツはいつもの洞察力で、「戦争と政策は上のレベルにおいてはしっかりと融合されなければならない」と述べている。[*2] たしかに、「すべての戦闘行為は暴力的手段によって行われる政治的行動であると見なすべきである」というのは正しい。しかし、現代のような官僚的になった世界で、特に軍人と国家が法律と慣習によって政治的に切り離されている国では、クラウゼヴィッツが書いたような融合を実践するのは非常に困難、もしくは不可能なのだ。もし戦略という橋が崩壊し、政策作りと戦争の実践が一体化してしまえば、壊滅的な結果を必ず発生させてしまうことになる。今日の国家、特に西側の民主制国家の戦略家にとって、政策と軍事的手段をつなげる「橋」を守る良い方法は残されていないのだ。戦略という橋の守護者として、戦略家は政治家と軍人の間で規律のある対話が交わされることを約束しなければならない。結局のところ、戦略家というのは政治的なゴールを満足させることができるような軍事力の使い方の枠組みを考えなければならないのだが、同時にそれが戦術的・兵站的に実行可能でなければならないのだ。

戦略が難しい理由はまだ十分に理解されているといえないのだが、特に戦略家たちの間ではこの理解が足りない。本項の格言の正しさを証明するためには、以下のように主に三つの説明ができよう。

第一の説明は、すでに述べたように「戦略家は不安定な為替通貨の取引をやっているようなものである」というものだ。戦略家というのは政治的な目標を達成するために必要な戦略的効果を上げるにはどのような軍事的な脅しや行動をどのくらいの規模で行うのかを決定しなければならない。この計算の中で最も重要なのは、「敵の中にある反抗しようとする意思」のような不可知な要素が存在し、戦略家はこれをあらかじめ計算に入れることができず、むしろ推測するしかない、ということだ。また、特に非正規戦の場合に強引に軍事力を行使してしまえば、逆に相手の抵抗を強めてしまうことにもなりかねないのだ。

第二の説明は、戦略家というのは「軍人と政治家をわける、社会的、文化的、そしてプロとしての職業の間にまたがる存在である」というものだ。国家の組織に属する人間たち一人一人が一致団結して仕事をしたいと考えており、しかも官僚的にこのような協力を促すよう組織されていたとしても、非軍人と軍人の間の違いを埋められないことがある。ここでまたクラウゼヴィッツの説明に頼り、しかも彼の主張を拡大して説明してみれば、これは「戦略形成のレベルにおいて、政策の論理が戦争の文法に出会う」ということになる。[*3] 政策家たちは、軍が戦術的に出来ないことでも無理に要求することがある。ところが軍の方は、戦術面で自らが理解できるような目的を達成し、期待以上の素晴らしい戦いで成果を挙げたいとは思うのだが、それが政治的に有効な効果を挙げることができるかどうかまでは約束できないのだ。

第三の説明は、「戦略が特に難しいのは、戦争の準備とその実行に関わるすべての要素を含んでいるからだ」というものだ。私は「オッカムの剃刀」が持つロジック、つまり「少なければ少ないほど良い」という考えに反して、戦略の要素を十七個以上挙げている。[*4] クラウゼヴィッツはそれよりも遥かにオッカムに近く、戦略の要素としてたった五つの要素だけ、つまり「士気」、「物質」、「数学的」、「地理的」、そして「統計的要素」を挙げている。[*5] もっと最近の例では、マイケル・ハワード（Michael Howard）が戦略を「社会」、「兵站」、「作戦」、そして「テクノロジー」という四つの要素に区別している。[*6] 著者である私はクラウゼヴィッツから借りたアイディアを使って、自分の十七の要素を三つのカテゴリー、つまり「人民と政治」、「戦争の準備」、そして「戦争そのもの」に区別しており、二番目と三番目のカテゴリーはクラウゼヴィッツから直接受け継いだものだ。もちろん、戦略の要素の正確な区別というのは、ここで示された分析の枠組みの中に含まれているのであれば、それほど重要なわけではない。議論をひとまず終わらせるため、ここでは著者である私の十七の要素を明示しておく必要があるだろう。第一のカテゴリーである「人々と政治」には、「人民」、「社会」、「文化」、「政治」、そして「道徳倫理」が含まれる。第二のカテゴリーである「戦争の準備」には、「経済」と「兵站」、（国防と軍事計画を含んだ）「組織」、（人員採用、訓練、そして軍備関連のほとんどを含む）「軍事機関」、「情報と諜報」、「軍事理論とドクトリン」、そして「テクノロジー」が入る。第三のカテゴリーである「戦争そのもの」は、「軍事作戦」、（政治と軍事の）「指揮系統」、「地理」、（偶然性と不確実性を含む）「摩擦」、「敵」、そして「時間」によって構成されている。

百科事典のように難解な十七の要素も、本項の格言の核心にある真実を見失わせるようなものであってはならない。[*7] 戦略は本当に難しいものであり、これらの中で一つかそれ以上の複数の面での弱さが露呈してしまうと、全体的な戦略パフォーマンスに致命的な打撃を与えてしまうことになるのだ。戦略的な意図というのは様々な方法で邪魔されるのだが、原則的に言えば、戦略の要素の中の一つかそれ以上における弱さは、別の面での優秀さで補うことができることになる。ところがこれは、抽象的な希望的観測を原則としてごまかしたものであるとも言える。歴史的に見ても、戦略パフォーマンスというのは政府などの期待通りにはいかないものなのであり、そこには上手くいかないだけの理由がある。そして、この原因がタイミングの失敗によるものであれば（格言17を参照のこと）、これを後から補おうとしても無駄なのだ。結論から言えば、戦略のレベルにおける戦争の実行というのは、あまりにも多くの要素において失敗が可能であるために、最も難しいものである。

本項の格言の警告に気づかなかったり、理解できなかったり、なんとかして反発しようとしたりすると、戦略の失敗から逃れられなくなってしまう。そして、戦略で失敗するということは政策の失敗につながり、軍事的手段においても失敗することになる。しかしながら、チャールズ・コールウェル大佐（Colonel Charles E. Callwell）が百年以上前に主張していたように、戦略レベルにおける失敗は戦争に負ける唯一の原因とはならないのだ。

> それでも戦略というのは戦争における最後の評定者ではない。それを決定するのは戦場なのだ。
>
> チャールズ・コールウェル、一九〇六年[*8]

＊1 Colonel Robert Killebrew, quoted in Thomas E. Ricks, *Fiasco: The American Military Adventure in Iraq* (New York: the Penguin Press, 2006), p.195.
＊2 Clausewitz, *On War*, p.607.〔クラウゼヴィッツ『戦争論』〕
＊3 Ibid., p.605.
＊4 Gray, *Modern Strategy*, Ch. 1.
＊5 Clausewitz, *On War*, p.183.〔クラウゼヴィッツ『戦争論』〕

＊6　Michael Howard, "The Forgotten Dimensions of Strategy," *Foreign Affairs* 57 (Summer 1979), pp.975-986.

＊7　何人かの読者には私が十七個もあった戦争と戦略の次元をかなり扱いやすい数にまで減らしたことを喜んでいただけるかもしれない。遅きに失した感はあるかも知れないが、私が現在書いている戦略理論に関する本では要素の数を少なくしたリストを発表するつもりである。

＊8　Charles E. Callwell, *Small Wars: A Tactical Textbook for Imperial Soldiers* (London: Greenhill Books, 1990), p.90.

格言13

まずい戦略は致命的だが、同じことは政策や戦術にも言える

戦略の誤りは次の戦争でしか正すことができない

作者不明

戦略は、政策の目標が達成可能なものかどうかによって決まる。そしてそこで選ばれた戦略は、戦術行動のコンテクストの最も重要な部分を決めるのだ。政策目標が決まれば、戦略は「勝利の理論」という機能を果たすことになる。もしこの理論が不適切なものであれば、政策は必ず失敗して、多くの兵士が無駄死にすることになる。このようなことからも明らかなように、戦争では戦略レベルや、特に国政におけるパフォーマンスが、その戦争の実行の可能性を決定するのだ。

戦略には「政治目標を達成可能なものにする」という役割がある。もしある人物が軍事戦略を論じているとすれば、それは明らかに軍事力という（おそらく最も重要な）狭い分野に限定されたものである。ところが、もっと大きな視点から見ると、大戦略における決断は、その紛争全体の決定にかかってくるのだ。もちろん政策のための全ての手段は重要だが、目先の問題が軍事・安全保障分野に関

するものであれば、軍事戦略は最重要課題となる。そして外交、プロパガンダ、経済的圧力、政権転覆など、その他の国政の手段は、軍事行動を優先させるコンテクストにおける補助的な役割を果たすものとみなされることになる。

原則から言えば、政策は戦略を動かすものでなければならないし、戦略も同様に戦術を動かさなければならない。ところが過去の実例から見てみると、政治、戦略、そして戦術という三つのレベルは、戦争中の国の中ではそれほど上下関係が明確になっていないのだ。戦略家というのはマコーレー卿（Lord Macaulay）の書いた『古代ローマ詩』（*Lays of Ancient Rome*）の中に出てくるローマの町につながるティルベ川に架かる橋を死守するホラティウス（Horatius）のように、戦争における高低両レベルでの効果的な行動を見守る警察官なのだ。戦略家は、戦略という「橋」の上で政治的欲求を実現させる計画に変えなければならない。もし十分な自信を持ってこれを実現できないと判断した場合、戦略家は正直にこれを表明し、政策をやや柔軟な方向へ修正するよう提案すべきなのだ。

一旦動きが始まると、政治的目標を達成するために必要とされる「戦略」というのは、軍隊の能力以上のことを要求することがある。戦略家は自国（もしくは自分の属する安全保障コミュニティー）の力を強め、弱点を補うような「勝利の理論」と、その実行に必要な「戦略」を選ぼうとするのだ。ところが、そこには常に「確実」もしくは「発生しそうな」戦術面での制約が存在する。

同語反復（トートロジー）だという批判を恐れずに言えば、良い戦略というのは政策が求める様々な要求に対応できるくらいの十分な戦略的効果をもたらすものでなければならない。すべての重要な「戦略的効果」というのは、あらゆる種類の軍事行動によって得られる共通の「通貨」のようなものであり、それは努力やスキル、そして戦闘で流される兵士の血から生まれるのだ。

ところが戦略家を、ある「秘められた大計画」のようなものを守るために命を投げ捨てて戦う闘士のように、政治と軍事力の間にかかっている戦略という「橋」の番人であるように考えるのは大きな間違いだ。戦略家はたしかに聖職のような信頼を得ることはできないのだが、その理由は、そもそも戦略がダイナミックなものである点にある。自分自身の橋の上に立つ戦略家というのは、軍事的な資源が政治面でも十分なリターンを得るために効果的に使われるよう期待されているものだ。戦略をなぜ橋にたとえるのかといえば、それは政治家と軍人の間の双方向のコミュニケーション（というか対話）を設定する、戦略の持つ機能的な面を思い起こさせてくれるからだ。ところが戦略家というのは単なる「交通整理の担当者」ではない。この戦略という「橋」の長さは様々であり、破滅的な状況に数多く直面する可能性のある戦略家は、軍事力と政治という両方の通貨を交換する為替相場のような役割を果たさなければならないのだ。政治的欲求と軍事面の実現可能性との間の対話は、政治と軍事の両方の領域を満足させる「行動のための理論」へと変化させられなければならない。ダメな戦略というのは、政治からの要求を満足させられなかったり、軍隊やそれを支える兵站・後方支援の組織に対して、実行不可能なことを要求するものなのだ。[*1]

本項の格言は、戦略そのものの役割や、戦略の政策と戦術に対する関係などを深く理解するために役立つものだ。政策家や軍人のようにわかりやすい役割を持つ仕事とは違って、戦略家がどのような仕事をするのかよく分かっていない人々にとって、本項の格言は大きな気づきを与えてくれるはずだ。

政治、戦略、戦術という全てのレベルでの行動が重要なのは確かだが、本項の格言は特に戦略レベルの重要性を強調しようとしている。著者である私は、かなり以前から戦争(そして平和）について全体論的な観点から見ているが、それでもこの見方だけで「戦略」と「戦略家」の役割というものをあまりに簡単に理解してもらっては困るのだ。もちろん、政策は行動の最も重要な支配者である。政策というのは、「戦争」として理解される組織的に行われる暴力の、唯一の源泉だ。そして当然のように、戦術というのは政策と戦略の結果として行われる先鋭的な場であるという理由から、文字通り「致命的に重要」なのだ。もし軍人が適切に活躍できないことになると、政治目標を追求するために使われる戦略がいくら素晴らしくても意味がなく、全ての行動が失敗してしまうことになる。

戦略の重要性はあらゆる紛争で見ることができるのであり、時としてその現れ方は劇的でさえある。たとえば、一八一二年のナポレオンと一九四一年のヒトラーは、間違いの証明された戦略（つまり勝利の理論）を採用してしまったのだ。なぜなら、彼らは二人ともロシアとの国境付近でロシア陸軍を倒せるものと思っていたからだ。一八一二年の場合にはロシア皇帝が和平の申し入れをしてくるものと思われていたし、一九四一年の場合はスターリンの共産党政権が崩壊すると見込まれていたのだ。この二つの歴史の例で侵攻した側は、もちろん懐の深いロシアの地理を知っていたのだが、それでも政治的な勝利に直接つながる軍事面での勝利を数週間から数ヶ月以内に獲得できると考えていた。ドイツ側の幸福感は一九四一年の七月に最高潮に達したのだが、この時に彼らは「勝利病」（victory disease）として知られる深刻な病にかかり、たった五週間でソ連との戦争に勝てると信じこんでしまったのだ。この時には十一週間から十四週間以内に決定的な勝利を獲得できるという見込みが出てきたのであり、しかもこれには休暇と修復のために使われる三週間という時間も含まれていたのだ。[*2]

もっと最近の優れた例では、ベトナムにおけるアメリカの戦略パフォーマンスがあり、これにはポジティブとネガティブの両方の教訓が豊富にある。ウィリアム・ウェストモーランド（William C. Westmoreland）将軍によって指揮されていた南ベトナム軍事支援米軍司令部（ＭＡＣＶ）にはヴェトコンに勝つための戦略が不足していたわけではないし、北ベトナム正規軍（NVA）の中にも大きな動揺を与えていたほどだ。ところが不運なことに、MACVの選んだ戦略は間違っていたのだ。まずモーランド将軍は、クラウゼヴィッツが分類していた最も根本的な戦略的間違いを犯していた。そもそも彼は自分が戦おうとしている戦争の性格（キャラクター）を理解していなかったため、結果的に現地の戦略面での問題に適したやり方よりも、自分だけの好みと理解によって戦ってしまったのだ。[*3]格言12で引用されたキレブリュー大佐の言葉で示されているように、いくら戦術が素晴らしいものでも、戦略が間違っていれば敗北を食い止めることはできない。全体的に間違った戦略の理解が存在し、的外れの作戦目標を達成するために強力な戦術が使われてしまうと、それは必ず失敗してしまうのだ。その反対の例を引き合いに出してみると、たとえばアメリカはベトナムでも戦略レベルの間違いを直すことができていたのであり、これは注目に値すると言えよう。しかし、その頃のアメリカの国内政治の忍耐力はすでに限界に達していたために、この学習成果を発揮することができなかったのだ。一九六八年にMACVの指揮官が変わると戦略の方向性は変化し、アメリカ陸軍と海兵隊、そして南ベトナム政府軍（ARVN）の一部は、一九六九年から一九七〇年頃にかけて、ヴェトコンに対する対暴動面での戦いで劇的とも言えるような勝利を収めていたのだ。ここで思い出していただきたいのは、一九七五年にサイゴンが陥落したのは民衆が起こした大衆暴動のようなもののためではなく、通常の正規軍（北ベトナム）による伝統的な侵攻によるものだった、ということだ。

戦略という「橋」を守る戦略家は、戦略問題を解決するための欠かせない存在になることもできるし、逆にその問題の原因の一端にもなることもある。賢明な政策、そして士気と能力の高い軍隊というのは、双方とも単なるフラストレーションの原因になるまで堕落することがあるし、誤った戦略によって負けてしまうこともある。我々の戦略の機能の重要性についての認識は、今日に至るまで全く欠けたままだ。なぜなら、政策から軍事行動を起こしてきた国々は、戦略が果たす強力な役割についてほとんど考慮してこなかったからだ。戦争の神々を冒瀆することは許されない。

戦略を軽蔑したり、無視したり、軽視したりする人々は、失敗した時に大きな損害を被ることになる。

善き夫が自らの鎧を修繕し、
そして鉄兜の飾りを繕う時、
善き妻の杼《ひ》が機織り機の中を忙しく往復する時、
そしてそれが嘆きや微笑みと共に繰り返される時、
古き勇気ある時代に
ホラティウスがいかに橋を守ったのか
その物語は語り継がれるのだ。

トマス・バビントン、マコーレー卿（Thomas Babington, Lord Macaulay）、一八四二年[*4]

＊1 私は「戦略は橋である」というアイディアを、*Strategy and History: Essays on Theory and Practice* (London: Routledge, 2006), pp.1-13.で書いている。

＊2 Geoffrey P. Megargee, *War of Annihilation: Combat and Genocide on the Eastern Front, 1941* (Lanham, MD: Rowman and Littlefield Publishers, 2006), p.26.

＊3 Andrew F. Krepinevich, Jr., *The Army and Vietnam* (Baltimore: The Johns Hopkins University

Press, 1986), は強烈な批判である。

＊4 Thomas Babington, Lord Macaulay, *Horatius Keeps The Bridge* (London: Phoenix, 1996), p.27.

格言14

もしトゥキディデス、孫子、そしてクラウゼヴィッツが語っていなければ、それはおそらく語る価値のないものだ

私の記した歴史にロマンがないとすれば、それはおそらく私の書こうとしたものの性格によるものだろう。ただし、「人間が行うことは全く同じものではないとしても似たようなものである」という前提に立った上で、私は未来の理解のために過去から正確な知識を得たいと願う人々に納得してもらうような仕事ができたと思っている。ようするに、私はこの著作を発表した時だけに賞賛を得るようなものではなく、いつの時代にも読み継がれるようなものとして書いたつもりだ。

トゥキディデス（Thucydides）、紀元前四〇〇年頃[*1]

戦略には全く新しいアイディアというものはなく、その正確な由来が分からずそれを知ることもできないような、古代から積み上げられたコンセプトの蓄積がある。それぞれの時代において、数少ない学者や戦略の元実践者、そして流行作家たちが、それまでの「古典」を、自分の生きた当時の現実

に適応させるために修正しようとしている。ところが、彼らの努力は常に残念な結果に終わっている。もちろんこれから将来のことは私もわからないので、ここでは少なくとも彼らの努力は「今までのところは失敗である」と言うべきかも知れない。戦略理論というのはあくまでも実践的なものであるために、そのアイディアが実際に応用される際には常に細かい歴史のコンテクストにまで注意を払う必要がある。ところがこのようなアイディアは、実践段階では驚くほど様々な形をとることになっても、実は全く不変的なものとして現われてくるのだ。永久不変な戦略知識というのは確かに存在するのであり、本項の格言で取り挙げられた三人の著作は、そのほぼ全てを提供して説明している。

トゥキディデスの『ペロポネソス戦争』、孫子の『兵法』、そしてクラウゼヴィッツの『戦争論』は、それぞれのスタイルには大きな違いはあるが、それでも戦略の理解には欠かせない三部作を構成している。[*2] たしかにこれらの著作に十分慣れ親しんでいなければ、我々は戦略を学んだとは言えない。さらに言えば、これらの著作をマスターしなければ、国家の戦略の実践者や戦略家たちに戦略的責任を負わせることはできないのだ。これらの著書の価値は、極めて知性が高いことで知られたアメリカの軍人戦略家で陸軍の将軍、ジョージ・マーシャル（George C. Marshall）によっても証明されている。国務長官となっていたマーシャル将軍は、一九四七年二月二十二日にプリンストン大学の聴衆に向かって、「ペロポネソス戦争とアテネの陥落の時代について真剣に考えたことがない人が、現在の国際関係の基本的な問題について、果たして豊かな知恵と深い確信と共に考えられるのかどうか」という疑問を呈している。[*3] そしてこの時代を研究するために我々に残された唯一の資料が、トゥキディデスなのだ。

本項の格言は、優れた戦略教育に全て必要なのはこの三大古典であることを主張している。（孫子が『兵法』を書いた、唯一の、しかも実在した人物であると仮定すれば）これらの三人の著者たちの経歴と目的は、それぞれが取り組んでいた実践的な事柄の特徴に集約されている。孫子（Sun-tzu）は紀元前四〇〇年頃、つまり古代中国の春秋戦国時代（紀元前四七五年〜二二一年）に皇帝へのアドバイザーを務め、おそらく自身も実践した戦略家であった。トゥキディデス（Thucydides）も同時期に著作を書いていたのだが、彼の場合はうだつの上がらないアテネの将軍であった。カール・フォン・クラウゼヴィッツ（Carl von Clausewitz）は、戦略の実践において信頼されていた軍官ではなかった。しかし彼は弱冠十二歳の頃から戦争とはどういうものかを肌身で知っており、プロシアとロシアの戦略家と親しいプロの軍人であった。この三人の著者たちは、どのような意味で考えても「学者」ではなかった。彼らは学者にとっての最高の価値である「真理の探求」という点において共通していたが、彼らが伝えようとしていた真理は、戦争と平和、そして秩序と無秩序の世界において有益なものだったのだ。三人の著作の間の違いは大きいのだが、彼らの取り組みにおいて共通しているのは、戦略の教育における基本を提供することだった。よってこの三つの著作は、戦略の基本重要文献として見ることができる。

戦略理論を書くという試みは、今日においても多く行われている。しかし、そのような理論を最新化しようとする試みが熱心に行われれば行われるほど、その試みはすぐに陳腐化してしまうのだ。著者である私は本項の格言の真理を堅く信じているが、それでもトゥキディデス、孫子、そしてクラウゼヴィッツの著作から理論を改良させることが不可能だと論じているわけではない。それよりも問題なのは、今まで誰もその改良に成功しなかった、という点なのだ。もちろんいつの時代でも何人かの知的に優れた戦略の批評家や理論家は存在する。さらにいえば、このような人々の中では戦略の研究に有益な貢献をする人もいるのだ。たとえば現代では、エドワード・ルトワック（Edward Luttwak）やマーチン・ファン・クレフェルト（Martin van Creveld）などが注目に値する人物であろう。[*4] もちろん、私は彼らのような能力の高い理論家たちを批判するわけではないが、それでも彼らの素晴らしい著作は戦略論の歴史的古典に対して、限定的もしくは取るに足らないような価値しか加えることができなかったのだ。ルトワックの「戦略そのもの」についての著作は、戦略にあるパラドックス的な本質についての重要な結論をもたらしている。これを簡単に説明すると、「今日は戦略的に効果があったものでも、明日にはその効果を失っている」ということなのだが、この原因はまさに「今日効果があったから」という点にある。注意深い敵というのは、パターン化した戦略手段を見逃さないものだ。一九三九年から一九四五年にかけてのドイツの戦い方は、作戦・戦術面で明らかに柔軟性に欠けており、ロシアだけでなくイギリスまでもが（多くの犠牲を払いながら）これに対してどのように対処すればいいのかを学んだのだ。

マーチン・ファン・クレフェルトは三人の古典の著者たちと同じように、理論を作り上げたという意味では大胆であった。ところが、国家が重要性を失いつつある（と言われている）グローバル化した時代のために戦略論の古典を書き直そうとする彼の過激な努力は、リベラル学者やジャーナリズム以外ではあまり多くの支持を得ることはできなかった。本書の著者である私は、彼の「革命的」とさやかれる『戦争の変遷』（*The Transformation of War*）を、確かに鋭く刺激的で、深い洞察によって書かれたものであるとは思うのだが、それでも根本的に間違ったものだと考えている。特にファン・クレフェルトの最大の間違いは、クラウゼヴィッツの理論は十六世紀の発明品である「近代国家」が没落しつつある現在のポスト工業化時代には時代遅れになった、と批判していることだ。

本項の格言で指摘された三つの戦略理論家の最も根本的な重要性というのは、彼らの優れた理論化の部分を除けば、彼らの戦略についてのアイディアが時代を越えた普遍的なものである、という点にある。これらのアイディアはたしかに改良することはできるかも知れないが（もちろん全体的というよりも部分的なものが多いだろうが）、それでも簡単にはアップデートできるものではないのだ。

このような強い主張とやや矛盾するようだが、どの世代の人間も、トゥキディデス、孫子、そしてクラウゼヴィッツの著作にある考えを、その時代の必要性に合わせて適応・解釈することができるのであり、またそうしなければならないのだ。この三つの古典の中にある戦略のアイディアの「普遍性」だけが、戦略の実践者が直面する究極に実用主義的で常に変化する世界において、完全な時代遅れになることから救ってくれるのだ。

本項の格言は、戦略の高等教育の知的面の基礎を指摘しているために、偉大で明白な重要性を持っている。「経験は最高の教師である」というのはたしかに正しいのかも知れないが、それでも戦略の初心者が自らの行動によって自分の国を失うこともあり得るのだ。一般的にいえば、戦略の経験というのは高い代償と共に得られることが多い。戦略文献にあまりなじみのない人々にとって、本項の格言はかなり突飛な主張に聞こえるかもしれない。紀元前四〇〇年頃の古代ギリシャと中国、そして一八二〇年頃にプロシアで書かれたたった三冊だけで、戦略と戦争について本当に必要な知識が全て学べるというのだろうか？　ところが、無知なるがゆえに非合理的であるこのような反論に対する答えは、断固として「イエス」である。もちろんこの答えは修正可能なのであり、本項の格言はトゥキディデス、孫子、そしてクラウゼヴィッツらが完璧な著作を書いたと示唆しているわけではない。ここで述べているのは、（それぞれ補い合う関係にある三部作として考えられる）これら三つの古典は、文献を読んでそこから学ぶことができる人々のための戦略の教育には十分満足できるものだ、ということだ。

もちろん「戦略の教育にはクラウゼヴィッツの『戦争論』だけで十分だ」と論じる誘惑は大きいし、戦略の理論家である私も時としてそのように論じてきた。客観的に考えれば、たしかにこの主張は正しいのかも知れないし、それで良いのかも知れない。しかしトゥキディデスや孫子は戦略に対して全く別のアプローチを使うため、むしろクラウゼヴィッツの力を補う役割を果たしてくれるのだ。本項の格言で賞賛されている戦略の重要文献は、その多様性があるからこそ強力なのだ。具体的に言えば、この三冊は、古代ギリシャ、古代中国、そして十九世紀のプロシアという、それぞれ異なる状況から生まれてきたのだ。この三冊は、歴史（トゥキディデス）、ほとんど「ブリーフィング」とも言えるような指示・教訓を集めたもの（孫子）、そして哲学的な小論文（クラウゼヴィッツ）という、それぞれ別の形式をとっているのだが、戦略の主要点については全く同じ話をしている。トゥキディデスは長い物語風の歴史を詳細に語り、孫子は極限まで簡潔にしたので逆にもの足りなさが感じられ、クラウゼヴィッツは他の二人と比べて遥かに抽象的である。それぞれの著者は、他の二人が存在するために、その教育価値が高められるのだ。トゥキディデスの読者は、彼の歴史の記述の具体的な詳細の中に、戦略や戦争、そして平和について、普遍的な真理を発見するよう努力しなければならない。孫子は、国策家や戦略家のようにまとまった形でアドバイスを受け取る必要のある人々に向かって、時々わかりにくい微妙な言い回しを使いながらも、徹底的な戦略の真理を語っている。『兵法』は、簡潔に戦略教育を語ったものとしては究極のものである。それとは対照的にクラウゼヴィッツを完全に理解するためには、何度も注意深く読み返されなければならない。

本項の格言で触れられている三つの古典はそれぞれ全く違う性格のものであるが、これはむしろ当然であると言えよう。しかしこの違いというのは、その三冊が同意していることの大きさに比べたらそれほど重要なものではない。[*5] 彼らがかなりの数にのぼる事柄において根本的に合意している基本的な理由は、実は全く不思議なことではない。なぜなら、この三者は「戦争」と「戦略」という共通で変化しない歴史的な現象について書いていたからだ。一つの理論がすべての状況に適応する珍しいケースというのはこのことである。ここでの議論はクラウゼヴィッツが自分の望みを記した言葉で締めくくることにするが、これは本項の最初で引用されたトゥキディデスの言葉と似通っていて興味深い。

私は出版してから二、三年後に忘れられるようなものではなく、しかもこのテーマについて関心のある人には何度も手に取ってもらえるような本を書くつもりである。

カール・フォン・クラウゼヴィッツ、一八一八年頃[*6]

＊1 Thucydides, *The Landmark Thucydides: A Comprehensive Guide to The Peloponnesian War*, edited by Robert B. Strassler (New York: The Free Press, 1996), p.16.

＊2 Sun-tzu, *The Art of War*, translated by Ralph D. Sawyer (Boulder, CO: Westview Press, 1994), ［孫子『兵法』］; Clausewitz, *On War*. ［クラウゼヴィッツ『戦争論』］

＊3 General George Catlin Marshall, quoted in Paul A. Rahe, "Thucydides as Educator," in Williamson Murray and Richard Hart Sinnreich, eds., *The Past as Prologue: The Importance of History to the Military Profession* (Cambridge: Cambridge University Press, 2006), p.99.

＊4 Edward N. Luttwak, *Strategy: The Logic of War and Peace*, rev. ed. (Cambridge, MA: The Belknap Press of Harvard University Press, 2001); Martin van Creveld, *The Transformation of War* (New York:

The Free Press, 1991).

＊5 See Michael I. Handel, *Masters of War: Classical Strategic Thought*, 3rd ed. (London: Frank Cass, 2001), p.3.〔マイケル・ハンデル『戦争の達人たち』〕

＊6 Clausewitz, *On War*, p.63.〔クラウゼヴィッツ『戦争論』〕

格言15

今日の「流行の戦略コンセプト」は明日になると陳腐化するのだが、それもいつかは再発見、再利用されて「新しい真理」として啓示される

良い悪いに関係なく、とにかくアイディアというのは隠しておけるものではない。なぜならこれらはいつか他の戦略議論の中で確実に復活するからだ。

ワシントンDCに伝わる教訓

本項の格言は、戦略の議論には三つの特徴があることを我々に教えている。一つ目は、常に戦略の議論には支配的なアイディアがある、という事実だ。しかもこれは複数存在したり、互いに相容れない場合がある。二つ目は、「流行の戦略コンセプト」という支配的なアイディアの人気は一時的にしか続かない、ということだ。三つ目は、戦略のいわゆる「偉大なアイディア」というのは完全に廃れることがない、ということであり、現在は見向きもされずに否定されたコンセプトも、次回に発見されるまで図書館で眠り続けるだけなのだ。

格言14でも示されているように、そもそも戦略には本当に新しいアイディアというものは存在しな

いのであり、論理的に考えれば、いくら「新しいコンセプトだ」と喧伝されても、やはりこれらは単なる「まやかし」でしかないのだ。このような見方について、本当に正しい場合と、実は正しくない場合の両方がある。たしかに戦略論の格言というのは、事実上ほぼ一定の数に限定されたアイディアによって成り立っているのであり、間接的には古典的な理論家たちの著作を学ぶことによって、そして直接的には戦略史を学ぶことによって、それらを知ることができるのだ。もちろんこれは、現在戦略家になろうとしている人々が、古典のページの間に潜んでいる多くのコンセプトや枠組み的な洞察について無知であるというわけではない。ところが、この若き戦略家たちは戦略史を軽視している場合があり、たしかに有名な史実は知っていても、その知識にはかなり怪しいところがあるのだ。

本項の格言を言い換えれば、「我々はまったく失われていないものを再発見する強い傾向を持っている」ということになるのだが、これらのアイディアはそもそも始めから忘れ去られたのではなく、単に保管場所が悪くて忘れられただけなのだ。本項の格言は、国際的な国防コミュニティーで行われる戦略議論の移り変わりについて書いたものであり、戦略のアイディアには流行があって、政策や戦略の問題の焦点が変わるとそれに応じてやや違う形で再登場する、ということなのだ。よって、本項の格言は必ずしも現代の戦略家に対する批判ではない。戦略家は目の前の問題に対処する際に、実は必要以上の概念の蓄積があるために、ある意味では幸運であるとも言える。本項の格言が少し皮肉に聞こえるのは、古い戦略のアイディアがまるで全く新しい発明品であるかのように、無邪気に、しかし誤って、そして時には詐欺的に装われて再登場してくるからだ。そしてこのような仕組みは、本項で説明しているような理由のために真剣に注目されるべきなのである。しかし我々がまずやらなければならないのは、本項の格言の基本的な意味をそれが応用される状況に照らしてまとめる、ということだ。

本項の格言は、国防関連の議論を行っている国防コミュニティーにとって特に重要な関連性を持っている。このような議論は、実際の、もしくは潜在的な脅威を及ぼしてくる外的な問題によって不定期的に巻き起こされることがある。また、戦略に関する議論は軍事組織の既得権益や「産業インフラ」と呼べるようなものによって引き起こされることもある。これを言い換えれば、戦略のアイディアの「市場《マーケット》」には、防衛産業界の「製品」を支持するものが多いため、常にビジネス的な動きがからんでくるのだ。戦略コンセプトの正式な顧客（政府）に加えて、自分たちのセールス用のカタログにある製品の性能にフィットするような戦略アイディアを必要とするビジネス関係者としては、軍需産業に依存したシンクタンクによって構成される小さな業界も存在する。このような「理論家を借りる」という現象は、比較的最近になって始まったものだ。その証拠に、この現象は、新設された米空軍のために作られたランド研究所（the RAND Corporation）が創設された、一九四〇年代後半という正確な年代から始まったことが確認できる。[*1] ここではシンクタンクについて論じるつもりはないが、読者諸氏には私がアメリカのシンクタンクで七年間働き、しかも自ら二つの機関を創設した経験を持つことだけはおぼえておいていただきたい。本項の格言は、需要と供給によって説明できるようなある関係性を指摘している。戦略思想によって生まれたものについての要求は、不定期ではあるが常に浮上するものであり、この理由は、政府というものが大きな戦略的な考えや、時には軍事戦略的な解決を必要とする問題に、永久に直面し続けるからである。

「特定の戦略のアイディアの人気が、需要と供給のバランスのように上下する」という理解は、やはり正しいのだ。そしてここで重要になってくるのは、コンセプト、理論、枠組み（スキーム）、巧妙な計画などについての「競争の激しい市場」という文脈なのだ。世界には文字通り百人単位、いや、千人以上の国防専門家や戦略思想家と呼ぶべき人々が、知的市場の中で、政府、民間企業、そしてその他の職を競い合っているのだ。そしてこの市場での成果が、評判やキャリア、影響力、そして給料などにそのまま直結している。もちろんこれは、「国家への任務」や「知的満足感」などと矛盾すると言っているわけではない。そしてもう一つ忘れてならないのは、「戦略のコンセプトづくりを助けてもらいたい」という政府からの要求は、健全で自然なものであるということだ。ところが我々は、「劣ったコンセプト」、もしくは状況的には不適切な「優れたコンセプト」というものが、コンセプトが全くない状態と比べて本当に良いものなのかどうか悩まざるを得ないような状況に直面することがよくある。我々は、文官と軍人たちが知的分野で自分たちの全く手に負えない難問に直面した時以外には戦略のコンセプトについてアドバイスを求めることに慣れていない、ということをよく憶えておく必要があるのだ。これは少なくとも現状を正しく説明できていると言えよう。政府官僚というのは大抵のケースでは戦略的にどうすれば良いのか知っているものだが、それでも彼らは専門家からの「お墨付き」が必要なのだ。このような「お墨付き」は、政策という競争の激しい分野にとっては政治的にきわめて有効な武器となるからだ。[*2]

本項の格言の重要性は、「流行の戦略コンセプト」というものが、戦略知識の中でも特に評価されているものに手を加えたものであることが多い、という点にある。悲しいことだが、政府や戦略思想家たちは、それが過去のものに手を加えただけのものであることに気づかないのだ。近年と現代の戦略史によって明らかなのは、「流行の戦略コンセプト」には驚くほど当たり前なものがあったり、実際に宣言されたり解釈されたりすると極めて不正確であると判明するものが多い、ということだ。では試しに過去二十年間の「流行の戦略コンセプト」を考えてみよう。

一九八〇年代の半ばから後半にかけていろいろな戦略が出てきたのだが、これらは時代を越えた素晴らしいアイディアばかりであった。明らかに凋落しつつあったソ連との競争という状況の中では、ソ連の弱さを考えればそこからなるべく多くのリターンを得る戦略を採用するのは合理的だった。その次の一九九〇年代を代表するコンセプトは、「軍事における革命」（ＲＭＡ）だった。学術的な議論や野心的な期待感を取り除いてみれば、ＲＭＡというコンセプトが提供していたのは火花の散るような鋭い洞察ではなく、あくまでも「歴史の流れの中では、戦闘行為の実践とその様相に、劇的な変化が発生することがある」ということだけだった。[*3] この高度なコンセプトには実践面で全くメリットが無かったわけではなかったのだが、それでもその中にはいくつかの危険なバクテリアが潜んでいた。特にこの概念では「非連続性」という概念が不当に強調されており、これはただでさえテクノロジー狂のアメリカの国防コミュニティーに対してさらなるテクノロジー信仰を（誤って）植え付け、これを信じる人々に対して戦闘行為の状況や文脈にある本当の多様性というものを軽視させることになったのだ。

現在では、いわゆる「ネットワーク中心の戦い」（Network-Centric Warfare: NCW）や「効果に基づいた作戦」（Effects-Based Operations: EBO）などのコンセプトが注目を集めている。もちろん、これらはたしかに非の打ち所のないアイディアであるが、それでもこれは時代に関係なく、いつの時代にも非の打ち所のないアイディアだったのだ。実践面からみれば、ＮＣＷとＥＢＯというのは新しい情報技術によって軍事面で最高のパフォーマンスを行うことを意味しているだけに過ぎない。その本質的なところだけみれば、ＮＣＷは一つ一つの独立単位が戦場全体の情報共有ネットワークに密接につながって（実戦を含む）作戦を行うための、一つの「試み」を示しているのだ。ＥＢＯもそれ自身は優れたアイディアであるが、それでもそれほど革命的であるわけではない。たとえば、このコンセプトでは「全ての作戦というのはある一定の効果を上げるという目的のために行われるのでは？」という懐疑的な疑問が考慮されているようには見えない。この疑問は「今までの作戦というのは、常に望むべき効果を追求して行われたのでは？」という次の疑問を生じさせることになる。これを言い換えれば、ＥＢＯというのは概念としてかなり平凡と呼べるようなものなのだ。たしかにこのコンセプトはかなり正しいものなのかも知れないが、逆に無謀なほど当たり前なことでもある。あいにくなことに、ＥＢＯは近年になってから解釈されたり実践されたのとは違って、全体的に見ても正しいというわけでない。ＥＢＯがＮＣＷと共に政府に「流行の戦略コンセプト」として公式に採用されたことによって、これらの「効果」は計算できるものだ、という考え方が注目されるようになっている。[*4]しかもここで計算できるのは、厳密にいえば戦術的な効果だけなのだ。しかし伝統的な戦略の格言にもあるように、戦術は作戦レベルにつながった場合にだけ意味が出てくるのであり、また作戦は戦略レベルとの関連性がなければ全く意味をなさないのだ。

　歴代のいわゆる「流行の戦略コンセプト」というのは、それを提唱する側の人々の明らかな無知によって、「最高の軍事パフォーマンスを行う」というかなり誤った（うぬぼれに満ちた）約束を保証しつつ、信奉者や人気、そして政府の公式採用などを獲得してきたのだ。このように、平凡だが致命的に重要な戦闘行為の最適な手段についての「永遠の真理」は、戦略に貪欲でだまされやすい政府官僚たちに無批判に聞き入れられることになる。専門用語や聞き覚えの良いフレーズによって表される新しいアイディアには、取引される市場《マーケット》が常に存在するのだ。そのようなアイディアは、登場すると廃れ、また時間がたつとやや別の形で再登場することになる。

常に間違っていたり、少なくとも誇張されている新しい「流行の戦略コンセプト」に対しては、以下の三つの反論が存在する。それは「コモンセンス（常識）」、「経験」、そして特にトゥキディデス、孫子、そしてクラウゼヴィッツらの時代を越えた著作（格言14を参照）によって与えられた、戦略知識についての「正しい教育」である。

盲人の王国では、片目の男でさえも王様になれる。

デシデリウス・エラスムス（Deciderius Erasmus）、一四六六～一五三六年

＊1 See Bruce Smith, *The RAND Corporation: Case Study of a Nonprofit Advisory Corporation* (Cambridge, MA: Harvard University Press, 1966); and Colin S. Gray, *Strategic Studies and Public Policy: The American Experience* (Lexington, KY: The University Press of Kentucky, 1982), Ch. 3. かなり厳しい批判的な見方のものとしては、Bruce Kuklick, *Blind Oracles: Intellectuals and War from Kennan to Kissinger* (Princeton, NJ: Princeton University Press, 2006).がある。

＊2 私は専門家のアドバイザーが役立つものであることについて、*Strategic Studies and Public Policy*, Ch. 11.の中で論じている。

＊3 See Andrew F. Krepinevich, "Cavalry to Computer: The Pattern of Military Revolutions," *The National Interest* no. 37 (Fall 1994): 30-42; MacGregor Knox and Williamson Murray, eds., *The Dynamics of Military Revolution, 1300-2050* (Cambridge: Cambridge University Press, 2001)［マクレガー・ノックス、ウィリアムソン・マーレー編、今村伸哉訳『軍事革命とRMAの戦略史―軍事革命の史的変遷１３００～２０５０年』芙蓉書房出版、二〇〇四年］; and Lawrence Freedman, *The Revolution in Strategic Affairs*, Adelphi Paper 318 (London: International Institute for Strategic Studies, 1998).

＊４ Milan Vego, "Effects-Based Operations: A Critique," *Joint Force Quarterly* no. 41 (2nd Quarter 2006), pp.51-57. は特に強烈な批判である。

格言16

敵も決定権を持っている

どのような作戦計画も、敵の主力に初めて直面した瞬間から後のことまでは計画できないものだ。「軍隊というのは戦争前に首尾一貫した詳細な計画を練ってそれを実行している」と考えるのは素人だけである。

ヘルムート・グラフ・フォン・モルトケ（Helmuth Graf von Moltke）、一八七一年[*1]

戦争というのは、その定義から言えば「大規模な決闘以外の何ものでもない」ということになる。[*2]それは意思を持たない自然を相手に行われるゲームではなく、むしろ、我々の目的のためには従わせる必要がある「敵」に対抗して行われるものだ。戦争における「敵」という要素は、単に我々に不都合を発生させるだけではない。しかも、これは敵が仕掛けてくることや反応が常に考慮され、防御され、先制され、そして迎え撃たれなければならない、ということを言っているわけではなく、むしろ、これは「決闘というのは戦争の本質に不可欠なものだ」ということになる。クラウゼヴィッツは「決闘」というたとえを使っているが、彼はこれを「優位を求めるフルコンタクトの争い」というわかりやすい絵を示すことによって、その概念を広げて見せている。「戦争は無数の決闘によって作られるのだが、その全体像は対決するレスラー同士の姿によってイメージすることができる。ここではお互いが物質的な力を通じて相手の意思を屈服させようとするのであり、その直近的な狙いは、さらなる抵抗を不可能にするよう相手を投げとばすことにあるのだ。[*3]」

敵がいなければ戦争は存在しない。自分の意思を持った敵の存在というのは、文字通り、戦争の本質に「不可欠」なのだ。本書に収められている多くの格言と同様に、この格言の正しさには例外というものがない。この格言の明白さというのは、これが最高に重要であるという事実や、それが示していることが（不思議なのだが）実践面ではあまりにも無視されているというその頻度によって計ることができよう。

敵というのは、お互いに戦争で何を争っているのかということだけでなく、政治、軍事、社会、文化などのすべての面での相互作用を引き起こすことによって、戦略史の動きの仕組みを決定してくるものだ。よって、我々がここで問題にしているのは、戦争や戦闘行為の特徴ではなく、戦争の意味そのものである。戦争は自己完結した単独行為として存在することはあり得ないのであり、「決闘」という定義でだけで言い表すことができる「戦争」というのは、その流れが敵の相対的な力にどのようなインパクトを与えるのかを考慮した時に、初めて意味が生じてくるものなのだ。

本項の格言は永遠の真理だが、それでもこの真理についての理解が足りないおかげで、我々は独創性に富み、野心的で、そして単なる間違った教育を受けた人々の、無駄な努力と苦しみを防ぐことができないのだ。これを逆に言いかえれば、もし我々が自分たちの作った詳細な計画を確実に妨害してくる敵の存在の必要性を渋々でも認めることさえできれば、この敵の影響力を減少させるような方法が確実に存在することが見えてくるのだ。したがって、エネルギーと想像力を使って敵の影響力を減らす方法を求めようとするのはある意味で当然のことになる。さらに言えば、これは全く望み薄というわけではない。本項の格言は、戦争の流れの中では敵にも決定権があるということを述べているだけにすぎないのであり、その敵の決定権が決定的なものであったり、特に影響力を持っている、と言っているわけではないからだ。

この格言の意味はあまりにも明白だ。つまり、これは「戦争は本質的に決闘だ」ということであり、そこには敵という存在が欠かせないということなのだ。この主張は、戦争というものが全く動かず活動しない敵に対するゲームではないことを忘れないように最低限の要求をしているだけだ。ドイツ陸軍や（世界第二位の高さを誇る山の）Ｋ２は、両方とも手強い相手だが、この二つの間には質的な面において相殺したり減少させることのできない、大きな違いが存在するのだ。

では、本項ではなぜこれほど明らかに普遍的な真理や、敵が障害となる可能性などを強調しなければならないのだろうか？　それには我々みんなが「戦争は決闘である」ということをしっかりと理解できているかどうかをあらためて考えてみれば良い。たしかにほとんどの人は、本項の格言を理屈上ではわかっているのかも知れないが、実践面を見てみると、歴史を動かしているのは戦う者同士の意思のぶつかり合いではなく、まるで片一方だけの意思だけであるかのように行動していることが多いのだ。この他の格言にも見受けられるように、普通の格言の基本的なロジックの中には強烈なアイディアやその重要性というものはそれほど含まれていないものであり、逆にそのようなアイディアが含まれているほうが不自然であるとも言えよう。つまり、時代や状況に左右されない永久的かつ効果的な「真理」を表している格言というものが、今日になって新しく発見されることはないのであり、また再発見されることもないのだ。そもそも「格言」というものの価値は、実践的な知恵を圧縮・蒸留して一つの短文に表現することにある。このような文脈から考えると、格言には「世紀の発見」的なものは存在しないことがわかる。そのような「世紀の発見」的な普遍的なアドバイスのように喧伝されるようなものがあったとしても、大抵の場合はその新しさを装うために、かなり異常だったり摩訶不可思議な主張をする必要が出てくるのだ。

とくに、本項の格言のようなものの大切さは、エキサイティングな新しさにあるのではなく、むしろ伝統的な重要性の中にある。この重要性というのはあからさまに侮辱されることはないかも知れないが、それでも事実上は軽視されていることが多いのだ。また、敵という存在の役割と重要性を認めるのが根本的に重要であるのと同じように、敵に敬意を払うことも忘れてはならない。さらに急いで付け加えなければならないのは、敵に対する「分別ある敬意」と、過度の敬意によって発生する「意思の麻痺状態」の二つの差はまさに紙一重である、ということだ。多くの軍隊のリーダーというのは、いままで本項の格言についてあまりにも注意を払いすぎていた。この典型的な例が、アメリカの南北戦争時のジョージ・マクレラン（George B. McClellan）少将であろう。クラウゼヴィッツをはじめとする多くの人々が述べているように、軍隊の指揮では階級が上がれば上がるほど、人格や意思、そして知性面で要求されることが大きくなるものなのだ。恐怖におののく将軍たちに対する唯一の解決法は、彼らを解雇することだ。敵が手の内をみせてくることを待って常にためらうリーダーというのは、戦闘が始まる時点ですでに半分以上負けていると言える。軍隊の能力と戦闘力にとって最も大切な要素は「士気」であり、トップの覚悟や自信の欠如というのは軍の中に伝染病のように広がっていくのだ。軍だけでなく、自分自身の意図と意思さえ統治できない将軍には、部下たちに最も致命的なリスクをとらせることを期待することはできないのだ。

本項の格言は、二つの面で大きな重要性を持っている。まず一つ目はどちらかといえば重要性が低いのだが、これは敵の決定権が二倍や三倍になるという可能性や公算を強調しているという点だ。原則的に、敵というのは（兵站面以外では）常に幅広い選択肢を持っているものである。したがって、こちらがいくら相手に影響を与えようとしても、その結果はやってみるまでわからないのだ。本項の格言の核心にある意味を言い直せば、「敵」というのは独立していて相互関連的であり、少なくともまだ我々がコントロールできていない存在である、ということになる。そして我々が戦う理由は、まさにこのコントロールを確保することにあるのだ。[*4]

ところが本項の格言の最大の重要性は、我々にとっては謎で知ることができない、まるでブラックホールのような敵の戦略の選択がもたらす潜在的な悲劇を警告することにあるのではない。むしろ最大の危険性は、我々が実践段階でこの格言の教えを必死で否定しようとする、この格言の真理の裏側にあると言えよう。戦争は、精神面、もしくは物質面、あるいはその両方のコントロールという利益を目指して行われるものだ。我々は、自分たちがコントロールできるのは（自分たちの決定や行動を敵の行為や脅しに対処できるように調整しなければならないことを知りつつも）自分たちの行動だけであることをよく知っている。たしかに我々は偶然に敵の行動をコントロールすることができるかも知れないのだが、それでも自分たちの行動をコントロールすることと敵の行動をコントロールすることの間には昼と夜ほどの違いがあるのだ。当然というよりもむしろ必然的であるが、これを誤ると、敵は自分たちと平等な立場にある決闘相手というよりも、自分たちの立てた軍事計画の犠牲者や標的、もしくは目標ということになってしまう。これは批判ではなく、あくまでも事実を述べたものであり、これこそが戦争の本質なのだ。

我々は、自分たちの能力や計画、そして意図というものを、敵のそれよりも遥かによく知っている。さらに言えば、我々の任務は敵を自分たちの意思に従わせることにあるのだ。我々は、自分たちの注意のかなりの部分を「敵が我々に対して何を仕掛けてくるのか」ということや「彼らは一体何をできるのか」ということよりも、「自分たちが敵に対して何をできるのか」ということに集中させるものだが、これは本当に不可欠なことであり、一般的に言ってもむしろ賢明なことなのかも知れない。敵の意図と能力についての信頼に足る（もちろん敵のほうが我々よりもよく知っている）知識が欠如しているために、我々は自分たち自身について知っていることだけに注意を向けがちだ。我々は戦争が「偶然性」（格言10）と「摩擦」（格言18）の領域にあり、このような時代を越えた黄金の格言は細かい作戦運用面でのアドバイスをもたらしてくれるわけではない、ということを憶えておかなければならない。したがって、我々は戦争の本質に潜む危険と戦い、恐怖と優柔不断で麻痺しないように耐えなければならないのだ。本項の格言の正しさは歴史的にも常に証明されているのだが、このような「戦争の本質」によって生じる「士気の麻痺状態」のような例外も豊富にある。

不幸なことに、本項の格言はあまりにも普遍的な真理であり、実際の歴史的な文脈の中で特定のアドバイスとして落とし込むことができないため、逆に実践段階では軽視される傾向がある。つまり、この格言は真実ではあるが、それでもあまり実際的な助けにはならないのだ。本書の著者である私は、ジレンマに釘付けになってしまった人々に大きな同情を感じる。彼らは敵も決定権を持っていることを知っているのだが、その決定がどのように動くのかということや、ましてやそれがどのような結末をもたらすのかは全く予測することができないからだ。結果的に、彼らは自分たちがコントロールできそうなもの、つまり、自分たちの軍隊と戦略的なイニシアチブだけに集中することになる。したがって、戦争ではあまりにたくさんのことに注意を払うことが必要になり、しかもその注意の必要性は極めて高いため、リーダーに深い洞察力と共にゲームボードの両側を考える能力を求めるのはあまりも酷であると言わざるを得ないのだ。

どんなに自分の考えを磨いている指揮官も、時として敵を考慮に入れることは必要である。

ウィンストン・チャーチル（Winston Churchill 一八七四〜一九六五年）が言ったとされる言葉[*5]

＊1 Helmuth von Moltke, *Moltke on the Art of War: Selected Writings*, edited by Daniel J. Hughes (Novato, CA: Presidio Press, 1993).

＊2 Clausewitz, *On War*, p.75. ［クラウゼヴィッツ『戦争論』］

＊3 Ibid. (emphasis in the original).

＊4 Ibid. and J. C. Wylie, *Military Strategy: A General Theory of Power Control* (Annapolis, MD: Naval Institute Press, 1989). ［J・C・ワイリー『戦略論の原点』］

＊5 Robert D. Heinl, Jr., *Dictionary of Military and Naval Quotations* (Annapolis, MD: Naval Institute Press, 1966), p.102.

格言17

「時間」は、戦略の中でも最も容赦のない要素だ

戦争の中で、重さと力の間にある最大の要素が「時間」だ

ナポレオン（Napoleon）、一八〇九年[*1]

政治、人民、社会、文化など、戦略には多くの要素があるのだが、それらのほとんどはすでにかなり論じられていると言える。ところが「時間」という要素は、実は今まであまり詳しく論じられたことがない。要するに、今までの著者たちはこの要素について簡単に触れても、すぐ他の扱いやすい話題に移って十分に論じてこなかったのだ。もちろん本項の格言では、「戦略で最も大事なのは時間という要素である」とは主張していないし、むしろこのような主張は滑稽であるとさえ言える。しかしこの格言では、「時間」という要素が戦略の他の要素と比べても文字通り「ユニーク」な存在であることを指摘している。この格言では、時間というものが戦争や平和、そして戦略において間違って使われれば取り返しのつかないことになることを言っているのだ。これはあまりにも明白なために逆に平凡に聞こえるほどなのだが、戦略史を見てみれば、戦争で時間を適切に使うことがいかに難しいの

かがよくわかる。

初歩的な物理学の法則のように、「逃したチャンス」や「実行されなかった冒険的な選択肢」などは、時が過ぎてしまえば決して元に戻らないものである。実際にも様々な種類の戦闘行為の瞬間的な面を見れば見るほど、時間の大切さというものがよくわかるのだ。時間というのは特にその柔軟性がないという理由から、特別な注意が払われるべきものだ。たとえば時間以外の戦略面で劣ったパフォーマンスをしても、（理論的には）それを訂正したり改善したりすることができるのであり、むしろ戦闘行為を「敵味方双方にとっての学習的な経験である」と捉えてもいいからだ。最初に犯した失敗が発覚しても、それが繰り返されないよう措置を施すこともできるし、必要とされる精神面と肉体面の強さや判断力に欠ける指揮官は、単に交代させられれば良いのだ。ところが失われた時間というのは永遠に戻ってこないのであり、この時間を取り戻すための魔法のような方法も存在しないのだ。平時の演習やゲームのシナリオは何度でも繰り返し行うことができるが、歴史の流れの中では最適な時間を得ることができるチャンスはたった一回だけなのだ。たとえば、ドイツは一九一四年の八月から九月にかけて行ったフランスへの侵攻を途中で止めてもう一度やり直すということはできなかったし、もっと最近の例では、サダム・フセイン亡きあとのイラクの未来が、連合国側が二〇〇三年の侵攻の最中とその後の数ヶ月の間に犯した（おそらく致命的な）間違いによってかなり微妙な状態になったことなどがある。

本項の格言は、時間とその戦争、平和、そして平和との関係というものを我々にかなり深く考えさせてくれるものだ。特にこの格言は、時間というものが（少なくとも）武器である（もしくはそうなる可能性がある）ことを示唆している。時間が中立であることはほとんどなく、一方がこれを上手く使えなければ、その相手側には驚異的な武器となるのだ。

「時間を武器として使う」というアイディアは誰にでも簡単に受け容れられるものではない。軍事関連の格言で時間の重要性について述べたものとして有名なものは、そのほとんどが本項のはじめに引用したナポレオンの言葉の変種ばかりであり、それらは「時間を無駄にしないこと」や「時間に遅れてはならない」ことなどを論じている。ところが時間を武器として使うということに関しては、さらに詳しい説明が必要であろう。たとえば、(長期的に)ものごとを遅らせることは、戦略的にはむしろ効果的な場合もあるのだ。したがって、紛争を長引かせるのは必ずしも時間の無駄になるとは限らない。時間という要素は、紛争の様相や、戦うもの同士の相対的な強さや弱さにも左右されるのだ。戦いの参加者というのは、敵の主力を殲滅することにつながるような決定的な戦術展開によって迅速な軍事的勝利を収めることができるくらいに強くなりたい、と常日頃から考えるものだ。ところが実際にはかなり弱い敵でも、決定的な敗北につながるような大規模な直接的軍事衝突を避けることくらいはできるのだ。歴史の中でこの最もわかりやすい例は、海洋国家と大陸国家の間で行われた紛争であろう。これにはイギリス対ナポレオン時代のフランスや、イギリス対ナチス・ドイツの例がある。もしくは、ローマ共和国がハンニバル率いる無敵のカルタゴ軍に直面した時にとった「何もしない」という見事な持久戦略の例にも学ぶべきことは多い。その二百年後にも、アテネの政治家であるペリクレス(Pericles)が、スパルタとその同盟国らを消耗させて、彼らが求めていた陸上決戦を拒否する「忍耐の戦略」をアテネに対して提言している。

「戦略を最も必要としている人が戦略に共感できていない」という例は、実はかなり多い。「非対称戦(asymmetric warfare)」(さらに正確に言えば「異なる種類の敵同士による戦闘行為」)では、敵の戦略の詳細な研究が不可欠になる。このような戦闘行為はほぼ確実に非正規戦という形をとるのであり、この文脈からみれば、時間は極めて重要で、潜在的に決定力のある武器になる。本項の格言は「戦略で致命的なのは時間の喪失である」ということを示唆しているように見えるのだが、これはやや視点の狭い見方であろう。本項の格言を適切に解釈すれば、「時間が強力な武器であり、逆に上手く使うことができなければ敗北をもたらすものである」ということになる。戦略史が教えているのは、絶好のチャンスを掴むためには素早く行動しなければならない場合と、その逆にわざとものごとを遅らせなければならない場合の両方がある、ということだ。

「一瞬の時間」という武器に潜むとてつもない潜在力は、実はあまり注目されることがない。たとえば、(ゲリラ部隊と正規軍の間で行われる)非正規戦で見られる最も典型的な例では、時間は弱い側にとって最大の武器となることが多いのだ。弱い側は軍事力の不均衡があまりにも大きいため、軍事的勝利を目指すことはない。しかし弱い敵というのは、戦争では本質的にクラウゼヴィッツ式の戦い方をすることが多い。非正規側が勝てるのは、正規軍側の心理学的決定要因である「政治意思」に打ち勝った場合だけであり、戦場での結果ではないのだ。非正規軍は自分たちの国家の政治目的に対して消耗戦をしかける。ところが非正規戦における実際の戦闘というのは、我々が考えているものとは少し違う。時折行われる大規模な待ち伏せ攻撃などと共に間断なく続けられる小規模の暴動というのは、軍事的損害を負わせるためではなく、政治意思を消耗させるために行われる戦闘行為なのだ。ゲリラ軍のリーダーたちは、正規軍側よりも忍耐力や決意、そして国内の支持を、長期間にわたって取りつけることを狙っている。いわゆる「アイルランド独立戦争」(一九一九〜二一年)というのは、このような現象のほぼ完璧な例である。アイルランド共和軍(ＩＲＡ)はイギリスに軍事的に勝ったわけではなく、実際のところは一九二一年の夏頃までにかなり旗色が悪くなっていた。ところが彼らはイギリスのディヴィッド・ロイド・ジョージ（David Lloyd George）首相の率いる自由党政府が政治意思を変える時点まで、戦場では負けたことがなかったのだ。[*2]

　時間というのは、目的を意識して選ばれた、決定力のある武器になることもある。たとえば、一九三九年から一九四〇年にかけて、つまり少なくとも一九四〇年五月十日にドイツが攻撃を開始する以前のことだが、英仏両政府は時間が長引けば物質的には自分たちに有利になるような長期戦を計画していたのだ。ロンドン政府とパリ政府は、第二次世界大戦も第一次世界大戦の時と同じように物資的に豊富な方が最終的には勝つと考えていた。ところが、戦略史ではこのような「勝利の理論」が全く役に立たなかったことを教えている。それでも時間を武器として意識的に使用するという戦略は必要（であると感じられたこと）に迫られて実行された場合が多く、「戦略文化」によるものや、事前に練られた「綿密な計画」によるものではないのだ。一九四〇年のダンケルクの後、イギリスにはナチス・ドイツに勝つための実行可能な理論が存在しなかった（もちろんこれは歴史上初めてというわけではないが）。その代わりに、イギリスは島国という地理条件を戦略的な優位として使うことができた。英国海軍が近海を支配し続ける限り、ヒトラーは西方戦線において軍事的に決着をつけることはできなかったからだ。したがって、英国海軍、それに英国空軍は、時間を遅らせることにしたのだ。ドイツは一九四〇年から四一年の間、潜水艦のUボートによる攻撃を除けば、実質的にイギリスに対して戦争を戦うことはできなかった。「チャーチルの戦略」とでも呼べるようなものがあったとすれば、それは「何か良いことが起こることを待つこと」だけであった。彼には二つのうちの一つ、もしくはその二つの可能性が残されていた。一つ目は、アメリカが参戦してくれるまで（それを願って）

戦い続けるということ。そして二つ目は、ヒトラーが何か致命的な失敗を犯すまで希望を失わないようにすることである。一九四一年六月二十二日に始まったドイツのソ連侵攻と、一九四一年十二月十一日のヒトラーのアメリカに対する不必要な宣戦布告は、困難に喘いでいたイギリスにとって本当に神からの「戦略の贈り物」となったのだ。

時間というのは、戦争と戦略においてはいかにも中立的な要素のように見えるかも知れない。ところが実際の歴史では、時間というものが戦争に参加している当事者たち全員に使えるものであっても、その意味はそれぞれの立場によって違ってくる、ということを教えている。ほとんどの場合、どちらか一方は時間的余裕をもっておらず、この余裕は心理的・政治的なものや、純粋に物資的な要素によって決まるのだ。もし戦略家が本項の格言の重要性を完全に理解できなければ、この戦略家が属している（国家などの政治）組織は、結果的に大損害を被ることになりかねない。有能な戦略家は、時間という厳しい相手を敵にするよりは、むしろそれを味方につけるような戦略を開発すべきなのだ。

ここでの議論は、本項の格言の正しさを表現するために起こったのではないかと思えるような、第二次世界大戦の中のある有名なエピソードからの言葉を引用して終えたいと思う。一九四三年にドイツはクルスク周辺で行われる決戦でソ連軍を叩きつぶそうと計画していたのだが、ドイツ側は全体的に出遅れてしまい、しかも新しくて信頼性のない機甲師団のV号戦車（パンター戦車）とVI号戦車（ティーガーI、II）の投入が滞っていたおかげで攻撃が遅れていた。ヒトラーが攻撃準備を整えた七月五日の時点で、ソ連にはすでに二ヶ月以上前から事前通告があったことになる。ゲオルギー・ジューコフ（Georgi Zhukov）元帥はこの間の時間を使って、クルスクの要塞の周りを六つ以上の防御地帯で囲み、難攻不落の防御システムを備えたのだ。一九四三年の時点では、時間は決してドイツの味方をしてはいなかったのだ。

> ロシア側にとって、時間は全てだった。ドイツの攻撃が遅れれば遅れるほどロシアの防御は強まるし、投入できる予備役の部隊の数も増えるのだ。
>
> マーティン・カイディン（Martin Caidin）、一九七四年[*3]

＊1 Napoleon, quoted in Peter Paret, "Napoleon and the Revolution in War," in Paret, ed., *Makers of Modern Strategy: from Machiavelli to the Nuclear Age* (Princeton, NJ: Princeton University Press, 1986), p.134.「ピーター・パレット編、防衛大学校戦争・戦略の変遷研究会訳『現代戦略思想の系譜―マキャベリから核時代まで』ダイヤモンド社、一九八九年」

＊2 See M. L. R. Smith, *Fighting for Ireland? The Military Strategy of the Irish Republican Movement* (London: Routledge, 1995), Ch. 2.

＊3 Martin Caidin, *The Tigers Are Burning* (New York: Hawthorn Books, 1974), p.28.

格言18

「摩擦」は避けられないものだが、必ずしも致命的なものではない

戦争の全てはとても単純だが、最も単純なものが難しい。その難しさというのは、戦争を経験した者でないとわからないような「摩擦」の発生によって左右されるのだ。「摩擦」は「紙に書かれた戦争」と「本物の戦争」を区別する要素とほぼ対応する、唯一の概念である。

カール・フォン・クラウゼヴィッツ（Carl von Clausewitz）、一八三二年[*1]

「摩擦」（friction）というコンセプトは、「暴力と情熱」、「偶然性と蓋然性」、「理性」の三つによって構成される「奇妙な三位一体」（remarkable trinity）や、「危険」、「激しい活動」、「不確実性」、「偶然性」などの「戦争の天候」（the climate of war）の要素と共に、クラウゼヴィッツの戦争と戦略の理論の中核を成しているものだ。「摩擦」は必ず戦争につきまとうものであり、いわば戦争の一部であるとも言えよう。本項の最初に引用された言葉は、それだけで自明なものである。摩擦は規模の大小や人為・自然発生などにかかわらず、計画した行動のスムーズで効果的な実行を妨げる全ての

障害を含んだ、複合的なコンセプトなのだ。

戦闘行為の実行そのものは「摩擦」が表面化する可能性によって妨害される傾向があるのだが、これにはいくつか理由がある。第一に、戦闘行為というのは人間が行うものの中で最も複雑な活動の一つである。これを単純にいえば、軍隊という組織の内部には、人や機械など、あまりにも多くの可動部分があり、しかもこれにはエラーや事故や故障が発生しやすく、壊れることが許されない固定された電子関連機器なども加わってくるのだ。第二に、多くの（おそらくほとんどの）軍隊は十年以上続けて戦争をすることはなく、もしそうであったとしても、戦場で強烈なストレスと緊張にさらされる経験をする人の数はやはり少ないのだ。政策のアドバイスをしたり、軍事計画を実行したり、兵站の管理をしたり、戦場で人を殺し、物を破壊する人々でも、全体的に考えれば一様にして「経験不足」なのだ。第三に、摩擦が最大化されるのは、「大規模な決闘」という「戦争の本質」の中にある。戦争は中立的で受け身的な「自然」に対して行われるものではなく（もちろん自然が一番の強敵であるケースもあるのだが）、独自の感覚や悪意を持った、気が変わりやすく狡猾な「敵」に対して行われるものなのだ。摩擦はストレスや、敵によって意図的に作られたり、少なくともこの敵に増大させられた困難によってもたらされることもある。すべての参加者が摩擦によって困難に陥るという事実を知ることは、我々にとっても慰めになるし、実践的にも役立つものだ。もちろんこれは摩擦の破壊力を防ぐ方法を否定するものではないのだが、この重要なトピックについては本項でも後半で詳しく論じている。

「摩擦」という概念は、我々の実生活に照らして考えてみてもあまりにも明白な真実であるために、全く議論の余地のないものだ。したがって、本項の格言は本書に集められた格言の中でも特に論争の的となっているわけではない。しかし、このクラウゼヴィッツの概念はあまりにも明白なことを上手くまとめているために、逆に実践面で使うことは難しい。バリー・ワッツ（Barry D. Watts）は自身の素晴らしい研究の中で「総合的な摩擦という統一的な概念」（Gesamtbegriff einer allgemeinen Friktion）は、戦争についてあまりにも多くの面を含有しているために、逆にある特定の現象を分析するための精密な道具とはならない」という点に注目する必要性を指摘している。[*2] これを言い換えれば、摩擦が軍事行動の阻害要因になることがわかっていても、あまりにもその作用の仕方が多岐にわたって不規則であるため、実際にはあまり使える概念とはならない、ということだ。これは確かに正しく、「摩擦」というものは入念な計画によっても軽減できるわけではないのだ。これはあまりにも悲観的な見方であり、我々はあまりにもとらえどころのない「摩擦」という概念に直面しなければならない軍人たちについ同情してしまいがちだ。ところがよく見てみると、ほとんどの戦闘行為における「摩擦」は（もちろん詳細までは無理だが）あらかじめ予測できる種類のものばかりであることがわかる。また、「摩擦」について次のような二段階の準備をしておくことも重要だ。まず第一に、「摩擦」の発生する可能性が最大化してしまうような状況を避ける努力をすることだ。そして第二に、「摩擦」というものが全ての人間活動、その中でも特に戦闘行為の中に本質的に備わっているものであることを認める必要があり、それがどのような困難や妨害などの形をとるものであっても、それに備えて対処するべきなのだ。さらに言えば、格言17で「時間は武器である」と主張しているのと同じように、我々は敵に向かって「摩擦」が最大になるように仕向けるという実践的なことも考えられる。つまり我々は、「摩擦」を自分の武器にすることができるのだ。

本項の格言は、あらゆる戦略の格言の中でも特に敬意を払うべき位置にあるといえる。なぜならこれは、戦略の理論書の中でも頻繁に見落とされがちな最高度の重要性を持つ真理を含んでいるからだ。「摩擦」の存在を忘れてしまったり、それがあまりにも曖昧でありきたりであるためにあえて注目する必要がないものと見なしてしまうのは、何も理論家だけに限ったことではなく、戦闘行為にかかわる現場の実践者たちも「摩擦」が発生する可能性を無視しがちだ。「摩擦」というのは確かに妥当な概念なのだが、それでもあまり役には立たないものである。事故や「不測の事態」というのはそもそもその定義からして予測できずに起こってしまうものなのだが、ではかわいそうな軍人たちはこの概念を知ったところでどう活用すればよいのだろうか？

今述べた摩擦についての弱点を逆に考えれば、摩擦というアイディアによって説明できるような、戦闘行為における実践面での難しさの多く、もしくはそのほとんどにおいて全く予測不可能なのは、本当に細かい部分だけなのだ。その証拠に、軍事行動が行われる戦場を題材にして「摩擦」という複雑な概念を詳細に分析してみると、「摩擦」によって発生する事件や潜在的な影響というのはコントロールできるもののように見えるからだ。経験と常識（コモンセンス）に代わるものはないのであり、現在戦闘が行われている戦場での戦い方を直接的に経験していないと、他人の経験に頼らざるを得なくなってしまう。戦略家にとって戦略と軍事史の豊富な知識が不可欠である理由の一つはここにある。たとえば砂漠の戦いという環境で発生する「摩擦」には、高品質のフィルターによってしっかりと保護されないとエンジンを詰まらせてしまう「細かい砂」が必ず含まれてくる。また、舗装されていない道路があり、秋と夏の雨期に主要道路が泥沼に変化してしまう国で機甲軍による戦闘を行うという政策に従わなければならない場合、道路が使えなくなることによって生まれる「摩擦」は、キャタピラ付きの車両や、空輸を行うことなどによって避けることもできるのだ。

優れた軍隊というのは「摩擦」を軽々と乗り越えていくものだ。もちろん、彼らも不測の困難によって妨害されたり、いわゆる「待ち伏せ」に会うこともある。よって、軍人は問題の解決者となる必要があるのであり、さらに重要なのは彼らが問題を解決できる能力を持っていなければならず、しかも細かく予想できないような事件の結果にうまく対応する必要がある、ということだ。本項の格言は、軍事行動というものが必要最小限の資源と手段、つまり「軍事力の経済学」という戦争の原則に過度に頼りすぎることよって決定されてはいけない、ということを示唆している。誰も避けることができない「摩擦」によって発生する悪影響と戦うための最も大胆な方法は、おそらく資源や手段の蓄えを確実にしておくことであろう。いいかえれば、「我々は必要最小限の数のヘリコプターだけで作戦を開始してはならない」ということだ。これをまとめていえば、我々はエラーや事故、そして失敗しそうになった場合のために、ある程度余裕をもった予備の能力を備えておくべきなのだ。一九四一年のドイツによるソ連侵攻についての最近の優れた研究では、ここで行われている議論とかなり似たような分析をしている。ジェフリー・メガーギー（Geoffrey P. Megargee）は、ロシアの気候と、それがドイツ陸軍に対して及ぼした衰弱的で摩擦に満ちた影響について、「ドイツ軍は天候に負けたわけではない。彼らが負けたのは天候に対して計画していなかったからだ」と強い説得力で論じている。[*3]

「摩擦」というのは戦闘行為の中でもそれほど深刻な問題ではなく、むしろ解決できる問題だ。それよりも重要なのは、「摩擦」が活動の中の一つの条件であるということだ。これはつまり、慎重な軍のトップたちが様々な種類の「摩擦」への対策として、自分たちを組織し、設備を整え、そのような行動をとらなければならないことを意味している。たとえば兵站・補給面での失敗というのはどの軍隊でもかならず発生するものだが、これが災害的な結果を引き起こすのは、それが「全く予測され

芙蓉書房出版の新刊・売行良好書　2009

海洋戦略入門

【9月新刊】

平時・戦時・グレーゾーンの戦略

ジェームズ・ホームズ著　平山茂敏訳　本体 2,500円

海洋戦略の双璧マハンとコーベットを中心に、ワイリー、リデルハート、ウェゲナー、ルトワック、ブース、ティルなどの戦略理論まで取り上げた総合入門書。軍事戦略だけでなく、商船・商業港湾など「公共財としての海」をめぐる戦略まで言及。

戦略の格言 普及版

戦略家のための40の議論　【9月新刊】

コリン・グレイ著　奥山真司訳　本体 2,400円

戦争の本質、戦争と平和の関係、戦略の実行、軍事力と戦闘、世界政治の本質、歴史と未来など、西洋の軍事戦略論のエッセンスを40の格言を使ってわかりやすく解説した書が普及版で再登場。

木戸侯爵家の系譜と伝統

和田昭允談話　〈尚友ブックレット36〉【9月新刊】

尚友倶楽部・伊藤隆・塚田安芸子編　本体 2,700円

木戸孝允

木戸幸一

昭和戦前・戦中期の内大臣木戸幸一の終戦前後の様子、木戸の弟和田小六、姻戚の山尾庸三・原田熊雄の動静など、木戸侯爵家の人々のありのままの姿を伝えるオーラル・ヒストリー。和田小六の長男和田昭允氏の５回のインタビューを収録。

敗戦、されど生きよ

石原莞爾最後のメッセージ

早瀬利之著　本体 2,200円【8月新刊】

終戦後、広島・長崎をはじめ全国を駆け回り、悲しみの中にある人々を励まし日本の再建策を提言した石原莞爾晩年のドキュメント。終戦直前から昭和24年に亡くなるまでの４年間の壮絶な戦いを描く。

戦略論の原点 新装版

軍事戦略入門

【7月新刊】

J.C.ワイリー著　奥山真司訳　本体 2,000円

軍事戦略に限らず、ビジネス戦略・国家戦略にも幅広く適用できる「総合戦略書」。

明日のための近代史

世界史と日本史が織りなす史実

【6月新刊】

伊勢弘志著　本体 2,200円

1840年代～1920年代の近代の歴史を、世界史と日本史の枠を越えたグローバルな視点で書き下ろした全く新しい記述スタイルの通史。

青い眼が見た幕末・明治

12人の日本見聞記を読む

【6月新刊】

緒方　修著　本体 2,200円

幕府が崩壊し維新政府が誕生し、そして日露戦争に湧く時代に、日本にのめり込んだ欧米人たちは何を見たのか。

芙蓉書房出版
〒113-0033
東京都文京区本郷3-3-13
http://www.fuyoshobo.co.jp
TEL. 03-3813-4466
FAX. 03-3813-4615

ていなかった時」だけなのだ。もちろん中には（うまく行けば）軍事的にかなり望ましい結果をもたらすような、「摩擦」をほとんど発生させない作戦行動もある。この古典的な例は、ナポレオンが率いた「大陸軍」（La Grande Armée）における部隊の指揮法だ。ここでの理論は「大陸軍」が部隊ごとの行軍を行いつつ、戦闘になれば一緒に戦う、というものであった。歴史上よく見られるのは（そしてこれは本当によく見られるのだが）、最も強力な部隊が戦いの最高潮を迎える、最も必要とされる（そして全く予測もしていない）時にその場にいない、ということだ。もちろんここでナポレオンの軍隊の指揮法の危うさを指摘することは、必ずしもそれを批判することではない。彼は部隊という組織にはリスクがついてまわることや、彼らに指揮権をある程度任せることは全体的な利益を考えれば必要であることを計算に入れていた。もちろん彼のギャンブルが常に成功したわけではない。たとえば、ここではワーテルローの戦いにおける彼の「グルーシー（Grouchy）はどこだ？」という嘆きを思い浮かべることができる。グルーシーの指揮下の三万人の部隊が、イギリスやその他の軍隊の前ではなく、ブリュッヘル（Blucher）元帥率いるプロシア軍がいる戦場に現れていれば、フランスはワーテルローの戦いで勝利していたかも知れないのだ。

本項の格言は、摩擦が発生し、しかもこれは避けることができないが、それでもそれが及ぼす影響はコントロール可能であることを主張している。よってこの格言は、エラーの全くない完璧な軍事作戦を作成しようとする人々に対して、「摩擦は起こる」という下品な車のバンパー用ステッカー（訳注：shit happens「クソは起こる」という有名な言葉）から取った言葉を思い起こさせる機能を果たしているところが重要なのだ。バリー・ワッツは、現代の状況に合わせた「クラウゼヴィッツの摩擦の修正版」として、非常に優れた実りある分析を以下のように提示している。

人間の限界や、不確かな情報、そして非線形な動きというものは、よりよいテクノロジーとエンジニアリングによって消滅させることができるのものではなく、我々が「戦争」と呼ぶ、敵対する政治体同士が追求する計り知れない目的である「暴力的な相互作用の構造」の「特徴」、もしくは「そこに組み込まれているもの」である。

バリー・ワッツ、二〇〇四年[*4]

＊1 Clausewitz, *On War*, p.119.〔クラウゼヴィッツ『戦争論』〕
＊2 Barry D. Watts, *Clausewitzian Friction and Future War*, McNair Paper 68, rev. ed. (Washington, DC: Institute for National Strategic Studies, National Defense University, 2004), p.77.
＊3 Geoffrey P. Megargee, *War of Annihilation: Combat and Genocide on the Eastern Front, 1941* (Lanham, MD: Rowman and Littlefield Publishers, 2006), p.103.
＊4 Watts, *Clausewitzian Friction and Future War*, p.78.

格言19

全ての戦略は「地政戦略」だ――地理は根本的な基礎である

地理というのはあまりにも長年にわたって「政治が運命である」ということを理解できなかった人々によって教えられてきたのであり、また政治も長年にわたって「陸と海という空間が運命である」ということを理解できなかった人々によって導かれ、また教えられてきたのである。

ハンス・ヴァイガート（Hans W. Weigert）、一九四二年[*1]

格言１は、戦争の七大要素、つまり「政治」、「社会・文化」、「経済」、「テクノロジー」、「軍事・戦略」、「地政学・地政戦略」、そして「歴史」というコンテクストを確認するものだった。それに対して本項の格言の重要性は、度々無視されたり異議を唱えられたりすることがある「戦争についての普遍的な真実」を強調する点にある。戦争の全てのコンテクストは永続的に作用しているのであり、これは特に地政学・地政戦略にも当てはまる事実だ。この格言は、「戦略には地理的、つまり地政学的および地政戦略的な対象がある」という議論の余地のない事実を述べている。戦略というのはある特定の地政学的、そして地政戦略的な利益という観点から計画されるものだ。一般的に言えば、戦略というのは地理という要素に強く影響された歴史の産物である一つの文化の中に存在する「社会」を持った、「地政学的な単位」(国・政治体など)のために作られるのだ。

地理、地政学、そして地政戦略というのは、西洋諸国の国際関係論や戦略学の研究者たちからは長年嫌われていた。過去六十年以上にわたり、戦略の地理的な要素というのは戦争と平和についての高等理論の論者たちの間では全く流行らなかったのであり、これはまさに不運なことであったと言えよう。なぜなら、本項の格言は、一時的だが長期間にわたった知性面での失墜によっても無効にはならなかったからだ。では、この格言は正確には何を示しているのだろうか？　まとめると以下のようになる。

●全ての戦略は、ある特定の地理環境の中での行動を導かなければならないものである。

●陸、海、空、宇宙、そして現在のサイバースペースを含むこれらの五つの地理環境は、それぞれの舞台やそれを利用する際に、軍事的に何が達成できるのかということを(単に影響を与えるだけでなく)決定づける、特殊な物理的特徴を持っている。

●(国家のような)安全保障コミュニティーは、地理の中で戦争を行わなければならないだけでなく、大抵の場合は「地理そのもの」を争うために戦争を行うものである。

●地理をめぐる争いが主な争点になっていない戦争でも、すでに述べたように、そこには常に地理的な対象があるはずだ。

●世界中の政策家や軍人の「文化」――つまり彼らの価値観、信念、考え方の癖、そして習慣的なしきたりなど——はすべからく地理環境に影響されているのであり、これには例外がない。彼らの属するコミュニティーの地理環境は彼らの（解釈する）歴史のカギであり、この歴史を形成してきたのだ。

本項の格言は、嘲笑の的となる危険もある。なぜなら、この格言は地理の根本的な重要性を説いているだけでなく、あえて「地政戦略」（geostrategy）という言葉を使っているからだ。ここでは、この重要な言葉の意味をさらに明確にする必要があるだろう。形容詞的には全く華やかさのない「地理」という言葉は、単に「人間が生きていかなければならない物理的な環境」を示しているだけだ。ところが、これをさらに明確にすれば、戦争、平和、そして戦略に関する全てのことはある特定の地理の中で争われ、解決（もしくは未解決のままに）されるのだ。この初歩的で基本的とも呼べる事実でさえ、実際は軽視されたり無視されたりすることがあまりにも多い。地理というのは、歴史的に見ても戦争と戦略の中の一つの要素であり、同時にそれ自身の中にも多くの要素を抱えている。そして、本項の議論の中で主に考慮されなければならないのは、「政治的要素」と「戦略的要素」である。サウル・コーヘン（Saul B. Cohen）の「地政学」（geopolitics）の定義は、他の大多数の学者たちの定義よりもまともであろう。彼は地政学を「政治権力と地理的な枠組みとの関係についてのこと」であると主張している。[*2] それでも地政学的な視点の優秀さを疑う人々は、国際戦略史における主要国の地理的な枠組みと、それに対する地理の影響を深く考えるなどしてもっと学ぶべきである。

地政学的な分析というのは、今述べたようなことよりもさらに深く進めようとすれば議論を巻き起こしやすいものであるし、実際にも論争の火に油を注ぐことになる。たとえば、本項の冒頭に引用されている言葉は「地理は運命である」ということをやや修正した形で主張しているのだ。もちろん、ヴァイガートは注目されるべき重要なポイントを述べているのだが、同時にこれは有害な誇張でもある。地政学は一九四〇年代初期に一時的に大流行し、特にアメリカではアドルフ・ヒトラーの際限のない侵攻の陰に潜んでいたのはカール・ハウスホーファー（Karl Haushofer）将軍の奇才と、彼が率いるミュンヘン学派の「ドイツ地政学」（Geopolitik）によるものであると考えられていた。[*3] 簡潔にいえば、もし誰かが「地理は運命である」という考えを無批判に受け入れて大々的に売り出してしまうと、「決定論的な歴史観を支持している」と疑われてしまう危険があるのだ。

地政学理論に対する多くの（おそらくほとんどの）批判者たちは、「ドイツ地政学とドイツ第三帝国との関係」という地政学の理論家たちの便宜主義的な関係部分という表層的な面だけしか見ておらず、そこからさらに深い部分を見ようとはしてない。ヒトラーのヨーロッパ（そして最終的には世界）支配への衝動は、地政学的・地政戦略的な面からも説明できるが、それでも地理学の理論を実際に実現しようとする試みであったという説明はできないのだ。

「地政戦略」という用語（さらにはその概念）は、「議論に重みを付け加える」ということ以外にはあまり使われていないように見える。たしかに、「地政戦略」というのは深刻で重大な響きを持つ言葉に聞こえる。これを言い換えれば、「地（理）〜」という文字は、何か説明をする際に、ただ単に装飾的な効果を狙って加えられるということだ。もちろん、本項ではそのような狙いは全くない。本項の格言で「地政戦略」という概念が提唱されている本当の理由は、それがあらゆる戦略に関与してくる重大な真理を示しているからだ。

本項の格言は、戦略には地理的な対象が存在することを主張している。そしてこの格言は、地理的に特化された軍隊が、紛争の流れと結果に影響を与えることを狙って戦術・作戦レベルの効果を上げるために使われることを教えている。過去、現在、未来のあらゆる戦略の実例は地理的に解釈することができるのであり、これは文字通り「不可避」なものなのだ。あらゆる軍事行動というのは、ある一定の地理的なコンテクストの中で命令され、実行され、そして進められなければならないのだ。さらに深い分析をすれば、それぞれの紛争に固有の「物理的な地理」と「政治地理」は交戦者同士の戦略に影響を与えるものであり、そのような戦略は「地政戦略のケース」として考慮するほうが適当なのだ。

誤解を招いてはいけないので、ここではこの点についてもう少し説明する必要があるだろう。本項の格言では「全ての戦略が地政戦略である」と言っているわけではない。本書では、戦争、平和、そして戦略には数多くの――本書では七つあるとしたが――コンテクストがあり、地理はその中のたった一つであることを主張しようとしてきたのだが、それでも本項では「地理や地政学がその中でも一番支配的である」ということを主張しているわけではない。ここで確認しているのは、「全ての戦略には地理的な要素がある」という、当然のことだが奇妙なことにあまり理解されていない事実だけなのだ。その証拠に、紛争における地理的なコンテクストというのはあまりにも根本的なことであるために、その誤解のされやすさにも関わらず、地政戦略という概念は実質的に最も重要な現実を伝えている。

すでに述べたように、地理は戦略学の研究からは何十年間にもわたってほとんど無視されてきたのだが、これは地政学の理論が（不当ではありながらも当然と言えるが）ナチスと密接な関係があると考えられていたからだ。すでにあった「地理は運命」という「決定論である」という不当な汚名も考えれば、逆に本項の格言が今日の戦略分析で必要とされている理由は簡単に理解できる。ナチスとの関係を語った古いデマや決定論であるという批判を別にしても、多くの研究者たちにとって戦略の中の地理という要素の重要度は下がっており、中にはテクノロジーの発展のおかげでこれを完全に無視できると論じる者もいる。たとえば、核兵器は数時間で戦争を終結させることができるようになり、長距離弾道ミサイルは別の大陸に三十分で届くのだ。最近では光速で行われる電子戦が登場してきたことによって、多くの思慮深い人々でさえ「戦略の地理面が実質的にその重要性を失った」と見るようになった。

ところが、テクノロジーが地理を克服したという主張は誤りである。たとえば、地政学は冷戦期の核戦略で根本的な重要性を持っていた。アメリカと北大西洋条約機構（ＮＡＴＯ）は冷戦時代の四十年間にわたって、アメリカがヨーロッパの紛争地帯から物理的に離れていたことを補うために、相互核抑止というコンテクストにおける「核ドクトリン」を必死で探っていたのだ。さらに言えば、米ソ両国の核体制のほとんどは、明らかに地理的な考慮の上に決定（もしくは少なくとも「影響」）されていたのだ。

「サイバースペース（cyberspace）はどこにでも偏在しているがどこにも存在しない、つまり地理外（extrageographical）である」という最近の議論に対しても強い反論を述べることができる。[*4] また最後の手段として、我々の常識感（コモンセンス）にも訴えかけることもできる。サイバーパワーによるサイバースペースや電磁領域のさらなる利用は確かに現実的なものになったが、それでも、これは戦いの地理環境が一つ増えたということだけに過ぎない。他の四つの地理環境と同じように、サイバースペースも独自の物理的制約の影響を受けるのだ。サイバースペースという言葉のエキサイテイングな響きとは裏腹に、軍事的な現実はそれほどドラマチックなものではない。[*5] さらに、サイバースペースは物理的な地理環境の中、つまり陸や海や空や宇宙などで、人と機械をつなげなければならないのだ。戦いというのは、今までサイバースペースの中だけで行われた試しはないし、今後も永遠にそうなる見込みは少ない。もし本当に戦いがサイバースペースの中だけで行われるようになったとしても、それは何をめぐっての争いになるのだろうか？　サイバースペースで使われる兵器というのは、その他の種類の兵器と同じように、地理的に影響された「政策」と「戦略」の手段としかならないのだ。本項の議論の最後を飾る言葉は、第一次世界大戦時のドイツ外洋艦隊にとっての地理の重要性を指摘している。

英国海軍が自国の地理的な位置を利用して自分たちの出口をコントロールしている限り、誰も北海には手出しをすることができなかった。イギリスの海洋戦略の核心にあったのは「船の数」ではなく、「地理」だったのだ。

ヒュー・ストローン（Hew Strachan）、二〇〇一年[*6]

＊１ Hans W. Weigert, Generals and Geographers: The Twilight of Geopolitics (New York: Oxford University Press, 1942), p.4.
＊２ Saul B. Cohen, *Geography and Politics in a Divided World* (London: Methuen, 1964), p.24.
＊３ Holger H. Herwig, "*Geopolitik*: Haushofer, Hitler and Lebensraum," in Colin S. Gray and Geoffrey Sloan, eds., *Geopolitics, Geography and Strategy* (London: Frank Cass, 1999), pp.218-241,［グレイ、スローン編『地政学、地理、そして戦略』は優秀な論文であり、新しい理解を与えてくれるものだ。

＊4　情報化時代における戦略の中での地理の重要性についての議論としては、Colin S. Gray, "The Continued Primacy of Geography," *Orbis* 40 (Spring 1996), pp.247-259, and Martin C. Libicki, "The Emerging Primacy of Information," *Orbis* 40 (Spring 1996), pp.261-274.を参照のこと。

＊5　Bruce Berkowitz, *The New Face of War: How War Will Be Fought in the 21st Century* (New York: The Free Press, 2003), はサイバーパワーの能力について考えさせてくれるケースを紹介している。彼の議論については Colin S. Gray, *Another Bloody Century: Future Warfare* (London: Weidenfeld and Nicolson, 2005), pp.313-328.の中で分析されている。

＊6　Hew Strachan, *The First World War, Vol. I: To Arms* (Oxford: Oxford University Press, 2001), p.439.

格言20

戦略のすべてが軍事に関することではない

戦略でも高位に位置する「大戦略」の役割は、国家もしくは国家群の持つあらゆる資源を、基本政策によって決定された戦争による政治目標の獲得のために調整して導くことにある。

B．H．リデルハート（B. H. Liddell Hart）、一九六七年[*1]

戦略家の中心的な関心と専門知識は「目的を持った武力の脅しや実際の行使」にあるのだが、戦略には暴力の指揮よりもさらに多くのことが存在する。「政策」（policy）と「軍事戦略」（military strategy）の間には、イギリスでは長年「大戦略」（grand strategy）、そしてアメリカでは「国家安全保障戦略」（national security strategy）として知られているものが存在するのだ。特にこの二つの例の場合、その定義が極めて重要になる。なぜなら、これらの用語は常に混同されており、実際に使われる時に深刻な間違いにつながる可能性があるからだ。ここでの問題は二つある。第一は、政策が大戦略と混同されることであり、第二は、大戦略が軍事戦略と混同されるという問題だ。本項の格言が伝えようとしているメッセージの重要性は、この「混同」の部分にある。この問題の一部には、言語的な面もある。たとえば、学者や批評家、そして政策家たちは、大戦略については全く言及しない。その代わりに彼らは戦略についてだけ語るのであり、これはそのままでは軍事的意味合いの強い概念なのだ。もちろん戦略に関する議論では、武力の行使（とその脅し）以上の広い範囲のトピックが含まれることがあるのだが、普通の人々にとっては大戦略という概念的なまとまりを理解することは困難だ。

本項の最初に引用されているリデルハートの言葉にあるロジックは、本当に疑いようのないものだ。ところがその難しさは、それを実行するところにある。本項の格言は「戦争の遂行には一致団結した協力と努力の調和が必要である」ということを示している。大戦略とは、国家やそれ以外の安全保障コミュニティーが共通の政治目標を獲得するために、持てる資源の全てをつぎ込むことを表している。軍事的な手段というのはたしかに最も重要なものではあるが、それでもこの中では数ある資源のうちのたった一つにしか過ぎないのだ。しかし、大戦略の決定的な重要性を一般の人々に理解させようとしても、逆に彼らの理解を混乱させてしまうというリスクは常にある。もし大戦略が「戦争と平和の遂行において致命的に重要なレベルに位置している」ということが理解されないと、そこから明らかな結果として起こるのは、政策家やその他のオピニオンリーダーたちが政策から出てくるアイディアをあまりにも軍事的な意味で偏って解釈するようになる、ということだ。大戦略が実際面で欠如すると、選択と行動の流れは、政策、戦略（つまり軍事戦略）、そして作戦、戦術へと直接つながってしまうことになる。

ここで急いで付け加えなければならないのは、このような用語の混乱に関しては戦略家にも完全に責任がないわけではない、ということだ。たしかに軍事戦略についての戦略理論書の数はそれほど多いわけではないが、それでもそれは、大戦略について優れたクオリティで書かれたものの数に比べれば遥かに多いといえる。また、学問分野の区分けに関する問題も深刻だ。学者たちは、戦略の思想と実践が扱っている本当のテーマは「安全保障」であると批判しているが、彼らがこうする理由には確かに納得できるものがある。一九九〇年代初期から必然的に始まった「安全保障学」（security studies）の流行は、本項の格言にある真理が確認されたことを示したものであるが、この流行はそれよりも遥かに行き過ぎてしまった感がある。なぜなら、西洋諸国の大学における安全保障研究はあまりにも広範囲なものであるため、その中の軍事面での安全保障は、数多くの要素の中のたった一つの分野としてしか扱われていないからだ。*2 つまり、軍事的な要素の優先順位は下がり、時には全く考慮されないこともあるのだ。これが本当に賢明なことかどうかは人々の判断に任せるしかないが、ここで確実に言えるのは、小さな戦略家のコミュニティーの中では「軍事行動が安全保障における決定的な特徴である」という知識を維持・発展させていく義務があるということを認めているということだ。

本項の格言では、「軍事以外の分野にも視野を広げる必要がある」ということを戦略家に対して主張しているのだが、だからといって軍事・戦略面を全て忘れるべきだということを言っているわけではない。戦略家というのは、武力の行使（とその脅し）を研究して実践――もちろん我々の中でも実際に戦略作りを任されるものは者の数は少ないが――するものであり、これこそが戦略家の使命である。戦略には、敵の意思に影響を与える手段として、苦痛を与えるという「脅し」や、実際に苦痛や死、そして破壊などを与えることが含まれてくるために、学問の分野としては不人気なものとなりがちだ。現代のように政治的差別にうるさく、しかも大学では伝統的なリベラル主義的な価値観が支配的な時代には（しかもその価値観は「非リベラル的」に適用されることが多いのだが）、戦略に関する研究はかなり低い評価しか得られないことが多い。この格言は単に「軍事戦略は、その他の非軍事的手段による戦略の発展と応用が適切であるコンテクストにおいて発展され応用されるべきである」ということを示しているだけだ。戦争の防止（そして必要であればそれの実行）というのは、純粋に軍事的なものとしてアプローチされてはならないのだ。これこそが本項の格言の主張の全てであり、むしろ控えめで議論の余地のない立場を確認しているだけだ。ところが政策家たちが戦略面での困難を考慮せずに武力を行使しようとするケースは、実際にもかなり多い。

本項の議論では、「軍事面に注目し続けている戦略家でも、軍事以外の手段の行使についての理論と実践を完全に嫌っているわけではない」という単純な真実を述べる必要があるかも知れない。国家のような政治体が持つ政治・外交、経済商業、社会・文化、諜報及び破壊工作、そしてプロパガンダなどの手段は、平和と戦争の実行面において、すべて不可欠なチームプレイヤーなのだ。戦略家である私が主張しているのは、ただ単に「軍事的な面を忘れてはならない」ということだけだ。この点については実践面における二つの難しさを特筆すべきであろう。

第一に、軍事力とそれを使った行為を政治的な利益に結びつけるのが本質的に難しいように、安全保障コミュニティーが持つすべての手段を操作して政治的な優位につなげるのは困難なのだ。この作業は今述べたような各分野の仕事を担当する人々がいかに協力的であったとしても、かなり複雑になってくる。さらに大変なのは、往々にしてこのような人々の協力が得られないことのほうが多いということだ。この事実は、次のもう一つの難しさを示している。

第二に、大戦略というのはその定義からもわかるように、ある人物、もしくは委員会やそのスタッフなど（の場合のほうが多いのだが）による総合的なアプローチが求められるのであり、常に全員の一致団結した協力が必要なのだ。もちろん共同で軍事行動を行うことや、統合作戦を実現するというのは、すでにそれだけでも難しいものだ。大戦略ではこのような事実を踏まえて、国家のような政治体がシナジー効果を狙って外交、経済、諜報機関、文化機関、そしてマスコミなどを始めとする手段を軍事行動と融合させる際に発生する、様々な問題を考慮しなければならないのだ。また、常に不均衡な対話（この場合は政治家と軍人の対話だが）の対象になるのは軍事戦略だけではない。大戦略というのは、他のものよりも特に物事の流れに応じて柔軟に修正できるようにしておく必要があるのだ。

その結果として、まず一方では、軍人と政策家の間で行われる軍事戦略に関する対話や、国家のような政治体の持つあらゆる手段を動かす、各担当者たちの間で行われる大戦略についての対話の重要性を強調する必要がある。ところがその一方で、軍事戦略と大戦略は一時的な出来事に対応するために軽々と変更されることがあってはならないのだ。もちろん大戦略は一つの「手段」にしか過ぎず、「政策」と混同されてはならないのだが、それでも、ある時点では永続的とも言えるような特徴を持つことがあるのだ。たとえば戦略史を注意深く調べてみると、多くの国々が独特で特徴的な大戦略を数百年間にわたって継続してきた例が見て取れる。この一例として考えられるのが、イギリスが常にヨーロッパ内の「第二の勢力」や「同盟」と協力したり支持したり、またそれを実際に創設したりすることによって、ヨーロッパの勢力均衡を過去数百年間にわたって保ってきたことであろう。

大戦略はたしかに政策と近い性格を持っており、この二つは区別しづらい場合もある。クラウゼヴィッツによる（限定的だがかなり適切な）「戦争のアートの最高峰は政策になる」という主張には、たしかに学ぶべき価値があると言える。[*3] ところが戦略というのは、それが大戦略を含むどのようなものであれ、決して「政策」と混同されてはならないのだ。[*4] 本項の格言は、国家には平和と戦争の遂行に使える数多くの手段があることを忘れてしまいがちな人に対して警告する役割がある。実際に目の前で起こった問題に対して総合的にアプローチするという、本当の意味での「大戦略」といえる意識的な努力が行われれば、国家は自分の長所を伸ばしながら弱点をカバーすることができるのだ。すべての戦争は大戦略レベルから研究され、実行されなければならない。もし本項の格言が真実でないことになると、戦うもの同士は戦争を完全に戦闘行為のレベルだけで戦うことになるわけで、「戦争の歴史」は「戦闘の流れとその結果の歴史」と同じことになってしまうのだ。もしこのようなばかげた考え方に従えば、軍事戦略、作戦、そして戦術というものを、国内政治や外交、そして経済、社会・文化的なコンテクストから切り離すことになってしまう。

軍事戦略は政治戦略に決定的に従っているのだが、その中には大規模な武力衝突もあれば、非正規的な特徴を持つものもある。たとえばゲリラ戦では、通常の場合、戦っている敵味方双方とも軍事的に決定的な勝利を収めることはできないものだ。この条件を理解した上で、ゲリラ戦では双方とも軍事的に価値のあるところではなく、政治的な効果を狙った軍事戦略を計画して実行するのだ。これはクラウゼヴィッツの「戦争は単なる政策の実行ではなく、本物の政治的手段であるその他の手段による政治活動の継続である」という永遠の真理の、極端な一例にすぎない。[*5]

本項の格言である「戦略のすべてが軍事に関することではない」という主張は、格言8を強く支持すると同時に、それを補う役割もある。思い起こしていただければお分かりの通り、格言8では「戦争には戦闘行為よりも多くのことが含まれている」ということが主張されていた。さらに付け加えるならば、本項の格言にある真実は、戦略論の大家であるトゥキディデス、孫子、そしてクラウゼヴィッツの三人の著作の内容によって完全に証明されている（格言14を参照）。この三人の著者は、誰一人として軍事戦略という狭い分野だけに限定して書いていたわけではない。実際のところ、トゥキディデスと孫子は大戦略について書いていたのであり、クラウゼヴィッツも軍事的な視点を政治的・心理学的なコンテクストに注意深く織り込んでいたのだ。

結局のところ、大戦略ではそれがどのような形のものであっても、外交やプロパガンダ、秘密作戦、そして経済の領域全体、そして軍事政策などと調和させる必要があるのだ。たとえ大戦略の形や政権のトップに対して挑戦することができる民選議会が存在せず、実行されようとしている政策に反対できる利益団体が無くても、大きく分業化されている近代国家の官僚組織というのは、その存在だけで、あらゆる統合的な形の大戦略の実行にとって大きな障害となるのだ。

エドワード・ルトワック (Edward N. Luttwak)、二〇〇一年[*6]

＊1 B. H. Liddell Hart, *Strategy: The Indirect Approach* (London: Faber and Faber, 1967), pp.335-336. [リデルハート『戦略論』]
＊2 See Terry Terriff and others, *Security Studies Today* (Cambridge: Polity Press, 1999).
＊3 Clausewitz, *On War*, p. 607. [クラウゼヴィッツ『戦争論』] これと同じ主張は p.610 にもあり、著者は「戦争の遂行というのは大筋において政策そのものである。政策はその際ペンの代わりに剣をとるが、それだからと言ってそれ独自の法則にしたがって考えることをやめたりはしないのである」と繰り返し論じている。
＊4 See Strachan, "The Lost Meaning of Strategy."
＊5 Clausewitz, *On War*, p.87. [クラウゼヴィッツ『戦争論』]
＊6 Luttwak, *Strategy*, p.260.

格言21

不可能なものは不可能だ
まだ解決法が見つかっていないのは「問題」そのものではなく、その状況を作っている「条件」のほうだ

アフガニスタンについてのほとんどの議論では、かなり納得できる理由から、「北大西洋条約機構（NATO）の兵力を劇的に増加させる必要がある」という話題が中心になっている。ところがそれと同様に早急に必要なのは、「戦略」についての議論である。NATOの中でも特にイギリスの部隊は、タリバン勢力の打倒と同時に、ヨーロッパの街角に流通する麻薬の原料となるケシを撲滅しようとしているのだ。アフガニスタンの農家たちの主な収入源であるケシを破壊することが我々の政策である以上、これが現地の人々からの熱烈な歓迎を受けないのはそれほど驚くべきことではない。

フランク・フィールド（Frank Field）英国議員、二〇〇六年九月六日[*1]

本項の格言の重要性をこれ以上強調するのは困難だ。私が過去二百年間の戦略史についての本を最

近出版した著者として感じたのは、戦争を戦っている政府というのはかなり頻繁に自分の軍隊に対して完全に不可能なことを要求するということだ。[*2] 本項の格言の中にある決定論の匂いを感じた論理家や歴史家たちが攻撃してくる前に必要なのは、常識的な感覚に裏打ちされた説明をすることであろう。まず、文字通りに「不可能」であるような出来事というのは本当に少ない。それでも、いくつかの任務や仕事はあまりにも困難で、ある程度知識のある理性的な人々でも「これは不可能な任務だ」という宣言をしてしまうようなものもたしかに存在する。繰り返すようだが、それでもこれらは任務の達成が完全に不可能であるということを意味するわけではない。むしろ問題なのは、それは「成功できそうには見えないもの」であったり、「それがあまりにも高い代償を支払ってからはじめて可能になるようなものだから任務を放棄する」という判断そのものなのだ。

本項の格言は、そもそも最初から行うべきではなかった任務の存在によってあふれている「戦略の歴史」から生まれたものだ。これを地味だがより現実的な言い方をすれば、戦略史の中には、出来事が展開していく途中で成功の障害となるものの本当の姿が見えたとたんにすぐ止めておけばよかったような戦略的試みが多いのだ。本項の格言は、「あとづけ」から出てきた主張であると考えてはならない。さらにこれは、「劣勢な側が必ず負ける」ということを暗示しているわけでもない。本項の格言は歴史家たちにとって最も信頼できる「あとづけ」という優れた知識による推測を基《もと》にして論じているわけではなく、むしろこれは戦略の過去、現在、そして（確信が持てれば）未来には、ある試みの成功についてのリスクとコストがあまりにも低く見積もられるケースが多い、ということを主張しているだけなのだ。クラウゼヴィッツが「戦争は偶然性の領域に属する」と論じたからと言って、それが「戦争は無作為による結果である」ということには決してならないのだ。客観的に見ても「優秀な軍隊」というのは、客観的に「無能な軍隊」よりも幸運を引き寄せるものであり、不運な状況や摩擦にも対応することができるのだ。

本項の格言が重要なのは、それが根拠のない（さらには盲目的な）楽観主義に対して異議を唱えるからだ。これは少なくとも自信過剰になりがちな政策家や軍人たちの考えの中に、建設的な疑いの種を植えることになる。彼らには自分たちの持つ能力の限界について知ることも必要なのであり、大国というのは本書ですでに指摘した「勝利病」（the victory disease）として知られる病気にかかりやすいのだ。たとえば、一九四〇年五月から六月にかけてのたった六週間でフランスを倒したドイツは（第一次世界大戦では四年半かけても達成できなかったのだが）、「これで自分たちは何でも達成できる」と勘違いしてしまったのだ。戦略とは、つまり軍事的手段を政策の目的に相互関連させることだ。一九四一年のドイツは、自分たちがまさか負けるとは考えてもみなかったのだ。彼らが勝手に考えていた「優れた戦い方」と、彼らの想像の中と実際に目撃したソ連の弱さを考えると、ドイツの勝利はたしかに約束されていたと言える。ところが当然のように、彼らは間違えていた。ソ連への侵攻が本当に不可能な任務だったのかどうかは、文字通り「知ること」はできない。ところが、ナチスによる侵攻にとって大きな障害となるような問題のいくつかはその当時でもかなり確実に知ることができるものであった。天候、地形、距離、そして敵軍の構成や予備役、そして軍事に関する生産能力などは（後者は難しい場合があるが）、かなり正確な推測によってすべて把握することが可能だったのだ。ところが一方が自分たちの軍事力の優秀さに揺るぎない自信を持ってしまうと、迅速な成功にとって潜在的に命取りとなる兵站に関する問題が全く無視されてしまうことにもなる。ドイツの戦い方の底にあったのは、自分たちの作戦の概念に対する全く根拠のない自信であった。[*3] 一九一四年（第一次世界大戦）のマルヌの戦いにおける失敗の教訓が、（第二次世界大戦の）四年半にも及ぶ戦略的に無駄な犠牲の創出を決定づけてしまったのだ。

ある特定の任務が戦略的に実現可能なのかどうかを全く判断できないようなケースというのは、実はかなり多い。歴史の中の例をとっても、たとえば一九八二年のイギリス政府は、遠く大西洋の南側まで軍隊を派遣することによってアルゼンチンをフォークランド諸島から追い出すことができるかどうかを確信することができなかった。もちろん、これは「不可能な任務《ミッション・インポシブル》」というわけではなかったのだが、それでも当時は軍事的に成功するかどうかはかなり微妙な状態だったのだ。イギリス政府がその島を取り戻しに行くという決定のすべては、当時のイギリス首相のマーガレット・サッチャー（Margaret Thatcher）のリスクを恐れない性格や、彼女の政治的な判断によるものだ。それでも、軍事力を使うという判断は、政府内でも議論が半分に割れていた。

一九八二年のイギリスの例は「かなりリスクは伴うが可能な任務」である。たとえばこの時に空母を一隻でも沈められてしまえば、イギリスのすべての作戦が台無しになってしまったはずだ。よって、ロンドン政府がこの時に自信過剰であったとは決して言えない。

本項の格言は、何でも実現可能であると確信している人々が知るべき重要な真実を伝えている。我々がよく耳にする「難しいことはすぐにできるが、不可能なことはそれより少し長くかかる」という言葉によって表される意欲的な精神は、現代でもよく見かけるものだ。悲しいことだが、実は本項の格言による教育を最も必要としている人々とは、この格言のロジックと、それを発見することができる歴史の経験の山というものに全く耳を貸さない人々のことなのだ。しかしながら、本書に四〇個収められているような「戦略についての真実」には、いくら成功の見込みが高く、しかも期待される利益がいくら魅力的なものであったとしても、「そもそも始めから実行してはいけないような任務も存在する」という主張が含まれなければならないのだ。

私は「戦略家としての自分の仕事はあくまでも実践的なものでなければならない」ということを決して忘れないようにしているつもりだ。戦略というものはたとえそれが成功しなくても、それがすべて「ダメな戦略」であるとは言い切れないものなのだが、それでも、そのような「ダメな戦略」は（戦略家としてスキル面を見てしまう私の見解からすれば）プロとしての資質が問われることになると考えている。戦略の実行というものには、それが良い・悪いに関わらず、とにかく苦しみや死、被害、そして政治に対して、必ず何かしらの結果をもたらすものであることは言うまでもない。

これだけ歴史的反証があるにもかかわらず、この世界には「本当に不可能なものは何もない」と信じ込んでいる楽観主義者が本当に多い。もちろん、ある一定のタイミングと状況の下ではおそらくこの考え方は正しいのかも知れない。たとえばドイツと日本は、一九四五年から二世代もたたないうちに社会的習慣であった「軍国主義」をやめて、実質的に「ポスト軍事社会」へと変化したのだ。一九三〇年代後半から一九四〇年代前半の両国を冷静に観察していた人々にとっては、このような変化は全く不可能に思えるものであったに違いない。このような外部から押し付けられた文化の変化によって証明されたのは、「歴史的なショックがトラウマになるほど大きければ、あらゆることが可能になる」ということだ。ところがこのような元枢軸国たちの変化というネガティブな例も、本項の格言の説得力を失わせるものではない。誤った戦略によって生まれる困難以外にも、そもそもこのようにははじめから試みるべきではない「困難な戦略的任務」というものは存在するのだ。道徳に対する侮辱、誠実な意図、そして（要点を拡大してしまうかもしれないが）優秀な計画など、これらはすべて「不可能なものは本当に不可能である」というルールから逃れられないのだ。
本項の最初に引用された言葉は、アフガニスタンにおけるＮＡＴＯの任務がなぜ絶望的であり、また絶望的とならなければならないのかを（ある程度）説明している。「対暴動」（counterinsurgency）というのは、そもそも人々の命と生活、そして彼らの未来への期待を守るために行われるものだ。ヘロインに依存した経済を別の魅力的な経済活動を提供することなく破壊しようとするＮＡＴＯの試みは、始めから失敗することが目に見えているのだ。「不可能な任務」のもう一つ別の現代の代表的な例を挙げるとすれば、それは極めて人工的な国家であるイラクを、アラブ世界における最初の民主制国家に変えようとする試みであろう。これはそもそも無理なことだ。軍事介入の結果としてイラクが民主制国家になることが我々にとって果たして本当に望ましいものかどうかは、ここでは全く意味がない。つまり、この任務は実行不可能なのだ。大国というのは本項の格言のメッセージである「不可能なことは不可能である」ということを肝に銘じておく必要がある。アメリカの「四年ごとの国防見直し報告書」（Quadrennial Defense Review Report）からの引用である以下の文章は、不可能なことを「実行可能な任務」としてごまかして見せている古典的な例であろう。

（テロリストのネットワークに対する）勝利は、敵の原理主義的なイデオロギーが、テロリストを抱える社会や暗黙の支持者たちの目に不当なものとして映り、時代遅れになり、そして共産主義やナチズムのように信頼を失い、そして忘れ去られた時にはじめて獲得できるものだ。そしてこれには世界規模でテロリズムが住みにくい環境をつくることが必要とされる。またそのためには、自国の治安を維持できる能力を持ち、テロリストたちが生き残るために必要な資源と聖域を抑止することができるような、正統性を持った政府が必要なのだ。もちろん長期的に原理主義のイデオロギーに対抗するために最適なのは「自由」に訴えかける方法であるという事情から、代議制による効果的な文明社会の設立を世界中で進めることも必要になってくる。[*4]

この文章の中で認められているものは、少なくとも今日の政策と戦略の観点から見れば、当分の間は実質的に不可能なことばかりだ。

「その時は良いアイディアに思えたのだ」というのは、人間の行動の墓石に刻まれる言葉である。

ブルース・フレミング（Bruce Fleming）、二〇〇四年[*5]

＊1 Frank Field, MP, Letter to the Editor, *The Daily Telegraph* (London), September 16, 2006: 23.
＊2 Colin S. Gray, *War, Peace, and International Relations: An Introduction to Strategic History* (London: Routledge, 2007).
＊3 Megargee, *War of Annihilation*; and Robert M. Citino, *The German Way of War: From the Thirty Years' War to the Third Reich* (Lawrence, KS: University Press of Kansas, 2005), are both first rate.
＊4 Donald H. Rumsfeld, *Quadrennial Defense Review Report* (Washington, DC: U.S. Department of Defense, 2006), pp.22-23.
＊5 Bruce Fleming, "Can Reading Clausewitz Save Us from Future Mistakes?" *Parameters* 34 (Spring 2004), p.76.

パート3

軍事力と戦闘行為

格言22

人間が最も重要である

結局のところ、本当の革命は人間の頭の中で起こる。

ラルフ・ピーターズ（Ralph Peters）、一九九一年[*1]

戦略理論、戦争のドクトリン、「軍事における革命」（RMA）に関する議論などでは、人間という要素にあまり注意が払われていない。核時代の戦略家たちは、ほぼ二世代にわたり、合理選択理論を基礎においた洗練された戦略を開発し、これは「安定的な相互抑止の理論」として開花することになった。ところがこの壮大な理論の中には、ある二つの要素が欠けている。それは経験的証拠と、その合理的な知的体系の中で全く垣間みられていない「人間」というエージェントが果たす役割である。[*2]実際のところ、現代の戦略や軍事に関するどの分析を見てみても、人間についての記述はごくわずかである。そこで本項の格言の必要性が出てくる。私が本項の冒頭で引用したラルフ・ピーターズの言葉は確かに正しい。「戦争、平和、戦略」が扱っているのは人間のことなのであり、さらに言えばこれらの壮大で危険な事業というのは、徹頭徹尾、人間に関することなのだ。もちろん、これら全てが人間という要素だけによって占められているわけではないのだが、それでも人間というエージェントが果たす役割というのは完全に基盤となるものだ。人間というのは紛争の全てのレベル、つまり戦術から政治レベルにまで関わってくる普遍的なものであり、そもそも、人間という要素の重要性は、テクノロジーや社会文化、またはその他の戦争における主なコンテクストの変化にも影響されない。さらに加えると、人間の要素があまりにも均質化されている中で、あるたった一人の人間が、戦争や平和、そして戦略の遂行の際に本当に決定的な違いを生むこともあるのだ。これこそが本項の格言の意味しているところだ。戦争、平和、そして戦略というものがどのように作用するのかについては、それらがカバーする領域はあまりにも広範囲にわたっていて難解かつ複雑で理解しがたいものなのだが、その中でもとりあえずハッキリしているのは「人間という要素が最も重要である」ということであり、歴史的にみてもこれは常に正しい。そしてこれは現在でも正しいのであり、どんな軍事力の改革についての大計画や、すでに予期されている戦争の様相の劇的な変化でさえ、この格言の永久的な真実を変えることはできないのだ。

本項の格言を勘違いしてはならない。この点について、クラウゼヴィッツは全く正しい。人間が最も大事であるという彼の主張は、自身の提唱している戦争の原則とは全く矛盾していないのだ。戦争は政策の一つの手段であり、組織的に行われる暴力は政治的な目的のために行われなければならない。戦争をこのように「一つの手段」としてとらえる見方は論理的にも感覚的にも正しく聞こえるものだが、それでも実際の実行段階で戦争が拡大し、戦争がそれ自身のために政策まで支配するようになる事が危ぶまれることもある。それでも、我々が戦争、平和、そして戦略の原因と作用について考える場合には、全体的に大きな役割を果たす「個人」を含んだ、「人間」が及ぼす影響を無視するわけにはいかない。様々なタイプの人間の存在や、合理的な組織による一つの目的を持った集合的な行動の必要性があることを考えれば、なぜ個人という人間の存在が分析の中で重視されなくなってしまうのかがよく分かる。軽卒な一人（もしくは二人）の人間が、自分だけが知っている理由（しかも自分でわかっていない場合も多いのだが）で行動するようなことがあると、潜在的に国政術と戦略についての多くの優秀な理論を混乱に陥れる可能性がある。ところが我々一人一人は一流のテニス選手のように、慎重かつ安全にプレーするものだ。戦争と平和において人間が関わる要素を深く理解しようとする我々の動機というものは、我々がジャーナリストのようにストーリー性を求めて書かない限りは簡単に忘れられてしまうものである。ところが、ここで本当に問題なのは、我々が一般的に「大きな問題よりも人間的な面ばかりに注目するのは避けたい」という賢明な欲求を持っているために、これがかえって「人間の関わる要素こそが最も重要な筋書き（plot）を決めている」ということを忘れさせてしまうという点だ。この「筋書き」というものは、少なくとも政治的なものと同じくらいの重要性を与えられるべきである。

軍事力の効果というのは、実に様々な要素によって発生するものである。一例としては、リーダーシップや兵器に対する自信、そして兵站面での能力などが挙げられよう。ところが、その中でも戦闘において力を発揮するために最も重要な要素は「士気」（moral）である。これはつまり、勝とうとする意志、もしくは抵抗して自らの命を捧げようとする意志のことだ。この最も人間的な士気という要素は、上位のレベルに位置する政策のための一つの手段である軍隊の核心にある。軍人には自分自身や仲間、それに自分たちのリーダーを信じる必要があるのだ。ところが、士気というものは新兵器の購入や訓戒やプロパガンダなどによって確実に植え付けられるものではない。士気が強められる理由は様々であり、たとえば共通の危機や苦しみを共有する連帯感や、過去に達成したことから生まれる自信、自分たちのリーダーに対する自信、敵に対する蔑視、それに、戦う目的についての信念などが挙げられる。ところが一般的に軍隊の士気の高さというのは、「自分たちは軍事面で優秀である」という感覚によって生まれるパターンが多いのだ。

では、士気というのはどれくらい重要なのだろうか？　繰り返すようだが、「士気が軍事的成功における最も重要な貢献的要素である」という主張は、実は全く大げさな誇張ではない。本項の格言は、戦争、平和、そして戦略というものが、国家をはじめとするその他の政治体の利益の獲得のために実行されるものであり、そして政策と戦略についての議論はおそらくかなり哲学的で高度なものであったとしても、最終的には実質的な仕事をする「人間」という存在の介在がなければ全く効果は出ないということを我々に教えてくれる。戦争を行って戦略を実行するのは、あくまでも人間だ。そして戦略というものはそれ自身の存在だけでは何の意味ももたないのだ。戦略というのは戦術レベルでの実践と政治的な目的という二つの世界をつなぐ「橋」でしかない。簡潔にいえば、戦争というのは命令に従って自分の命を危険に晒すことができる意志を持った人間が存在して初めて実行可能なものなのだ。もし士気が相対的に低く、多くの兵士が軍事行動の素早い実行よりもむしろ戦いの後に生き残ることができるかどうかを考えてしまうようであれば、リーダーたちはそれを埋め合わせることを探したり準備したりする必要に迫られることになる。たとえば、一九四四年から一九四五年頃のヨーロッパ北西部で戦っていたイギリス・アメリカ・カナダの連合軍は、ドイツ軍と真正面からぶつかり合うようなやる気のある戦士や人間であふれていたわけではない。連合国側の将軍達は、自分たちの部下が「報われないリスク」と捉えているものに対して気乗りしない態度をとっていることを知っており、その結果として彼らにはあまり厳しい要求をしなかったのだ。ドイツ側は時として西側の敵が見せるエネルギーの低さと想像力の欠如に驚くこともあったほどだ。この主な理由は、西側の兵士が自分たちの任務を遂行する気があったとしても、大胆に行動したり、わざわざ勝利が確実な作戦の中であえて自分たちの命をリスクにさらすような心構えができていなかったところにある。[*3]

では、本項の格言はどれほど重要なのだろうか？　本書の中の他の格言と同様に、この格言はあまりにも単純で当然のことのように聞こえるために、かえって軍人や政策家たちはここに含まれる深い真実を見落としてしまいがちだ。イアン・ハミルトン卿（**Sir Ian Hamilton**）将軍の説明によれば、クラウゼヴィッツは人間的な要素が軍隊の核心にあるということをよく知っていたという。[*4]戦争における軍事面での目標というのは、敵を倒すことにあるわけではない（もちろんそれが手段的な目標であることは多いのだが）。それよりも本当の目標は、敵に負けたことを説得して認めさせることにある。これはほぼ全てのケースにおいて言えることだが、敵の軍隊を破壊（つまり殺戮することを目的に）するということ自体には、軍事的、もしくはその他の利益があるわけではないのだ。では一体なぜこのようなことになるのかというと、これはすでに何度か引用したように、「**戦争というのはかようにして敵を自分たちの意志に従わせる実力行為である**」からだ。[*5]ある敵は厳しい抵抗を見せた後に降伏するかもしれないし、もし運が悪ければ、いくら高い犠牲を払っても絶対に降伏しないドイツ空軍の落下傘部隊のような敵を相手にしなければならない場合もあるのだ。しかし、この二つの両極端な例も、結局は同じことを言っている。つまり「人間が最も重要である」ということだ。

クラウゼヴィッツは、このテーマに潜む永続的な構造を以下のように説いている。

もし我々が敵を倒そうと思うのなら、我々は敵の抵抗力に対抗できるだけの力を持たなければならないのであり、これは二つの切り離せない要素――つまり「最大限使用可能な手段の合計」と「意志の強さ」――による結果として表すことができるのだ。使用可能な手段というのは（もちろん完全ではないが）計測可能なものである。しかし、意志の強さというものを計るのはそれほど簡単ではなく、その動機の強さによって大まかな分量しか見極めることができないのだ。[*6]

ジョン・キーガン（**John Keegan**）の『戦いの様相』（***The Face of Battle***）という記念碑的な著作が発表された一九七〇年代から、（戦略家の間では違ったが）戦闘における人間の要素が以前よりも大きな注目を集めるようになった。[*7]ところが戦場の実情や個人の身の上で何が起こっていたのかを伝える著作の弱点は、それらが必然的に「戦略はそれほど重要ではない」ということを（暗黙のうちにせよ）示すことが多いというところにある。戦争の現実というのは、結局は個人の戦闘や従軍の経験である。したがって、キーガンの視点の正しさというのは理解できるものだ。つまり、戦略は（たとえやる気が無くても、できればあからさまにやる気の無さを見せていない）人間によって実行されなければならないからだ。ところが、戦闘の様子というのは戦争の全てを表しているわけではない。実際のところ、この戦いの中の人間的な要素だけに集中して見る視点というのは、その要素を過大評価してしまうリスクをかかえている。結局のところ、戦いというのは「男らしさ」やその他の文化的な価値観を試すために行われるものではない。むしろ戦いというのは、政治的な目的のために使われなければならないのだ。本項の格言で主張されている最も重要な「人間」という存在は、戦争という危険な事業の全ての分野において、中心的な貢献を果たす役割を持っている。そして、彼らの戦おうとする意志の強さこそが、戦争のカギを握ることになるのだ。
遅まきながら、世界中の軍隊の中で最もテクノロジーに関心を持っているアメリカ軍は、機械やドクトリンとは対照的な「人間の重要性」が関わってくる文化の力を、最近になってようやく認め始めた。人間の行動というのは、我々が「文化的」と呼ぶ、昔から変わらない態度、信条、そして考え方の癖などによって、常に影響されたり動かされたりするのだ。戦争や平和というのは実質的に人間の思考に働きかけるもの（マインドゲーム）であるために、本項の格言の重要性はあまりにも明白だ。西洋諸国の抑止理論というのは、合理的に行動する敵のリーダーの抑止方法を必然的に教えてくれるものかも知れない。ところが、西洋とは異なる文化に属するある国のリーダーが、自分たちなりの（社会が求める政策目標という定義の上での）やり方で「合理的」な選択をした場合はどうであろう？ このリーダーというのは、たしかに厳密な意味では「合理的」なのかも知れないが、アメリカの抑止論のロジックによれば「理性的ではない」(not reasonable) 場合もあるのだ。

歴史的に見ても、装備の悪い船に乗った優秀な水兵たちのほうが、装備の整った船に乗っているが統制のとれていない水兵たちよりも強いものだ。フランス革命は何度もこの教訓を我々に見せているのだが、この教訓は物質面での発展が目覚ましい我々が生きる現代ではほとんど忘れられている。

アルフレッド・セイヤー・マハン（Alfred Thayer Mahan）、一八九二年[*8]

＊1 Ralph Peters, *Fighting for the Future: Will America Triumph?* (Mechanicsburg, PA: Stackpole

Books, 1999), p.18.

＊２ See Keith B. Payne, *The Fallacies of Cold War Deterrence and a New Direction* (Lexington, KY: University Press of Kentucky, 2001).

＊３ Max Hastings, *Armageddon: The Battle for Germany, 1944-45* (London: Macmillan, 2004), p.392. ヘイスティングスは、西側の軍隊が犠牲者を減らすために必要以上に慎重に進軍していたという主張を支持する証拠を豊富に挙げている。しかしながらそれでも犠牲者の数が多かったことは覚えておくべきであろう。一九四四年から四五年頃のドイツ陸軍はたしかに全盛期の頃と比べてかなり力を落としていたのだが、それでも敵に対して常に莫大な被害を与えていたのだ。

＊４ Ian Hamilton, *The Soul and Body of an Army* (London: Edward Arnold, 1921).

＊５ Carl von Clausewitz, *On War*, edited and translated by Michael Howard and Peter Paret (Princeton, NJ: Princeton University Press, 1976), p.75 (emphasis in the original).［クラウゼヴィッツ『戦争論』］

＊６ Ibid., p.77.

＊７ John Keegan, *The Face of Battle* (London: Jonathan Cape, 1976).

＊８ Alfred T. Mahan, *The Influence of Sea Power upon the French Revolution and Empire, 1793-1812* (Boston: Little Brown, 1892), I:102.［アルフレッド・T・マハン著、北村謙一訳『マハン海上権力史論』、原書房、二〇〇八年］

格言23 軍事力は政治における最後の手段だ

貧しい軍人にとっては丸腰の富豪の男が最高の賞品だ。

ニッコロ・マキアベリ（Niccolo Machiavelli）、一五二一年[*1]

政治というのは権力（power）に関することであり、国際政治は安全保障コミュニティーの中における相対的な権力の配分に関することである。世界中の政治家たちは、自分たちが物事を達成しようとする動機については全て正直に話すものだが、権力の維持やその行使については一言も語らない。よって、彼らを信じてはいけない。権力というのはそれ自身が目的となり、個人と集団の両方で追求されるものだからだ。もちろんこれはやや誇張された表現かも知れないが、それでもこの誇張の度合いはほんのわずかなものでしかない。本項の格言は、クラウゼヴィッツの「**戦争は政治的活動の一部である……それは自動的なものではなく……**戦争は他の手段を伴った政治的交流の継続なのだ」[*2]という格言に潜在的に挑戦するものとして解釈することもできる。戦闘行為のほうが支配的になると、「合理的な行動」を決定する目的と手段の関係はひっくり返ってしまうのだ。こうなると、政治的手段は軍事面の目的のために動かされることになり、戦略という「橋」によってつながっている政治的な目標と軍事力は、いくら戦略が効果を発揮しているとしても、互いの位置関係が反対になってしまう。

すでに述べたように、本項の格言は「政治とは権力に関すること」という主張に依存しており、またこれは軍隊が権力の究極の形であることを主張している。この主張は国内政治と国際政治の両方に当てはまる。もちろん、本項の格言は政治の持つ権威が軍隊よりも上であることを否定しようとするものではない。また、この格言は軍事面での成功だけで長期にわたる政治的な合意を保証できることを主張しているわけでもない。ある戦争の後に長期間安定した平和的な政治秩序を保つためには、負けた側の国家が「自分たちが負けた」という政治的な事実と、押し付けられたり交渉によって生まれた、新しい権力構造を受け入れることが不可欠になってくるのだ。

本項の格言の目的は、グローバル化によって繁栄に甘んじて贅沢にふけってしまい、実質的に非戦闘的になってしまった社会に対して「このような繁栄も、実は脆《もろ》くて壊れやすいものである」ということを忘れないようにさせることにある。多くの国家、つまりほとんどの政治体というのは、常に軍事戦略的な解決法を必要とするような国内的・国外的な問題に直面するわけではないので、どうしても彼らの安全保障における軍事的な面を忘れがちだ。つまり、彼らにとってこのような安全な状態というのは、彼らの善行によってもたらされた神からの贈り物のように見えてしまうことがあるのだ。さらに彼らは、政治活動における軍事力の必要性が激減しており、「軍事力というものはちょっと前の時代まで使われていた原始的な時代の産物である」とみずから思い込ませようとしているのだ。このような人々に対する最善のアドバイスは「五世紀の西ローマ帝国の没落の歴史を読め」ということだろう。西ローマ帝国は国内政治の腐敗や有害なキリスト教の影響ではなく、むしろこの時代に（どちらかといえば）突然発生してきた軍事的な脅威に対してしっかり対応することができなかったから没落したのだ。[*3]

野蛮人やその他のならず者が脅威を及ぼしてきた場合の対処としては、歴史で何度も示されているように、軍事力に代わるものはないのだ。もちろん特に強調したいのは、これが「軍事的なことのほうが政治的な問題よりも大切である」ということを主張しているわけではないということだ。それよりも重要なのは、全ての政治的な脅威が必ずしも政治的な手段による解決法だけを必要とするわけではないということだ。外交官の背後には、エレガントな言葉を作り出す人々や狡猾な政治的企ての発明家などと同時に、刀を持った荒くれ者がつく必要があるのだ。本項の格言はいかなる軍事力の優越性を主張するものではない。この格言は、「政治もしくは外交というものが、対外的にも国内的にも国防の最初の防衛線である」という観点と完全に一致している。さらに広い意味でいえば、この格言はキリスト教の正戦論の中の伝統的な判断基準（jus ad bellum：戦争の合法性に関する法）のうちの六番目のものと同意しており、そしてその最後の基準とも適合している。六番目の判断基準では実力行使が「最後の手段」（もちろん本当に何が「最後」なのかについては議論のわかれるところだが）でなければならないとしている。

本項の格言は、グローバルな面における真実や、その内容を思い出そうとしなかったり、敬意を払ってこなかった社会において、何世紀にもわたって忘れ去られていたような真実を教えているのだ。そしてここから当然出てくる結果として、自分たちの経済状態に全体的に満足している社会には、特に重要な安全保障面での状況を「存在して当然のもの」としてとらえる傾向が発生してくる。このような状況では「持たざる国々」(have-nots)、さらに正確に言えば「不足していてさらに求めている国々」(have-less and want more) からの深刻な妨害もなく、経済的な発展を謳歌できることになる。現代に平和と経済的繁栄が存在する理由についての一般的な説明には様々なものがあり、たとえば、神学的なものから経済的相互依存、そして文化的統合の面から論じたものがある。もちろんそれらの説明にはそれぞれ有利な点があるのだが、それでも過去にはその後に厳しい時代が復活してしまったため、その正しさを証明できた理論は皆無なのだ。戦略家というのは、あまり厳しくない政治状況の中で良いアドバイスを与えるような格言については特に警戒しなければならない。なぜなら、本来戦略家というのは、実際に自分たちが使う戦略というものを、安全保障面では比較的に良い状態よりも、むしろ悪い状態の中で選択する義務を背負っているからだ。

本項の格言が重要なのは、主に二つの理由からである。まず一つ目は、すでに示したように、安全保障には軍事的な面があることを国家や社会に忘れないように要求する簡明で率直なメッセージを含んでいるからだ。実際のところ、国家や社会というのは「自分たちの安全保障には軍事的な要素が何も意味を持たなくなった」と考えるようになることが多い。このような考え方は、今日ではソ連の元衛星国たちをのぞけば、ＥＵをはじめとするヨーロッパ諸国ではかなり一般的になってきていると言えよう。しかも、イスラム教やその他のテロリズムの問題でさえ、実質的には軍事というよりも経済、文化、そして政治的な問題である、と広く認識されているのだ。もちろんこのような見方には有益なところもあるが、それでもこれは究極的には「ＥＵをはじめとする豊かなヨーロッパは、戦略史の教える原始的で野蛮な世界から脱したのだ」という幻想の上に成り立っている。特に民主制国家というのは「現代には軍事的脅威というものは全く存在しないか、非軍事的な手段で封じ込めたり、制御することができるものである」という誤った考えに誘惑されがちだ。

これについては二つ例を挙げてみればよくわかる。まず一つ目は、一九二〇年代から一九三〇年代初期にかけて行われた、非武装化外交において異常に人気の高かった考え方だ。[*4] さらにもう一つ最近の例では、EUを中心としたヨーロッパ諸国が、現在のイランの核武装国家への（長年にわたる）歩みを「脅しではなく経済的な誘惑によって抑えることができる」とかたくなに信じ続けているケースがある。国内と国際的な秩序における安全保障の維持や修復には、軍事的手段だけしか効果を発揮できないような場合がある。これは普遍的な真実であり、だからこそ本項の格言で示されていると言える。ところがこの真実も政治の重要性を下げるものではない。ここで主張されているのは「政策家というのは時として、そしてなるべくなら気乗りしないような状況で、銃に手をかけ、そして必要ならば使用しなければならないようなことがある」ということなのだ。

すべての政治問題が純粋に政治的手段によって解決されるわけではない。たとえば、軍事力行使に関する最も権威ある正当化の議論には、「軍事力の行使以外では解決できないような問題が存在する」というものがある。つまり「戦争は何も解決しない」という考えは誤りなのだ。もちろんそれがいつも問題を確実に解決するわけではないし、他の問題を発生させないというわけではないのだが、それでも戦争はいくつかの問題を解決することができるのだ。本書の格言を読んだ人々の中で「戦争は常に虚しいものだ」という間違った考えに同意してしまった人には、ドイツ人か日本人に対して戦争が決定的な結果を生み出したのかどうかを聞いてみることをお勧めしたい。政治が紛争を解決できなくなった時、政策家は不満な状況の中で耐え忍ぶか、それとも軍事力に訴えて状況を改善するべきなのかを選択する決定をしなければならないのだ。一九四一年の日本は、近代の政策決定の中でも戦争に突入せざるをえないような状況に追い込まれた最も顕著な例である。また、一九七三年のエジプトとシリアの例を引き合いに出してもよく、この時に両国はイスラエルを戦いで打ち負かすのではなく、むしろ、イスラエルとの政治紛争の状況に大きな変化を起こすために戦争を起こすことを決断したのだ。もちろんここで一番難しかったのは、戦争の戦略的結果を安定的で平和的な国際的秩序につなげることだった。

本項の冒頭では、クラウゼヴィッツの論じた「政治が軍事に優先する」という最も重要な原則が歴史的には必ずしも守られているわけではないことを紹介したが、軍事力の行使は政治的な状況を定期的に変化させるものであり、しかもその変化を起こすことを狙って行われることがある、ということは記憶にとどめておくべき極めて重要な事実であり、これはこのプロシア人の主張する「政治は組織的な暴力、もしくは戦闘行為の上に立つ」ということの正しさを否定するものではない。これは実際には戦いの流れが政治を動かす（その逆ではない）という意味にもなり、クラウゼヴィッツの有名な格言が主張していることと正反対になってしまう。戦いの盛衰が政治の状況を変化させることになる（そしてかならずそうなるのだが）場合は、理論やあらかじめ設定された政治的な狙い、そしてその見込みなどが必要としていることよりも、政策の論理の方が必然的に低下することになるのだ。

本項の格言には、「ものごとがうまくいっている状態、経済的繁栄、健全な感覚を基盤においた安全保障の状態、そして国内外の秩序についての安定的な未来は守られるべきである」という初歩的かつ根本的とさえ言えるメッセージが込められている。過去から将来に至るまで、その規模の大小に（極めて小さいものにはテロ組織や暴動勢力なども含む）関わらず、自らの相対的なパワーのポジションを改善するために軍事力を積極的かつ様々な方法で使う「安全保障コミュニティー」というのは必ず存在するのだ。したがって、軍事的な手段によって対処しなければならない脅威というのは必ず存在することになる。そしてそれに対処するには、単に軍事的手段だけではなく、かなり効果があると見込まれている軍事的オプションを含む、様々な防衛手段の組み合わせが必要になってくるのだ。本項はマイケル・ハワード（Michael Howard）の筆による、以下の二つの引用句によって議論を終えることにする。

国家の独立に対する究極の挑戦というのは、現代のような核時代には核兵器によって試されることになるのだが、それでもここでは核が登場する以前の時代と同じように、人々は自分たちの命の安全を確保して維持するためには自らの命を危険にさらすことができるのかどうか、ということが問われているのだ。

マイケル・ハワード、一九六四年[*5]

私は個人的にもいかなる「歴史の教訓」というものを信じていないし、分析的な考え方が面倒だからと言って、その代わりに安易な歴史分析を使うことをあえて疑うことを学んできた。しかし過去と全く同じような帝国主義的なパターンの拡大政策をとっている国が存在するということは見逃すことができない。そして私は小規模だが経済的に豊かで軍事的に弱く、しかも巨大で強力な隣国と国境を接している国々が、かなり長い期間にわたって独立を保ってきた例を数多く知っている。

マイケル・ハワード、一九八〇年[*6]

＊1 Niccolo Machiavelli, *The Art of War*, translated by Henry Neville (Minneola, NY: Dover Publications, 2006), p.162.

＊2 Clausewitz, *On War*, p.605 (emphasis in the original). ［クラウゼヴィッツ『戦争論』］

＊3 See Arthur Ferrill, *The Fall of the Roman Empire: The Military Explanation* (London: Thames and Hudson, 1986); and Peter Heather, *The Fall of the Roman Empire* (London: Macmillan, 2005).

＊4 大戦間の時代についての最も優秀な研究の一つでは、「軍縮というのは単なる金属を金に変えるような賢者の石であった」とコメントしている。P. M. H. Bell, *The Origins of the Second World War*, 2nd ed. (Harlow, UK: Longman, 1997), p.103.

＊5 Michael Howard, *Studies in War and Peace* (London: Temple Smith, 1970), p.209.

＊6 Michael Howard, *The Causes of Wars and Other Essays* (London: Counterpoint,1984), p.132.

格言24

軍隊の優秀さは、戦争における活躍によってのみ証明される

見た目は確かに立派だよ、大佐。しかし彼らは本当に戦うことができるのかね？

映画「特攻大作戦」（The Dirty Dozen）の中に出てくる台詞、一九六七年

本項の格言は、本書で紹介される最も重要なもの（いくつか重要な警句によって曖昧にされる必要は全くない）のうちの一つに含むことができる。この格言で示されている基本的な意味は「軍隊は主に戦うために存在している」ということであり、これ以上ないほど明確だ。軍隊に究極的に求められているのは、人を殺し、物を破壊し、そして土地を占領する能力である。もちろん彼らがこれを行うのは政治的な方針に従った、戦略による指令が出た場合だけである。

軍隊の中には平和が続いたおかげで、実戦では銃を一発も発射せずに長年兵役をつとめることに甘んじてしまうものもある。これは仕方のないことなのだが、実戦経験の無い軍隊は自分たちの能力を、味方同士か同盟国の軍隊を相手にした、かなり組織された演習の中でしか試すことができないのだ。これは何も彼らを批判しているわけではない。実際の戦いによる経験が積めない場合、軍隊には実戦

の状態をシュミレーションするしか方法が残されていないからだ。軍隊というのは歴史的に見ても、平時の訓練の厳しさや強さにおいて様々な違いが出てくる。伝統的なドイツ軍の強さの秘訣はここにある。たとえば、ドイツ陸軍が一九四〇年の五月から六月にかけてのたった六週間で英仏陸軍を倒すことができた理由は色々あるのだが、ドイツ軍が行っていた訓練の圧倒的な優秀さが作戦を成功させることにつながったことは間違いないのだ。

本項の格言は決定的であり、時代を越えた真実を述べている。軍隊の本性というのは戦いの中でしか見ることができない。ほとんどの軍隊は式典的な機能を持っており、彼らは国家のプライドの結集であり、国民の統合や歴史の継続性の象徴なのだ。また、彼らは国内的にも重要な役割を持っており、それは治安維持や（イギリスで知られているのは）市民権の補助、そして災害援助や国家の発展まで、多岐にわたる活躍をしている。ほんのわずかな例外を除けば、軍隊というのは世界中に偏在しているのだ。

以下の文章でもわかる通り、マキアベリは全く正しいことを書いている。

（スパルタとローマ以外の）多くの都市は非武装化していたが、彼らが自由な状態でいられたのはたった四十年弱であった。都市には兵隊が必要であり、彼らが自分たちで兵を調達できなければそれらを外国に頼ることになり、そして外国の兵隊は自国にとって良い影響を与えるわけがないのだ。[*1]

当然だが、マキアベリは都市国家の政治的な文脈（コンテクスト）に合った方法を述べていたのであり、彼は大胆にも市民によって構成されたアマチュアの兵隊を使った「ローマ共和国」という古いモデルを目標とするように主張していたのだ。ところが、彼がここで認めていたのは、「あらゆる政治体には軍隊が必要である」という大事な原則であった。

本項の格言の意味には、一つの皮肉が常についてまわる。それは「ある社会が平和を享受する時間が長ければ長いほど、軍人が行う訓練の時間が長くなる」というものだ。これを繰り返すと、軍隊が持つ特徴的な（実際的には唯一持っている）能力というのは、軍事力の実際の行動や脅しによる「強制力」（**coercion**）にあるのだ。あらゆる「プロの技術」というのはその優秀さによって褒め讃えられるものであり、それが頻繁に使われることによって実証されるのだ。

ほとんどの軍隊には、実戦体験によって向上するチャンスが少ない。なぜなら、彼らが戦うことを命じられることはあまりないからだ。また、彼らの上にいる政治家たちによって命ぜられる戦争や戦闘行為というのは、大抵の場合は彼らが予期して準備できているようなものではない。これは本項の格言の信頼性に疑いを発生させる原因になることがある。

軍の優秀さというのは、客観的な軍事面での長所と同様に、前後の文脈的な状況（コンテクスト）にもよるところがある。いくらある状況で軍事的に優秀であったとしても、それがすべての軍事的な問題や戦略にとっての必要性、そして政治的要求などの状況における優秀さにつながるわけではないのだ。たとえば、ある軍隊は特定の状態における戦いの遂行では優秀なのかも知れないが、別の状況では完全に無能であることもありうる。近年のアメリカの経験から二つの例を挙げて見よう。一九六〇年代のベトナムと二〇〇〇年代のアフガニスタンとイラクにおいて、アメリカ陸軍は通常兵器による正規戦においてはあらゆる面で強さを見せつけることになった。ところが不幸なことに、この三つのケースにおける全ての敵は通常兵器による正規のタイプのものではなかったのだ。そもそも戦争というのは本質的に競争的な活動であるため、軍の優秀さについての判断には自由な意志を持つ相手に対する実際、もしくは予期されている活躍というものを参考にしなければならない。軍隊の優秀さについての判断というのは、絵画の美しさについての判断と同じものではない。政策の一つ手段である軍隊というのは「自分たちに課せられた戦略的要求にどこまで応えることができるのか」という点だけに存在価値があるものなのだ。

もし戦略史が教えていることがあるとすれば、それは軍隊の適合・柔軟性の価値というか、それらの必要性である。本項の格言は「軍隊の能力には柔軟性があることの証明が必要とされている」という意味で理解されるべきだ。最高の能力を持った軍隊が、想定外の状況の中で戦いを強いられた時に持てる力と想像力を発揮できなかった例というのは、歴史上でも頻繁に見られる。デニス・ショワルター（Dennis E. Showalter）は、一九四一年のソ連内におけるドイツ軍の軍事的活躍について触れた力強いコメントで、この点を完璧にとらえている。

ドイツの軍人たちは、その当時の近未来（一九三〇年代と一九四〇年から四一年にかけて）について、自分たちが予言したこと以外に起こる変化を考慮する時間や体質が全く無かった。一九一四年のケースと同じように、一九四一年の秋に当初の計画が破綻してしまったドイツ陸軍は、スモレンスクとモスクワの間の地点から、支離滅裂で即興的な行動を実行せざるを得ないような状態に追い込まれたのだ。[*2]

ルパート・スミス将軍（General Rupert Smith）は、ここで述べたコンテクストの関連性と、軍隊が柔軟に適応することの必要性を強調している。彼は以下のように述べている。

私は「軍隊は最後に戦ったのと同じような戦争を想定して準備している」という昔からの嘆きを主張しているわけではない。実際のところ、軍というのは最後に戦った戦争に対して準備するものではなく、むしろ彼らは間違った戦争を想定して準備することのほうが多いのだ。政府というのはリスクに反対するように、最も重大な脅威と想定されるものに対して準備することを嫌うものなのだが、敵というのは大抵の場合は相手の強さよりも弱さにつけ込んで勝負してくるものなのだ。[*3]

スミス将軍は自分の職業に対してやや寛大すぎるきらいがある。たしかに、彼が軍隊の財政的な制約を指摘していることは正しいのだが、同時に、彼はそれぞれの軍隊が持つ「軍事文化」の影響力をもっと認識すべきであろう。軍事組織というのは戦略的な状況や上からの命令（つまり政治家か軍司令部からのもの）がない限り、自分たちの好む形の戦いに備えるものである。ところが、軍隊というのは常に自分たちにとって不都合な戦いに十分に適応できるわけではない。また、政治家だけでなく、軍の高官までもが戦争の戦い方に劇的な変革を要求することもあるのだが、軍側が戦っている最中にそのような変革に対応できるかどうかというのは全く別問題なのだ。二〇〇〇年代の米陸軍は、非正規的な敵に対しての戦いでは全く優秀とは言えないことを証明している。米軍の名誉のために言っておくが、彼らはとりあえず自分たちがアフガニスタンやイラクやその他の地域で行われた非正規戦では無能であることを認めている。もちろん、絶対的にネガティブな経験によって生まれるこのような経験は、軍の改革が行われるために必要とされる最初のステップであり、しかもこの改革が組織的に実行可能かどうかというのは全く保証できないのだ。

実戦というのは、複雑な新しい機械の「実地テスト」になぞらえることができよう。つまり、「この軍隊は実際に活躍することができるのだろうか？」ということを試すテストだ。ところが本項の格言に従えば、この実地テストにはこの軍隊の活躍をなんとしても阻止しようと待ち構えている「敵」という存在が含まれてくる。戦争の複雑さや、その対決の結果と流れの中には様々なコンテクストが含まれるという理由から、軍隊の軍事面における質を特定の紛争における活躍だけで判断するのはかなり危険である。なぜなら、全ての戦争はそれぞれ異なるものだからだ。しかし、議論を公平に見てみれば、たとえば成功の確率を上げたり最大化したりするような、すでに証明された軍事力の価値（それがしっかりとした検証の下に行われた）というものが存在することは指摘できる。ここでたった一つだけ例を挙げてみれば、本書で何度も主張されているように、軍隊の質の中で最も重要なのは士気なのだ。士気というのは、兵士がどれだけ熱心に戦うのか、もしくはそもそも戦う気があるのかどうか、ということを決定するからだ。

本項の議論を明るい話題で終えるために一言述べておくと、「軍隊の優秀さというのは絶対的な質ではない」ということがある。軍隊というのは、効果的な範囲で行動ができればそれだけで十分「優秀」なのであり、これは唯一歴史的なコンテクストの中でしか計測することができないのだ。では軍隊というのはどれだけ優秀である必要があるのだろうか？　結局のところ、どのような軍隊でも戦略家全員から高い評価を受けることがないのは、そもそもこの評価というものが敵味方の双方に対して

（もちろん細かいところでは差が出てくるだろうが）下されるからだ。やや主張しづらいことだが、戦争というのはその定義からして「決闘」なのであり、自分たちが戦う際には必ずしも優秀である必要は（もちろん優秀であることを目指してもいいのだが）ない。つまり、ギリギリでもよいから勝つことができさえすれば良く、少なくとも負けなければ良いのだ。優秀さが求められているのは、不測の状況に十分に適応することができる能力の方である。

本項の議論をまとめる引用句は、本項の格言の基本的な考え方が現代にも通じることをよく表している。一九七三年と一九八二年の戦いにおけるいくつかの反証があるにもかかわらず、イスラエル国防軍（ＩＤＦ）の優秀さは世界的に高い評価を得ていた。ところが、二〇〇六年のレバノン南部における戦果は、その評価が少なくとも現在においてはイスラエル側に完全に有利に働いているわけではないことをハッキリと見せたのだ。

次項の格言25では、「軍事力の優秀さが戦略においてどれほどの有効性を持つものなのか」という点について議論する。

> 百戦錬磨のヘズボラのゲリラ戦士たちは予想以上の強烈な抵抗を見せ、イスラエルの部隊をレバノン最南部の丘や谷で釘付けにし、イスラエル政府が公式に掲げていた目標を何一つ実現させせなかった。
>
> ニコラス・ブランドフォード（Nicholas Blandford）二〇〇六年[*4]

＊1 Machiavelli, *The Art of War*, 21.

＊２ Dennis E. Showalter, "Military Innovation and the Whig Perspective of History," in Harold R. Winton and David R. Mets, eds., *The Challenge of Change: Military Institutions and New Realities, 1918-1941* (Lincoln, NE: University of Nebraska Press, 2003), p.229.

＊３ Rupert Smith, *The Utility of Force: The Art of War in the Modern World* (London: Allen Lane, 2005).

＊４ Nicholas Blandford, "Defiant Hezbollah chief returns for `victory rally'," *The Times* (London), (September 23, 2006), p.52.

格言25

軍事面での優秀さも戦略の成功を保証できるわけではない

多くのヨーロッパ人と違い、アメリカ人は戦争をクラウゼヴィッツの言うような「交渉のプロセスの一部」ではなく、むしろ「**交渉に代わる手段**」として考えている。彼らの戦争についての考え方は、戦闘や作戦に勝つことから軍事的勝利を戦略的成功につなげるという地道な作業へと広がることはほとんどないのであり、「(実際の)戦争のやり方」よりも、むしろ「**戦闘**のやり方」と言ったほうが正しい。あいにくだが、アメリカの「戦闘のやり方」は、まだ「戦争のやり方」へと成熟してはいないのだ。

アントゥリオ・エチェヴァリア二世 (Antulio J. Echevarria II)、二〇〇四年[*1]

本項の格言は、「軍事面での優秀さ」と「戦略面での優秀さ」は同じ意味ではないことを主張している。この格言は、「軍事行動」と「戦略の結果」が交わる、困難に満ちた領域のことを説いているのだ。この格言に価値があるとすれば、それは特に政策家と軍人に対して「戦闘というのは戦争の遂行と結果が形をなして作られる原材料でしかない」ということを思い起こさせる点にある。もちろん戦闘は決定的に重要だが、それでもそれ自体には何の政治的な意味はないのだ。戦闘における軍事行動と政策の目的の間には、理論家である私が「戦略の橋」（the strategy bridge）と呼ぶものが存在するのであり、またはそれを存在させるべきなのだ。もしこの橋が存在しなかったりほとんど修復されないままだと、政治と戦闘はほぼ確実に断絶してしまう。

本項の格言が取り扱っているのは「軍事面での優秀さ」ではなく、「戦略」である。前者については次の格言26で取り扱っている。戦略というのは、多くの人々にとって理解するのが難しいように、そもそも上手く実行すること自体がかなり難しいものだ。ほとんどの人は戦略が重要であることには賛成するのだが、そこから先はそれを認めただけで沈黙してしまうことが多い。政治と政策の意味や性格というのは、様々な形をとる戦闘行為と同様に、容易に理解できるものだ。また、あらゆる形の戦闘が戦術の範囲に属することを理解するのはかなり簡単だ。ところがこれが作戦レベルになると、軍事的なことを別のものに変換するための判断が含まれてくるために、理解することがやや難しくなる。特に作戦レベルでのスキル（もしくはアートとよく呼ばれるもの）では、広範囲にわたる軍事目標を達成するために戦闘を計画して実行しなければならないことが多い。作戦というのは「大規模な軍事作戦」（会戦・キャンペーン）のことであり、その作戦の成功を得るために大小の戦闘を使うことなのだ。[*2]

本項の格言は、軍事作戦よりも上のレベル、つまり戦略レベルのことを述べている。戦略家というのは「敵を倒す」という目的を推進するために、作戦レベルにおける軍事的成果を計画して使わなければならない。戦略家にとっての（戦術・作戦レベルの両方の）「戦闘」というのは、厳密に言えば、単なる機能的な役割を持つものだ。これは次項でも説明しているように、戦闘の重要性の価値を下げるものではない。むしろこれは、（できれば政治的成功を推進するような）戦略の成功というものが、戦闘能力によってもたらされる不動の結果ではないことを再確認するものなのだ。

本項の格言が示している全ての意味を理解するためには、まず結果論的な心構えを発展させるか、それを獲得する必要があるといえる。戦略では結果が全てなのだ。そもそも戦略を上手く実行するのが困難な理由もそこにあるのであり、いくつかの国々が戦略を実行すること自体を苦手としているように見える理由もこの点にある。戦略家にとって最良の友となるのは「だから何なのだ？」（So what?）という質問である。戦いを行っている軍隊というのは、往々にして自分たちの好む形や、運が良ければ自分たちの得意な形で戦うことができる場合がある。ところが、作戦（もしくは大規模軍事作戦）レベルの指揮が劣っていたり、その上の戦略レベルからの指令が欠如していたりあいまいなものだったりした場合は、戦闘そのものが無駄な努力に終わってしまうのだ。本項の重要性のカギを握るのは、「戦闘における優秀さ」と「戦略面での利益」との間には実質的に一定の比率でのつながりがあるわけではない、ということだ。なぜならいくら戦闘で有利でも、それが必然的に戦略的な成果をもたらしてくれるわけではないからだ。

本項の格言の重要性はこれ以上ないほど高い。結局のところ、この格言は戦闘における行動というものが「戦略は戦争全体の成功にとって致命的に重要である」としっかりと認められて適切に誘導されないと軍事面での優秀さも無駄になってしまう可能性がある、ということを主張しているのだ。常に行わなければならないように、我々はここでクラウゼヴィッツの有名な議論を振り返る必要がある。『戦争論』では、「およそ政治家や最高司令官の下す判断のうちで最も重要な判断は、自分たちが行おうとしている戦争を（その動機や状況によって変化する政策の要求から）正確に見極めることであり、状況の性質上ありえないことを望んだり押し付けたりしないことである」とアドバイスしている。[*3] その少し前の部分では、クラウゼヴィッツは「政治的目標――これは戦争を開始した根本的な動機なのだが――というのは、軍事的に達成させられるべき目標とそれに必要とされる努力の、両方を決定する」と論じている。[*4] 彼はさらに、「(抽象的な論理の世界ではなく) 歴史的な現実を見ると、政策と軍事面での努力の間の関係はかなり変化しやすいものである」と説明している。たとえば世論の圧力が高まることによって、彼らが当初の政治的動機が保証していたことよりもさらに激しい戦いを要求される場合もあるからだ。

このクラウゼヴィッツの指摘が我々に教えているのは、戦略の性格と中身の正確な由来である。簡潔にいえば、戦略は「取り組もうとしている戦争のタイプ」にマッチさせる必要があるのだ。これはつまり、いくら飛び抜けた能力を持つ軍隊でも、あらゆる状況と種類の戦争において常に優秀でいられるはずがないことを意味する。軍事面での優秀さというのは、完全に包括的なものとはならないのだ。この格言の意味をさらにわかりやすく示してくれるのは、近代のドイツとアメリカの戦略面での経験である。この二国はお互いに戦略的に特に輝きを放っていたわけではなかったが、少なくとも短期的には国際的に見ても軍事面での優秀さを保っていたと言える。

プロシアとドイツ帝国、そしてナチス・ドイツというのは、その「地理」と比較的少ないとされる「資源」のために、戦争における戦略のレベルを完全に無視してきた。そのため、急速な戦術展開によって短期決戦で軍事的勝利を得るというのは伝統的なドイツの戦争のやり方となったのだ。[*5]「オペレーショナル・アート」(Operational　Art　:作戦レベルの戦い) は、敵軍を殲滅することによって勝利し、これが必然的に戦争の終結をもたらす、という想定を元にしていた。ところが重要な作戦レベルのコンセプトが全て間違っていたために（そしてこれは戦術的、もしくは兵站・補給面で失敗する可能性があるのだが）、プロシア・ドイツは大きなトラブルを抱え込むことになったのだ。ここで抽象的に述べた状況というのは、実はドイツ軍が一九一四年のフランスと一九四一年のロシアに対して実際に体験したことなのだ。[*6]

それとは逆に、アメリカが戦略的に活躍できなかった理由は、何度も素晴らしい輝きを見せたドイツとは全く正反対のところにあったと言える。ドイツは地理的にヨーロッパの中央に位置しており、周辺の敵国と比べても資源は乏しかった。ところがそれとは対照的に、アメリカは地理的に安全が確保――少なくとも長距離ミサイルとテロリストによる攻撃を除けば――されており、あらゆる戦いを行うための資源は豊富にあるのだ。ところがここ数十年間で明らかになったのは、アメリカの戦略の実行力は物資が豊富にありすぎることや、その逆のドイツのケースと同じように、資源の欠乏によっても弱まるということだ。アメリカは金持ち的な戦い方をしており、このやり方の特徴は、火力やあらゆる種類の高価な機械、そして兵站・後方面の充実などにある。ところが、恐ろしく効果的なアメリカの殺人部隊が火力と機械をほとんど使えないような戦争にはまりこんでしまうと、戦略的に負ける公算が高くなるのだ。

アメリカは、自分たちの好む形の戦い方では軍事的に優秀だが、敵が仕掛けてくる戦いでは活躍できないような戦争を、過去四十年間のうちに三度ほど行っている。一九六五年から一九七三年まで行われたベトナム、そして二〇〇一年から現在まで続くアフガニスタン、そして二〇〇三年から現在まで続くイラクでの戦いがそれである。アメリカのような経済的に豊かな国というのは、概して「圧倒的な数の正規部隊を使って達成できる戦闘上の勝利は、どのような政策的要求にでも応えることができる」という間違った考え方をしやすいのだ。たしかにこのような形をとれば戦略的に考える必要はなく、戦闘に勝って決定的な戦略的効果を挙げればいいだけになる。つまり、これは「プランＡ」（最初の計画）である。ところが、一九一四年のシュリーフェン計画と一九四一年のバルバロッサ計画を行ったドイツに共通するように、「プランＡ」が失敗してしまえば、それを緊急に補うことができる「プランＢ」（失敗した場合の次の計画）は存在しないことになるのだ。

本項の格言が意味しているのは、最近流行の言葉にあるように、軍隊というものは「目的に適合」（**fit for purpose**）する必要があるということだ。軍隊というのは広範囲にわたる戦略的な挑戦から生まれる要求に対して、様々な目的に十分対応できなければならないのだ。軍事面での優秀さというのは、常にその信奉者を自己中心的な誤りに導いてしまう危険がある。「優秀さ」というアイディアも、前後の文脈（コンテクスト）についての言及がなければ全く無意味だからだ。

> フランスは戦略のリーダーシップやその他の問題を、（自国が王政時代に七年戦争で見せた戦略面での無能さに対する怒りも原因の一つとなった）革命によって解決しようとした。ところが逆説的な結果として、フランスはその後にヨーロッパのほとんどの国々と二十二年間にわたる戦いを行い、しかも戦術的な天才と戦略的な狂気を具現化した、独裁制の代表的な人物であるナポレオンを生み出したのだ。
>
> マグレガー・ノックス（MacGregor Knox）、一九九四年[*7]

＊１ Antulio J. Echevarria II, *Toward an American Way of War* (Carlisle, PA: Strategic Studies

Institute, U.S. Army War College, March 2004), p.v (emphasis in the original).
＊2 See Edward N. Luttwak, *Strategy: The Logic of War and Peace*, rev. ed. (Cambridge, MA: The Belknap Press of Harvard University Press, 2001), Ch. 7.
＊3 Clausewitz, *On War*, p.88. ［クラウゼヴィッツ『戦争論』］
＊4 Ibid., p.81.
＊5 See Robert M. Citino, *The German Way of War: From the Thirty Years' War to the Third Reich* (Lawrence, KS: University Press of Kansas, 2005).
＊6 一九一四年の場合には Hew Strachan, *The First World War, vol I: To Arms* (Oxford: Oxford University Press, 2001), Ch. 3; and David Stevenson, *Cataclysm: The First World War as Political Tragedy* (New York: Basic Books, 2004), Ch. 2.を参照のこと。一九四一年の場合については Horst Boog and others, *Germany and the Second World War, Vol. 4: The Attack on the Soviet Union* (Oxford: Clarendon Press, 1998); and Evan Mawdsley, *Thunder in the East: The Nazi-Soviet War, 1941-1945* (London: Hodder Arnold, 2005), Part 1.を参照。
＊7 MacGregor Knox, "Conclusion: Continuity and Revolution in the Making of Strategy," in Williamson Murray, Knox, and Alvin Bernstein, eds., *The Making of Strategy: Rulers, States, and War* (Cambridge: Cambridge University Press, 1994), p.616. ［ウィリアムソン・マーレー、マグレガー・ノックス、アルヴィン・バーンスタイン編、石津朋之・永末聡監訳『戦略の形成―支配者、国家、戦争』上・下巻、中央公論新社、二〇〇七年］

格言26

戦闘での勝利は戦略的・政治的な成功に必ずしもつながるわけではないが、戦略・政治面での敗北は確実に失敗につながる

平和が長く続くと、軍事組織は「戦争を遂行する」という自分たちの最も重要な任務を忘れてしまいがちになる。

ウィリアムソン・マーレー＆マグレガー・ノックス（Williamson Murray and MacGregor Knox）、二〇〇一年[*1]

本項の格言は、現代の世界的状況から考えればかなり重要なものだと言える。なぜなら、あまりにも多くの格言が戦闘行為につきまとう政治的な面ばかりを強調しているため、逆に軍隊の本質的な活動の性質を不当に見失ってしまう危険が出てくるからだ。クラウゼヴィッツの言うように、「**つまり戦争とは、敵を自分たちの意志に屈服させるための暴力行為**」なのだ。[*2]たしかに、クラウゼヴィッツは戦争において政治的な目的が優先することを主張しているのだが、それでも軍事行動に特有のダイナミクスには適切な敬意を払っている。たとえば彼は、政治的な目的が「(戦争を遂行する上で）最

高に重要なものであり続ける」と強調した後に、

> それでもこれは、政治的な目的が専制的な存在になり得るというわけではない。政治的な目的というのはあくまでも手段の性質に従わねばならず、この従わせるというプロセスによってそれ（つまり政治目的！）が劇的に変化することもあるのだ。いずれにせよ、政治的な目的が第一に考慮されなければならないものであることには変わりない。したがって政策というのは全ての軍事行動に浸透していくのであり、**それが軍事行動の暴発的な面を抑えていられる限りは**軍事行動に継続的な影響を持つことになるのだ。[*3]

と述べている。

もう一つの例としては、クラウゼヴィッツがある有名な文の中で、「政策の論理《ロジック》」と、「戦闘行為」に備わっている独特な性質と性格を、「それは確かにそれが持つ〈文法《グラマー》〉なのかも知れないが、その〈論理《ロジック》〉ではない」という言葉で対比させていることが挙げられる。[*4] この時のクラウゼヴィッツは、自ら出した質問、つまり「戦争というのは、もしかするとただ単に彼ら（人民と政府）の考え方のもう一つ別の表現であり、演説や書いたものの代わりの表現方法なのでは？」という質問に対して答えるという形をとっていたのだ。本項の議論のためには、戦争を動かすべき「政治的な論理《ロジック》」よりも、この理論家の巨匠が「戦争の文法《グラマー》」と呼んでいたものに注目する必要がある。

本項の格言には、すでに分かりきっていることよりもさらに多くの説明と議論が必要になる。たとえばこの格言は、非対称な相手同士の対決という事情から「軍事的な勝利というものがほとんど存在せず、しかも勝利そのものに意味がない」と見える非正規な種類の戦争の存在を指摘する人々によって、批判にさらされることにもなる。たとえば、アメリカの陸軍は「我々はベトナム戦争での戦術レベルの戦いでは一度も負けたことがない」という論争を巻き起こす主張を堂々と行っていた。彼らは不満ながらも、実際の戦闘行為のレベルでは少なくとも戦争には勝っていたということを主張しそうな勢いだったのだ。以下はハリー・サマーズ元大佐（Colonel Harry G. Summers, Jr.）と当時の米軍の交渉団の代表、そして北ベトナムの派遣団代表のトゥー大佐（Colonel Tu）との間で一九七五年四月二十五日に交わされた、注目すべきやりとりである。

アメリカの大佐は「君たちは戦場で我々に勝てないことを分かっているはずだ」と言った。北ベトナムの大佐はこの言葉についてじっくり考えた後に、「たしかにそうかも知れない。でもそれは戦争全体にはあまり関係のないことだ。」と答えたのだ。

ここで交わされている言葉は、サマーズが書いた、賞賛されつつ異論も多いベトナムにおける米軍の活動についての研究書である『戦略論』（*On Strategy*）という本の中の、「戦術的勝利、戦略的敗北」という題名がつけられた最初の章の扉にあるものだ。[*5] トゥー大佐の指摘は確かに正しい。勝利と敗北というのは、非正規戦においては正規戦の場合と別の意味を持つことになるのだ。彼のコメントは、毛沢東の格言の正しさを再確認することにもなっている。

ゲリラ戦の戦略というのは伝統的な作戦とは明らかに異なるものだ。前者における基本的な戦術は、常に一定した活動と動きによって構成されている。そもそもゲリラ戦では決戦というものは存在しないのだ。[*6]

本項の格言はベトナムの実例とは矛盾しているように見える。ところが実はそうではない。たしかに、非正規戦で軍事的に決着するということはほとんどない。なぜならこのような戦いでは、本当の戦場を構成している一般市民からの支持と共に、政治的な意志と忍耐力が競われるものだからだ。ベトナム、アフガニスタン、そしてイラクのような外国による軍事介入のケースでは、この政治的な「戦場」には、介入された国の地元民の支持の他に、介入している国側の国民たちの理解というものが含まれてくるのだ。後者について言えば、戦いの流れというのは国民からの支持の高さに大きな影響を与えることにもなる。特にこれは犠牲者に関しては顕著に現れる。本項の格言は、政治面での優位を否定しようとするものではなく（それを否定しようとする努力がそもそも無駄なのだが）、それとは逆に、あらゆる戦闘の重要性をあまりにも簡単に否定するような意見に反論するものなのだ。「非正規戦が政治面での忍耐力を競うものであり、戦術レベルでの活躍は実質的に無関係である」という意見は間違っており、むしろ我々は「正しいとは言い切れない」と言うべきかも知れない。

「非正規戦は戦術面では決着がつかず、本当の勝負は戦う者同士の忍耐力の差で決まる」というのは普遍的な真理である。しかし、そこから拡大解釈して「実際の戦闘の結果は全く重要ではない」と主張するのは間違いだ。たしかにベトナムの例のように、戦術的に失敗を続けても戦争に勝つことができるケースもある。しかしこのような例外的なケースは、普遍的な原理・原則とはならないのだ。実際のところ、軍隊、特にゲリラ部隊などが戦場で負け続けると確実に士気の喪失につながるし、またそれは経験豊富な将校や武器などを失うことにもつながる。それ以上に、人々はゲリラ側が負け続けると、彼らのことを「負け犬」であると見なすようになってしまうのだ。人々というのは戦略史の鉄則、（実際の、もしくは確実にそうなりそうな）勝者の側に流れやすくなるというのは戦略史の鉄則だ。さらに加えて、正規の軍隊でも士気を維持することが重要であることはこれ以上強調する必要もないだろう。それでも、これらのことは本項の格言の前半にある「戦闘での勝利は戦略的・政治的な成功に必ずしもつながるわけではない」という部分の正しさを全く否定するものではない。

このように複雑で議論を巻き起こす格言がここに収められた理由は、実務経験のない戦略家たち(armchair strategists)やその他の人間たちが、理論に走りすぎてまともな考え方ができなくなってしまうということが多いからだ。かく言う私にも全く同じような経験があり、回数は少ないが、何度か本気で後悔したことがある。戦争というのは政治的な手段の一つであり、戦闘の遂行は政治的な考慮によって隅々まで満たされていなければならないため、実際の戦闘や戦術的な行動などの役割を本来の重要性よりも遥かに低くしてしまいがちだ。古来から伝わる戦争についての教訓には、「戦う者同士が血と財産と戦場でのスキルをかけて争っても、彼らが本当に獲得できるのは政治的なものだけだ」というものがある。本書では、歴史的にも支持されているこの格言が正式に紹介されているわけではないが、そうするべきだったのかも知れない。またこれとは全く逆の意見で、「国家は戦争に勝ってもその後の平和で負けることがある」というものもある。第一次世界大戦後のフランスは、自分たちがまさにこのような政治的・戦略的状況にあったと考えていたのであり、彼らがこう考えても無理はないと言える。また、イギリスも一九四五年の大勝利で国家的敗北を認めざるを得なかったという点では一緒だ。ところがこの二つの例も、軍事的勝利や敗北が何も結果を生み出さなかったというケースに当てはまるわけではないのだ。フランスが第一次世界大戦で負けることが許されなかったように、イギリスもナチス・ドイツには敗北するわけにはいかなかったからだ。

本項の格言は、「戦争は政治の一つの手段である」という強力な真実に対する警句というよりも、むしろそれを拡大したものであると理解できよう。正規戦では軍事的な敗北は確実に政治的な失敗につながる。ところが、エジプトが一九七三年に自らの負けを利用して、最終的には自分たちの有利につながった外交活動を開始したような例外も確かに存在するのだ。普通は軍事活動で決着のつかない非正規戦でも、戦術面での敗北が続けば軍事面や政治面での結果に深刻な悪影響を与えることになりやすい。簡潔に言えば、軍事面での負けは深刻である。そしてこれを認めずに戦略を考えるのは不謹慎で危険であり、ほぼ確実に間違った判断なのだ。確かに本項の格言のメッセージに反するような実例も存在するし、非正規戦と正規戦はその条件や働きの点でも大きく違うものだが、それでもこれが戦術レベルの無関心につながるようなことがあってはならない。軍事的敗北というのは本当に深刻なものだからだ。

アガメムノン王は「私の高貴なメネラオスよ、戦術だ。そなたと私がいま必要としているのはまさにこれであり、それに悪賢い戦術もだ」と歯切れ良く答えた。

ホメロス（Homer）、紀元前八〇〇年頃[*7]

＊1 Williamson Murray and MacGregor Knox, "Conclusion: the Future Behind Us," in Knox and Murray, eds., *The Dynamics of Military Revolution, 1300-2050* (Cambridge: Cambridge University

Press, 2001), p.191n51.〔マーレー、ノックス『軍事革命とＲＭＡの戦略史』〕

＊２ Clausewitz, *On War*, p.75 (emphasis in the original).〔クラウゼヴィッツ『戦争論』〕

＊３ Ibid., p.87 (emphasis added).

＊４ Ibid., p.605.

＊５ Harry G. Summers, Jr., *On Strategy: A Critical Analysis of the Vietnam War* (Novato, CA: Presidio Press, 1982), p.1.

＊６ Mao Tse-tung, *On Guerrilla Warfare*, translated by Samuel B. Griffith (New York: Frederick A. Praeger, 1962), p.52.〔毛沢東著、藤田敬一・吉田富夫訳『遊撃戦論』中央公論新社、二〇〇一年〕

＊７ Homer, *The Iliad*, translated by Robert Fagles (New York: Penguin Books, 1991), pp.277-278.〔ホメロス著、松平千秋訳『イリアス』上・下巻、岩波書店、一九九二年〕

格言27

戦争で大切なのは火力だけではないし、敵は単なる標的のまとまりではない

敵を単なる標的のまとまりとして見るのは根本的な間違いだ。戦争の中の敵というのは、人間の集団なのだ。その内の何人かは殺されるのであり、捕らえられたり隠れたりしなければならなくなるような人も出てくる。ところが我々はその大多数の人々を説得しなければならない。つまり彼らはただ単にアメリカのパワーの前にショックを受けてひれ伏すのではなく、アメリカが求めるような政策を追求するように説得されなければならないのだ。

フレデリック・ケーガン（Frederick W. Kagan）、二〇〇三年[*1]

本項の格言には、少なくとも戦略の真理が四つ含まれている。一つ目は、還元主義の間違いを警告するということであり、ここでは戦争の行為を火力の応用の話だけにしてしまうということだ。二つ目は、戦闘行為におけるテクノロジー面での批判を暗示している。三つ目は、戦争での火力の働きにも限界があることを示している。そして四つ目は、敵のことを「単なる高性能爆弾の運搬先」という

考え以外の捉え方で理解して戦う必要があるということだ。このシンプルな格言は、シンプルであるが故に、戦略家にとっては重く多面的なメッセージを伝えている。

やや話を元に戻すが、本項の格言の本当の意味と本書の中に収録された理由は簡単に説明できる。（戦争全体についての見方と混同されていることが多い）戦闘行為についての見方の中には、戦闘行為と戦争の両方を「火力」と同等視してしまうものもあるのだが、このような見方では敵とその資産《アセット》（インフラなど）を、非人間化した標的のまとまりとして見なしがちなのだ。このような見方は「アメリカの戦争方法」（American way of warfare）と呼ばれているものの中では長年にわたって支配的である。[*2] これは人間よりもマシーンを重視する見方であり、テクノロジーの利用を通じて敵の被害を最大化しつつも自分たちの犠牲は最小化することを目指しており、関係のない第三者の受ける副次的被害はどうしても避けることのできないものであることを容認するものだ。つまり、戦場では大量のテクノロジー、特にあらゆる種類の火力が物を言うことになる。このような見方の起源はアメリカの十九世紀の戦略状況にまで遡ることができるが、さらに最近では戦略エアパワーの理論の中にも明らかに見ることができる。アメリカはエアパワーでは世界一であり、その肩書きにもれず、エアパワーは米軍の能力の最先端をいくものなのだ。[*3] では、空軍の軍人たちの戦略的世界観はどういうものなのかと言うと、彼・彼女たちは世界を実質的にダーツボードのように見ているのだ。結局のところ、エアパワーの主な機能というのは、（空での自由な行動が確保できれば）地上や海にある、人や物体の上に物を落とすことなのだ。この「人と物」というのは、厳密に言えば標的（ターゲット）である。標的には表情はなく、意志も持たず、あまりに遠くにあるために全く見えないこともある。最も偉大なエアパワーの理論家であるイタリア人のジウリオ・ドゥーエ（Giulio Douhet）将軍は、以下の文章で核心に迫ったことを書いている。

実際のところ、航空機を使った戦いで最も困難で細心の注意を要するのは、破壊する目標の選択や地域の区別、そしてその順番の決定などであり、これは「航空戦略」(aerial strategy)と定義されるようなものを構成している。[*4]

たしかに、標的を選択して破壊する順番を決定するのは困難で細心の注意を要するのかも知れないが、それでもこれは戦争の本当の複雑さをかなり単純化したものである。

本項の格言は、戦争という混乱した血みどろな行いを一つの科学に還元しようとする姿勢を批判している。もし破壊したり損害を与えた標的を、戦略的、そして政治的な結果へとしっかりと関連づけることができれば、我々はたしかに戦争の「アート」を戦争の「科学」(サイエンス)へと変化させることができるかも知れない。そして、勝利のためにはどのような損害を与えれば良いのかを見つけることができれば、出撃の回数や損害を与えるために必要な兵器の重さや性質も分かるのだ。こうなると、ほぼ全ての戦争の乱雑な不確実性は消滅することになる。もちろん言うまでもないことだが、このような考え方はほとんどナンセンスである。しかしこれはエアパワーによる勝利を本気で信じている人々の考え方の中に、多かれ少なかれ明確に染み込んでいるものなのだ。

戦いで火力を重要視するアプローチでは、敵の文化と政治に関心を持つことはない。第二次世界大戦から今日に至るまで、戦闘行為や戦略として伝わるものを、実質的に爆撃照準機や発射する大砲の側から見てきた人々というのは、マシーンによる死と破壊が持つ効果についておよそ不可解なくらいの信仰を持っているのだ。「爆弾被害評価」(bomb damage assessment: BDA)を計算したり推測することは可能だし、頭脳明晰で科学的思考気取りの人は破壊または無力化された敵の標的の確率や価値を喜んで計算するだろう。しかし、勇気ある人は「それが一体どういう意味を持つの?」(So what?)と聞くことになる。敵の反抗心は被害が増える割合と共に減少するのだろうか? 破壊されたり、もしくは損害を受けた標的と、戦略的効果の間には、実際にどのようなつながりがあるのだろうか? そして常に存在するのは「**戦争における究極の決定権は、銃を持ってその場(戦場・現場)に立っている男が持つ**。この男は戦争における決定力であり、彼こそが支配力だ」というJ・C・ワイリー(J.C. Wylie)の説得力ある主張にも見られるような、火力理論による勝利の法則に常につきまとう疑いなのだ。[*5]

本項の格言は、特に火力のことを話題にしているが、実は大きく言えば、テクノロジー全般に目を向けるように述べているといえる。このような注目がなされる理由には、たしかに米軍の機械信仰がいまだに強く続いていることがあるのだが、それよりも重要なのは、米軍が現在までのグローバルな戦略史の中で最も目立つ存在だからだ。六十五年前には本項の格言と似たようなものが主にドイツを念頭において書かれていた可能性もある。この場合に注目されていたはずの還元主義による誤りは、なんといっても機動作戦(operational maneuver)への過剰な信仰であろう。一九四一年のモスクワ、一九四二年のスターリングラード、そして一九四三年のクルスクの例で判明したのは、陸上戦において機動作戦を勝利の理論とするには限界があるということだ。

全ての格言は知的に解釈されるべきものである。本項の格言は、火力そのものを批判しているわけではないし、逆にそうすることは馬鹿げている。戦闘行為の全ては、火力、機動作戦、そしてショックの組み合わせを巧みに画策することにある。だからこそ本項の格言はあまりにも火力に頼りすぎる戦い方には批判的なのだ。もっと大きな視点から言えば、新しい機械を受け入れてばかりいる戦い方というのは怪しいことになる。国家社会というのは軍事組織を発展させ、そこに独自の文化を染み込ませていくものなのだ。アメリカというのは、その市民がほぼ生まれた瞬間から機械を自分たちのために働かせることに慣れているハイテク社会である。ここでは「道具の法則」(the law of the instrument) が当てはまる。つまり、アメリカの軍人はテクノロジーがその場の問題に合った性格のものかどうかは関係なく、とにかく使えるものであれば何でも使ってしまうのだ。同じような理由から、「ハイテク兵器を備えたハイテク社会は、必然的にハイテクを使った戦いが上手いはずだ」と思い込んでいる。

ここでの問題は、「敵に大量の火力をいかに正確にすばやく届けても、全ての戦争や紛争に勝利できるわけではない」ということだ。たとえば、紛争には非正規な形のものも存在するのであり、この場合は最大限の火力ではなく、最小限の武力のほうが効果も上がるのだ。もし我々が第三次世界大戦でドイツ北部やポーランドにあるワルシャワ条約機構の機甲部隊をつぶそうと思うのなら、第三者である周囲の人々の行動に関心を払わなくてもよいかも知れない。しかし、敵がイラクやアフガニスタンにいる神出鬼没のゲリラ戦士・テロリストであった場合、我々はまさにその周囲の第三者たち行動をめぐって戦うことになるのだ。

(ベトナム戦争では) 朝鮮戦争や第二次世界大戦でも見られたような火力の大量使用こそが、味方の犠牲者を最小限に抑えつつ敵を倒すための最も効果的な方法であると考えられていた。大規模な（対ゲリラ）掃討作戦は敵を探すことを狙って実行されたのだが、ゲリラの居場所が判明してから歩兵隊がその作業を代わる間に、大量の火力支援によって反乱軍を破壊することが狙われていた。これについてドゥピュイ将軍（General Dupuy）は、「もしあなたがベトナムで何が起こっていたのかを分析したいのなら、歩兵隊が敵を見つけ、砲兵と飛行部隊が敵を殺したと言えばいいのだ」と書いている。ウェストモーランド将軍（General Westmoreland）はある報道会見で「反乱軍に対する解決法は何か」と聞かれて、「火力だ」とたった一言で答えている。

アンドリュー・クレピネヴィッチ（Andrew F. Krepinevich, Jr.）、一九八六年[*6]

＊1 Frederick W. Kagan, "War and Aftermath," *Policy Review* no.120 (August-September 2003): p.27.

＊2 See Russell F. Weigley, *The American Way of War: A History of United States Military Strategy and Policy* (New York: Macmillan, 1973); and Anthony D. Mc Ivor, ed., *Rethinking the Principles of War* (Annapolis, MD: Naval Institute Press, 2005), Part 1.

＊3 See Eliot A. Cohen, "The Mystique of U.S. Air Power," *Foreign Affairs* 73 (January/February 1994), pp.109-124.

＊4 Giulio Douhet, *The Command of the Air* (New York: Arno Press, 1972), p.50.〔瀬井勝公著、戦略研究学会編『戦略論大系⑥ドゥーエ』芙蓉書房出版、二〇〇二年〕

＊5 J. C. Wylie, *Military Strategy: A General Theory of Power* Control (Annapolis, MD: Naval Institute Press, 1989), p.72 (emphasis in the original).〔ワイリー『戦略論の原点』〕

＊6 Andrew F. Krepinevich, Jr., *The Army and Vietnam* (Baltimore: The Johns Hopkins University Press, 1986), p.197.

格言28

ロジスティクスは戦略的チャンスの裁決者である

素人《しろうと》は戦略を学び、プロはロジスティクスを学ぶ。

オマー・ブラッドレー（Omar Bradley）、一八九三～一九八一年[*1]

ロジスティクス（兵站・後方）とは、軍隊への供給と移動に関する科学《サイエンス》であり、戦略を考える上で避けることはできないものだ。ロジスティクスは軍隊を「戦える状態」にしたり、必要であればその逆に「戦いを避ける状態」にさせるものだ。本項の格言に誇張はない。軍隊の指揮官というのは、時代や戦いの種類に関係なく、戦略的チャンスを掴むためには常に戦闘部隊を動かして補給する必要があったのであり、これはまぎれもない事実である。いくら素晴らしい戦略計画があったとしても、実際の部隊が物理的に実行できなければ、それは素晴らしくもなんともないのだ。たしかに軍内部の士気というのはロジスティクスよりも重要であるが、ロジスティクス面での無力や不運は、兵士の士気や規律に悪影響を与えかねない。本項の格言は、「ロジスティクス面での実行力は、戦略的チャンスが本物のチャンスになるかどうかを（ほとんどの場合）決定することができる」という全く地味な主張をしている。戦略というのはあくまでも実践的なビジネスだ。軍の司令官たちの作戦計画（特に戦略計画）も致命的に重要なのだが、同時に彼らの運命は、その計画が「どこまで実践的なものであるか」という点に全てがかかっているのだ。また、ロジスティクスは戦いの実践面の核心に存在するものだ。ロジスティクス面で不可能なことは、つまり戦略的にも不可能であることになる。しかし、このような常識的でまさに必然的な真実も、そこにはまだまだ議論の余地があることを見えにくくしてしまっている。

ロジスティクスの実行可能性の分析は、本物の科学《サイエンス》となり得るのだろうか？　腹を空かせた兵士は、闘志や単なる希望と必死な心から生まれてくる勇気を、カロリーに変えることができないものなのだろうか？　さらに言えば、能力が高く強い軍隊というのは、その場で機転が効かせる（科学ではなく）アート（術）を会得しているものではないのだろうか？　簡潔に言えば、「ロジスティクスの分析が戦略的な問題に最終的な答えを出す」という主張は誤解を招くものではないだろうか？　では、歴史の中にはロジスティクスの科学《サイエンス》のおかげで、広範囲にわたる（敵味方双方の）最善の妥協（講和条約）を導きだすことができた実例があるのだろうか？　これらの疑問はかなり重要であり、戦いの中のロジスティクスにはもっと大きなアプローチが必要であることを示している。とにかく、本項の格言はその文言通り、全く疑いのない真実である。本項でもこれから見ていくことになるが、ロジスティクスそのものやそれを実行する人々を軽蔑する人は、かなり深刻な悲劇に見舞われているのだ。

ロジスティクスのように、本当に広範囲に広がる物理的な領域を考える場合、特に便利なのはロジスティクス面での失敗を「小規模なもの」と「大規模なもの」に区別することだ。前者は、あらゆる時代のあらゆる軍隊の中で発生している。通常の軍隊はロジスティクス専門の担当者を訓練するものだし、その反対に非正規軍にも独学の担当者がいて、彼らは代用品や節約を組み合わせることによってロジスティクスの問題に対処するのだ。このような難しさは、まさにクラウゼヴィッツの「摩擦」という概念が示している困難な分野の中心にあるものだ。しかし、(ロジスティクス面での)もう一つの失敗には、大規模な軍事作戦の全体や、さらには戦争全体の実行性に対して脅威を及ぼす規模のものが存在する。これが発生した場合、失敗の規模とそこで発生する軍事面での制約があまりにも大きいために、専門家たちによる魔術的な働きや末端の部隊の節約によっても、それを補うことはできなくなるのだ。つまり、その場での機転を利かせた間に合わせにも限界があるのであり、私もこれは戦略史の中の例から見ても正しいと思っている。ところがこれには別の見解もある。[*2]

ここで注意しておいていただきたいのは、本項の格言そのものは、ロジスティクスの順応性という問題に関しては(科学的な計算のように)極めて中立的な立場をとっているということだ。本項の格言が全く議論の余地のない形で確認しているのは、ロジスティクスとはあくまでも「軍隊を軍隊として機能させるようにするものである」ということだ。戦略史を紐解くと、ロジスティクスに対する軍事面での様々な行動が見て取れる。極端な例ではイギリスの陸軍元帥バーナード・ロー・モンゴメリー(Bernard Law Montgomery)や、アメリカのジョージ・マクレラン(George B. McClellan)のような、極端にリスクを恐れて物理的にあらゆる面での準備が整わないと動き出さないような人物が挙げられる。マクレランのケースでは、あまりにも大胆な動きをためらいすぎたために、引き分けとなったアンティータムの戦いの後の一八六二年十一月に解任されてしまったほどだ。マクレランは、局地的な成功を敵の壊滅的敗走までつなげることのできるようなリーダーではなかった。彼は組織作りや部隊の調練については抜群の才能を発揮したが、戦いを指揮する将軍としてはリスク(それがよく計算されたものでも）を恐れない頑固さと意欲に欠けていた。もう一方のモンゴメリーは、一九四一年九月のお粗末なアーネム計画（マーケット・ガーデン作戦）を奇妙なほど支持していたことを除けば、その指揮は欠点とも言えるほどかなり慎重であった。[*3] それでも彼は戦闘で一度も負けたことがないのであり、この原因の一端としては彼がドイツ軍の戦闘および作戦の技術を尊敬していたことがあり、また大きな原因としては人手の足りない英帝国軍になるべく物資の面では優位な状態で戦わせるように決心していたからだ。ここで一言触れておくべきなのは、モンゴメリーが一九一七年と一九一八年にハーバート・プラマー（Herbert Plumer）将軍の下で軍隊の経験を積んだということだろう。プラマーはイギリス派遣軍の中でも最も慎重な戦い方をする陸軍指揮官であり、強いて言えば、徹底してロジスティクスの通りに戦いを進めた人物だった。つまり、詳細な計画と物資面での優位を最大限に使うことによって、リスクを（それを消滅させたとは言えないが）最小限に抑えたのだ。

マクレランとモンゴメリーの例は（後者は軍事的に成功したのだが）、戦闘行為に対するロジスティクス的なアプローチに潜む病理をよくあらわしている。現在までの一五〇年間にわたって、英米のほとんどの指揮官たちはこのようなスタイルの戦い方を実戦で使ってきた。その理由の大部分は彼らの地理及び地政戦略的な事情にあるのだが、特にアメリカの場合はひとたび動員されれば資源を豊富に使うことができたことがその一因となっている。もし米英のリーダーたちがロジスティクス面でそれほど恵まれていなかったり、少なくとも組織的にロジスティクスを上手く運用できていなければ、彼らはそもそも戦うことができなかったはずだ。米英両国は、地理的な事情から軍を国外に派遣する必要があったのであり、しかもその多くは距離的にかなり離れた場所で行わなければならなかったのだ。つまり、米英の戦略家たちにとってまず最初に求められたのは、空間を制覇することだったのだ。

アメリカが独立戦争（The War of Independence：一七七五〜一七八三年）や南北戦争（the Civil War：一八六一〜一八六五年）、そして二〇〇年以上にわたる原住民に対する非正規戦など、自国の本土上で繰り広げてきた戦いでも、ロジスティクスはあらゆる作戦の計画を実行可能にする基礎を成していた。北米大陸の未開発な地勢状態とその広大な規模のおかげで、アメリカの将軍たちは敵と対処する前に、まずは地理と対処する必要があったのだ。地理もしくは自然というのは大概は軍隊にとって厳しいものであり、また敵のように勝手に間違いを犯してくれることは全く期待できない。たとえば、南北戦争に関する著名な歴史家の中には、「南北戦争ではロジスティクス、戦略、そして戦術という三つの戦争術の柱がそれぞれ決定的で相互関与的な役割を果たして来たのだが、これらの柱の相対的な重要性はほぼこの三つの順番の通りだったのだ」と論じている。[*4] 北軍の戦略はロジスティクスによって実行可能になっただけではなく（もちろんこれは必然的な真理なのだが）、むしろロジスティクスによって形成され、しかもそれに支配されていたと言っても過言ではない。一般的な見方からすれば、アメリカというのは長年にわたってあらゆる環境の中で長距離を越えて軍隊を移動（機動・投射）させることに慣れてきた、経済的にとても豊かな国である。したがって、「この国は自分達の得意とする有利な戦い方をしてきた」という主張も、かなり平凡だが間違いのない議論であろう。アメリカの戦争方法のトレードマークはロジスティクス面での優秀さであり、あまりにも優秀なために逆効果になることもあるほどだ。つまりロジスティクスでも「過ぎたるは及ばざるがごとし」ということわざが当てはまるのだ。

ヘンリー・エクレス（Henry E. Eccles）米海軍少将は「ロジスティクスの雪だるま」（logistic snowball）という、極端ではあるが本質をついた言葉を有名にしている。[*5] 彼の豊富な経験に基づく主張とは、「アメリカのような物資面で充実している軍隊では、ロジスティクス面での管理が適切に行われないと、逆に供給が坂を転がり落ちる雪だるまのようにどんどん大きくなってしまってしまう」というものだ。象徴的な話をもう一つ付け加えるとすれば、軍隊は、最終的にロジスティクスの過多によって窒息してしまうこともあるのだ。ロジスティクスの過多とは、要するに戦場に物資が大量に運び込まれることであり、機械や食料、弾薬、交換用部品、それ以外のアメリカの戦闘員・非戦闘員が必要としていて受け取るはずの、巨大な軍需品の集積所という形で出現することになる。ロジスティクス面の充実というのは、戦略的チャンスを可能にすると同時に、それに対する大きな障害とはならないものだ。ところが、ロジスティクス面で恵まれている軍隊は、ロジスティクス面で苦労している敵よりも決死の覚悟が少ないために、戦いで不利になる傾向がある。たしかに、アメリカの軍隊は戦闘を継続させる能力が極めて高いのだが、それでも彼らの中で実際に戦いを行う人間の数は恒常的に不足しているのだ。アメリカの部隊が戦ってきた戦争の歴史を詳しく分析してみると、アメリカの将軍たちは常に「戦闘兵科大隊」（歩兵、機甲、機甲偵察で構成される戦闘専門の部隊：maneuver battalions）の数の不足に悩んでいたことがわかる。ロジスティクス面が充実しているということは多くの戦略的チャンスにおいて裁決者になるということだが、逆説的に考えると、このような「充実」は、戦闘を行う兵士を多く必要とする部隊の中から兵力を削って、いわば戦闘力を犠牲にして得られたものであることが多いのだ。

ドイツのケースは、このようなロジスティクスについての正反対の例として挙げられる。地政戦略的に弱みがあり、比較的資源の乏しいプロシア・ドイツは、やむを得ない事情から、予測可能なロジスティクス面での難しさをほとんど無視するような、圧倒的な戦い方を開発して実行に移したのだ。

ドイツ側はこれを正当化するために、決定的な殲滅戦を行う機動作戦によって短期間で戦争に勝つ必要があると考えた。このような形の短期戦になれば、ロジスティクスの問題はなんとか無視してやり過ごすことができそうであるし、現場の機転で緩和することができると彼らは考えたのだ。長年にわたって世界で最もプロフェッショナルな組織として君臨してきた偉大なドイツ参謀本部は、まず最初に大規模な軍事展開のための基本的な作戦構想をすべて計画して、それからようやくロジスティクスの計画を始めている。[*6] 一九一四年に実行されたシュリーフェン／モルトケ計画は、ロジスティクス面から考えても実行不可能であった。一九四一年のバルバロッサ作戦も、（a）ソ連陸軍の多くの部隊が前線近くの大きな包囲網にはまり込み、（b）その部隊を倒すことでソ連の政権が即時崩壊する、という二つの想定が重った場合にだけ実行可能だったのだ。もしこの二つの想定が間違っていれば、ロジスティクスは作戦構想（特にこの構想がモスクワへ至る間の戦闘で失敗した場合）に勝ることになったはずだ。いずれにせよ、二つの大戦で明らかになったドイツ軍の戦闘面での優秀さは、戦略能力の欠如や作戦の適応力の足りなさ、そして莫大なロジスティクス面での不足を補うことができなかったのだ。

ロジスティクスは戦略的チャンスの唯一の裁決者というわけではないが、それでも裁決者であることだけはほぼ確実なのだ。

戦争を目撃するたびに私が実感するのは、我々がいかに司令本部と運輸局（我々の同盟国であるアメリカがロジスティクスと呼ぶもの）に頼っているかということだ。自分の軍隊を**いつどこに配置すれば良いのか**を想像するのは簡単だが、どこに軍隊を配置してそこに居続けさせることができるかどうかを知るのには、膨大な知識とハードワークが必要なのだ。全てのリーダーたちの計画には、軍隊への補給と移動という要素についての本物の知識がその基盤になければならない。これらの要素と共に、何時どのようにリスクを背負えばいいのかを知ることができるのはそれからなのだ。しかも戦闘や戦争というのは、リスクを背負わなければ勝つことができない。

アーチボールド・ウェイヴェル（Archibald Wavell）一九四四年八月十三日[*7]

＊１ Omar Bradley, quoted in Thomas M. Kane, *Military Logistics and Strategic Performance* (London: Frank Cass, 2001), p.xiv.

＊２ 素晴らしいケーススタディについては、Martin van Creveld, *Supplying War: Logistics from Wallenstein to Patton* (Cambridge: Cambridge University Press, 1977).［マーチン・ファン・クレフェルト著、佐藤佐三郎訳『補給戦―何が勝敗を決定するのか』中央公論新社、二〇〇六年］を参照のこと。

＊３ モンゴメリーは空挺部隊を使っていくつかの主要な橋を確保し、最後はアルンヘムにあるライン川にかかる橋を奪取するという、かなり彼らしくない計画を許可している。この計画では、第三十機甲軍団を一本道に通し、その橋を通過して北部ドイツに切り込ませることが狙われていた。歴史家はどこを強調すればいいのかわからないほどこの計画には多くの弱点があったのだ。ここでは「マーケットガーデン計画は間違った考えにもとづく作戦だったのであり、しかも十分に実行されたわけではない」というだけで十分であろう。いつものように、失敗はそれを最先端で実行している人命であがなわれることになるのだ。

＊４ Herman Hattaway and Archer Jones, *How the North Won: A Military History of the Civil War* (Urbana, IL: University of Illinois Press 1983), p.720.

＊５ Henry E. Eccles, *Military Concepts and Philosophy* (New Brunswick, NJ: Rutgers University Press, 1965), pp.83-89.

＊６ See Geoffrey P. Megargee, *War of Annihilation: Combat and Genocide on the Eastern Front, 1941*

(Lanham, MD: Rowman and Littlefield Publishers. 2006), p.26.

*7 Archibald Wavell, *Speaking Generally: Broadcasts, Orders and Addresses in Time of War (1939-43)* (London: Macmillan, 1946), pp.78-79 (emphasis in the original).

パート4

安全保障とそれに対する脅威

格言29

苦しい時はまたやってくる

十八世紀末以降の全ての戦争では（それ以前の戦争でもそうだったように）主要国家が協力して戦争の発生を防止するためのシステムを再構築しようとしたのであり、彼らはこれができると信じていた……ところがこのようなシステムには戦争のように独特で複雑な動きが備わっていたために、あらゆる努力にも関わらず何も生み出せなかったのだ。

F・H・ヒンスレイ（F. H. Hinsley）、一九八二年[*1]

もしかしたら、我々は絶対に「絶対」とは言ってはいけないのかも知れない。それでも、記録に残っている二五〇〇年間にわたる戦略史では、「苦しい時」（bad times）が再び巡ってくることが決定的に証明されているのだ。したがって、本項の格言は、現在に至るまで啓示的な真実でありつづけている。もちろん、「苦しい時」というのはある程度は（しかもほんとうに「ある程度」なのだが）主観的な概念であり、これは結果的に「私がそれを感じて見えた時だけに存在する」という誤解を招きやすい。率直に言えば、それが「苦しい」のかどうかというのは人によって差が出るものなのだ。この格言ではあえて日常的な表現が使われているが、それはあまり学術的な言葉を使うとこの主張の持つ勢いが伝わらないし、不明瞭になったり論争を呼ぶものになったりせざるを得ないからだ。たとえばその代わりに「安全ではない環境」(insecure environment)という言葉を使っても、「苦しい時」より理解しにくい。これは明確に言えることだが、「苦しい時」というのは一定の範囲の中で生成発展したり興亡したりするのだ。また、歴史の中の「苦しい時」の多くは、別の社会にとっては全く苦しいものではなかったりするし、また、その苦しい状況に直面している人々の間でも、その苦しさの度合いがそれぞれ異なるものなのだ。

本項で言う「苦しい時」というのは、政治不安や災害、主に国家間の関係、そして大規模な多国間紛争が発生しそうな、かなり深刻な状況を示すものであると理解していただきたい。また、現代の問題や未来に起こりそうな状況から考えてみれば、「苦しい時」というのは、実質的に国家の枠を越えた「非国家間紛争」のことを示すことにもなる。これの最もわかりやすい例は、現在イラク国内の民族・宗教間紛争であり、これは潜在的に中東全体の勢力均衡に影響力を与えることにもなるのだ。

本項の格言は、人類の安全保障環境が害の無い状態のままで進化していくという概念を完全に否定するものだ。「我々人間たちは途中でつまずくことはあっても、ゆっくりと確実に、しかもより安定して混乱のない、戦争の起こらない世界秩序を築いて行く」という、あいにくだが根本的に誤っている考えを否定するものだ。つまり本項の格言は、冒頭に引用したヒンスレイの言葉の中で示されている判断に同意している。過去二〇〇年間以上にわたってよく言われているのが、より良い平和的な国際秩序の建設について、「今回こそ我々はもっと上手くやることができる」という人気のある（そしておそらく何人かの専門家たちによる）願いである。それに対するヒンスレイの言葉はあまりにも批判的だ。そう考えれば、ヨーロッパで大戦争が起こらなかった一八一五年から一九一四年までの一〇〇年間は、人類の達成した偉業であるとも言えるのだ。たしかに十九世紀にはたくさんの戦争が行われたが、一九一四年までの「大戦」(The Great War)と言えば、それは「大フランス戦争」(The Great War with France: 一七九二〜一八一五年)のことを示していたくらいなのだ。また、一九一九年のヴェルサイユ条約によって作られた欠陥だらけの国際連盟(the League of Nations)はあまり有益なものではなかったし、同じことは国際連合(the United Nations)にも言える。しかし、木ではなく森を見る感覚で言えば、本項の格言の有益性に反論することはかなり難しいのだ。

この格言には、さらなる説明が必要だ。そもそも、なぜ一〇〇年間の平穏の後に、数人の責任者と何百万人もの罪の無い人々に対して苦しい時が唐突に訪れたのだろうか? この答えは、それぞれ深く関係し合っている二つのレベルの分析にある。ここでの議論のテーマは、純粋に「戦争の原因」なのだが、これは過去一〇〇年間にわたって膨大な研究が行われながら、悲しいことにほとんど有益な結果を生み出していない。なぜなら、戦争というものは各ケースごとに全く異なる事情を持っているからだ。だからと言って、これは「ある戦争の原因には、その他全ての戦争と共通している要因が全くない」と論じているわけではない。

本項の格言を直接裏付けている歴史経験から導き出された一般理論から言えば、我々は人間であり、人間の本質というのは二五〇〇年間変わっていないため、苦しい時というのは結局また復活するものなのだ。我々にはアテネの将軍トゥキディデス(Thucydides)が紀元前四〇〇年頃に発見した「恐怖、名誉、利益」という主に三つの理由から、戦うことが遺伝子の中に組み込まれているのだ。*2 それが正規戦か非正規戦か、ハイテクかローテクかに関わらず、この三つの要素が戦争というものを構成している。そして戦争がこの三要素に集約される理由は、まさに（個人であろうが集団であろうが）人間の安全保障環境というものが人間たち自身によって作りあげられるものであるという点にある。これはシンプルに聞こえるかもしれないし、実際にシンプルなものである。しかしだからと言って、この意見は過度に単純化されているわけではない。全てのあらゆる紛争は、トゥキディデスの三要素を参考にすることによって分析することができるのだ。我々が国際社会を良い状態に変化させようと本気で取り組むのなら、良い行動の規範（norms）の形成や国際制度機関の創設などに無駄な時間を費やすべきではない。それよりは、良い時と悪い時の上下するサイクルを止めるための絶え間ない努力によって発見されたと思われるこの偉大なギリシャ人の持つシンプルな洞察力を下敷きにした「三要素」のほうが、実質的には世界秩序を達成する一つの有益な手段となるかも知れないのだ。

戦略家というのは、その定義からして悲観主義者なのであり、基本的に人間の安全保障環境の長期的な進歩の実現に疑惑を持つくらいの懐疑的な人物であるという意味で、少なくとも「現実主義者」（realist）なのだ。ところが、ここで視点を下げ、良い時と悪い時が巡る歴史のサイクルを現実的に分析してみれば、戦略家には二種類の成功が達成可能であることがわかる。一つ目は、「次に訪れる苦痛に満ちた時が始まるのを遅らせること」であり、この点について戦略家は楽観的になれるし、むしろ楽観的でなければならない。二つ目は、「次の苦しい時が来ても、それを可能な限りひどいものにならないようにする」ということだ。このような目標は国際関係を変化させるという考えを持つ多くの人々にとって、かなり控えめなものに聞こえるかも知れない。しかし、右で挙げた二つ例で成功できれば、現実的にはかなり望ましい結果が得られるのだ。もちろん、このやり方の根本的な弱点は、「苦しい時がまたやってくる」という想定を元にしていることだ。我々のような戦略家は、本項の格言を「計り知れないほど嫌な重要性を持つ、すでに証明された事実」として受け入れているのであり、だからこそ、これが本書の格言の一つに収録されている理由なのだ。本項の格言の「歴史」と「ロジック」と「予測」が受け入れられない人々というのは、二五〇〇年間にわたる人類の経験から得られた戦略的思考と知識を否定していることになる。

> テクノロジーというのは現れては消えるものだが、原始的なものは残る……現代のようなテクノロジーによる奇跡が生み出されている時代に、むしろ我々の軍は人間を研究するべきなのだ。
>
> ラルフ・ピーターズ（Ralph Peters）、一九九九年[*3]

＊1 F. H. Hinsley, "The Rise and Fall of the Modern International System," *Review of International Studies* 8 (January 1982), p.4.
＊2 Thucydides, *The Landmark Thucydides: A Comprehensive Guide to The Peloponnesian War*, edited by Robert B. Strassler (New York: The Free Press, 1996), p.43.
＊3 Ralph Peters, *Fighting for the Future: Will America Triumph?* (Mechanicsburg, PA: Stackpole Books, 1999), pp.171-172.

格言30
外には常に暴虐者や悪者、ならず者、そして愚か者がいるが、内にも害を及ぼしてくる奴らがいる

戦争では勇敢な男たちが集められ、そしてまとめて葬り去られてしまうのだ。

デニス・ショワルター（Dennis Showalter）、二〇〇五年[*1]

本項の格言は、「国際関係論、戦略学、そして安全保障学などの教科書に多く出てくる人間や世界中の多くの政治と軍のリーダーやエリートたちの間には、人格という点ではあまり共通点がない」という事実を強烈に思い起こさせてくれるものだ。本書の中の戦争や戦略や安全保障における人間的な面についての議論をさらに強調している。本項の格言は、国際安全保障の仕事には、いままで常にそうであったように、実に様々な欠陥を持つあらゆる性格の人間が関わっているのだ。国内外に対して明らかに危険な存在となる欠陥を持つ人というのは、大抵の場合は自滅的であったり、警戒する配下によって辞任に追い込まれたりするものだ。ところがそのようなリーダーの中には、その地位を追われる前に周囲に莫大な被害を及ぼす者もいる。したがって、本項の格言はグローバル戦略と安全とい

う舞台においては、実に様々な人間という役者がいることを再確認するものであり、政策と戦略の選択について重要な暗示をもっているのだ（これについては格言32の「慎重さ」についての議論を参照のこと）。

異文化を理解するというのは、実はかなり困難な作業である。[*2] しかも、この異文化の側が、西洋のリベラル民主制を「腐敗だらけで残虐であり、道徳的には完全に受け入れられないもの」と考えている場合はなおさらだ。腐敗したリーダーが率いる国家というのは世界に数多く存在するのであり、しかもそのような国では腐敗が多いだけでなく、それが組織の中に組み込まれ、それが普通の状態であり、その国民全員が腐敗を当然だと思っているのだ。ところが、実践主義者である西洋の戦略家というのは、自分たちの国家や国際社会に対する脅威でなければ、異文化の国家の社会道徳面や統治のやり方を劇的に改善させようとは思わないものだ。

もちろん、アメリカの歴代大統領の中でも、政治面や人格面での正直さにおいて高い水準にあった人の数は多くない。ところが、検閲を受けないメディアから常に調査されている民主主義体制というのは、少なくとも長期間にわたって本物の暴虐者（thugs）や悪者（villains）やならず者（rogues）などに率いられることはない――もちろん愚か者（fools）の場合は完全に話は別だが――だろうし、おそらくこれは事実であろう。悲しむべきことだが、世界のほとんどの国々は、完全に無能で非道なリーダーたちを制限するようなチェックアンドバランスが機能している政治体制に恵まれているわけではないのだ。一九九七年の総選挙後に政権を取ったイギリスの労働党政府は、選挙直後に「今後は倫理的な対外政策を追求していく」と宣言した。これは要するに、「イギリス国外の人々を（最悪の場合はその国の政府の）暴政から守るために介入する」ということを意味していたのだが、一九九九年のコソボはこの政策が実行された典型的な例である。しかし、国内的に人気の高かったこの政策を説明した労働党政権のスピーチの中では、「イギリスが行動を起こすのはその悪人の力が弱く、彼らの誤りをかなり簡単に教え正すことができる場合のみである」という説明は一切なされていない。ロシアがチェチェンで行った残忍な行為については、イギリスの「倫理的な対外政策」の議論の場では全く議題に上がらなかったし、中国の国内の批判者に対する横暴についても同じことが言える。

二〇〇一年九月十一日の事件は、多くの西側のコメンテーターやその他の国々で高尚な道徳について論じている人々にとって、「すべての暴虐者や悪者やならず者たちが地域の秩序や世界の秩序の敵であるわけではない」ということを知らしめることになった。そもそも、このような人間ははじめから数多く存在しているのであり、彼らは我々にとって重要な国々を、あまり寛容とは言えないようなやり方で支配しているだけなのだ。実際のところ、暴虐者や悪者という形容詞がつく人々も、我々の安全保障に必要だと思われた場合には全く別の説明のされかたをすることがある。たとえばこの例として思い起こされるのが、パキスタンやサウジアラビア、そしてエジプトである。しかし、戦略家というのは世界をありのままに見て対処しなければならない。戦略家というのは、そもそも実行不可能なものや、我々の安全保障にとってほとんど価値がなかったり否定的な結果を及ぼす可能性のある任務については、断固拒否するべきなのだ。ハリー・トルーマン（Harry Truman）大統領の有名な皮肉になぞらえて言えば、この格言の説明に当てはまるような人々というのは、「我々にとっての暴虐者であり、悪者であり、ならず者であり、愚か者」なのだ。道徳的に問題のある対外政策というのは、たしかに倫理面から見て批判されるべきなのかも知れないが、それでも安全保障のためには限られた人材と組むしか選択肢の余地がない場合もある。我々が知り得る歴史的な例だけを見てもわかるように、我々の友好国や便宜的な同盟国の行動というのは、「社会の中で許されるような動機」よりも、それとはやや異なる動機を元にして動かされてきたのだ。

本項の格言で示されたカテゴリーの中でも、一番危険な政治リーダーというのは「愚か者」である。愚か者というのは、戦争もしくは地域紛争について決断を下す際に、暴虐者や悪者やならず者たちよりも大きな間違いを犯してしまう確率が高いのだ。たった今述べた三人組は、実は合理的な政治家、つまり意識的に手段と目的をつなげようとする人々である場合が多い。また、彼らは戦略的に動く場合もあり、この点では最近の西洋の同盟関係にある国々のリーダーたちよりも上手かもしれない。ところが、トラブルメーカーとなる相手が無学の愚か者であった場合、戦略家は最も深刻な挑戦に直面することになる。たとえばこのようなケースでは、その愚か者のリーダーは我々が陰に陽に示す脅しを全く信じなかったり、もしくは、我々が脅しを実行することに対して全く意に介さない可能性もあるため、そもそも抑止そのものが効かなくなるのだ。国際安全保障に莫大な損害を与えることができる地位にいた「危険な愚か者」の典型的な例としては、ドイツ帝国のカイザー・ヴィルヘルム二世(Kaiser Wilhelm II)を挙げることができる。もちろん、第一次世界大戦が始まった責任は彼一人にあるわけではない。しかし、彼はその大災害に至るまでの過程や、危機の最中にある一九一四年七月に、個人的にもヨーロッパの安全保障を完全に不安定化させる影響を与えたのだ。ここで問題なのは、彼の求めていた「ドイツの栄光」という目標が不明瞭なものであっただけではなく、それが周囲にとって脅威だったという点だ。そして最大の難点は、彼が愚か者であったということだ。彼が間違いを犯したのは、彼が無知であった以上に、人格的にも異常だったからだ。不幸なことに、世界の数多くのリーダーたちの中には常に暴虐者や悪者、ならず者、そして愚か者がいるのだ。

なぜこのようなことが重要なのだろうか？　公私にわたって異文化の習慣の中で教育を受け、しかも独特の個人的性格を交渉の席に持ち込んでくるような異文化の代表者と建設的に関わっていくのは、実際のところ西側の（特にリベラル派の）人々にとってはかなり困難なことである。ところが、戦略家というのは、合理的な（ましてや理性的な）人々に対しては賄賂や強制的な手段などが使えるわけではないことをよく知っている。それに加えて、政治や軍のリーダーたちの中にはいろいろな病気の他に、アル中であったり、麻薬の常習者だったり、医学的に偏執症をわずらっていたり、躁鬱病だったりする人物もいるのだ。これは戦略史に実在する事実なのであり、本書の格言はリベラルな西洋諸国の人間に対してこのような世界に現実的に対処できるように教えるものなのだ。戦略史というのは、今までも、そしてこれからも、道徳的な教訓話にはなりえない（格言33を参照のこと）。

アメリカで人気のあることわざ

良い奴はいつも最後になる。

＊１ Dennis Showalter, *Patton and Rommel: Men of War in the Twentieth Century* (New York: Berkeley Caliber, 2005), p.405.

＊２ See Ken Booth, *Strategy and Ethnocentrism* (London: Croom Helm, 1979); Anja V. Hartmann and Beatrice Heuser, eds., *War, Peace and World Orders in European History* (London: Routledge, 2001); and Hans-Henning Kortüm, ed., *Transcultural Wars from the Middle Ages to the 21st Century* (Berlin: Akademie Verlag, 2006).

格言31

超大型の脅威は必ず現れる

安定した国際システムが抱える最大の障害は、彼らが命に関わるような挑戦をあらかじめ見通しておける能力をほぼ完全には持てていないという点にある。

ヘンリー・キッシンジャー（Henry Kissinger）、一九九四年[*1]

脅威、危険、リスクというのは、プロの戦略家が政治家と一般国民に向けて支払わなければならない金額の中でも、いわゆる「通常料金」に当てはまるものだ。戦略家にとっての「脅威」や「危険」というのは、医療関係者にとっての「病気」のようなものである。ところが、本項の格言で言われている「超大型の脅威」（superthreats）というのは、通常よりも遥かに大きな脅威のことであり、どちらかと言えば病気の大規模感染《パンデミック》に近い。最大の脅威も大規模感染も「発生する」ということは分かっているのだが、この二つが実際に発生することはほとんどないのだ。その証拠に、これらの発生はあまりにも珍しいために、人々は通常の脅威や病気の流行などとの違いをつい忘れがちになってしまう。また超大型の脅威というのは、最も疑い深い人が「普段のものとは本当に違う」と気づくまでなかなか理解されないものなのだ。

では、超大型の脅威とはどういうものなのだろうか？　実は、これについて詳しく説明している文献や理論というものは存在しないため、我々はコモンセンス（常識感覚）と歴史の経験に頼るしかない。もちろん「脅威」というのは、ただ単に知覚と解釈の問題ではないかと疑問を呈する人もいるだろう。ある人にとっての脅威というのは、同時に他の人にとっての（a）助けの嘆願、（b）交渉のための準備行動、（c）我々の政策が攻撃的であると感じられているという強い暗示、の三つの場合があるのだ。戦略家である私は、少なくとも一般論としてのこのような相対主義者的な詭弁は認めていない。たしかに、脅威というのはある程度は主観的なものだが、それでもそれに注視する人の中だけに存在するものではないからだ。それらは直接的に聞こえたり、写真にとられたり、観察することができるような、客観的な特徴を兼ね備えているのだ。脅威というのは、その強さの大小のスケールに置きかえて考えてみると理解しやすい。脅威の小さなものでは、政治体（国家の政権）にとってほとんど気にならないレベルのものもあるが、大きなものでは、その政治体の物理的もしくは政治的、もしくはその両方の存在を脅かすものまであるのだ。このスケールの大小は理論上では連続的につながっているものだが、現実では非連続的である。本項で行われる議論には紙面上の制限があるため、ここでは「スケール上での最高レベルの脅威というのは、不正確だが写実的な〈超〉という言葉が当てはまるような、非凡な危険性のある脅威というカテゴリーを必要としている」と主張しておくだけで十分であろう。もちろん、この形容詞については読者諸氏の好きなものを選んで使っていただいてもかまわない。とにかくここで一番重要なのは、脅威には通常のものと（本当に極めて稀なのだが）異常なものがある、ということなのだ。超大型の脅威というのは、それがあまりにも珍しい存在であるために、かえってその脅威の存在に気づくことや、そのような見慣れない規模の挑戦に対処する際の難しさになっている部分がある。

歴史には、さらに注目されてもよい超大型の脅威の存在が見受けられる。四世紀から五世紀にかけてのフン族はそのような脅威の典型だ。彼らの直接または間接的な行動によって、フン族は西ローマ帝国を数々の戦略的な事件によって崩壊させた。[*2] 十三世紀のジンギスカン率いるモンゴルも潜在的に超大型の脅威だったが、彼らは国内政治と（あまり知られていないが）ロジスティクス面での事情によって、その活動には限界があったのだ。騎馬軍というのはたくさんの草を消費するものだが、草の育成には季節性があり、半島であるヨーロッパでは常にそれが豊富に育っているわけではない。たしかにモンゴルの軍隊は極めて強力だったのだが、山と森のある中央アジアに近づけば、環境的には彼らが住むのに適した場所でないことが明確になる。[*3]

さらに最近の例では、第一共和政とナポレオン率いるフランス帝国が、その当時の国際秩序にとって超大型の脅威だったことが挙げられる。その当初は、フランスの及ぼす脅威はイデオロギーや政治面、そして軍事的なことであると知覚されていたのだが、その脅威は「軍事侵攻による支配」というおなじみの形のものへと急激に変化したのだ。当時のフランスの敵には事実上ヨーロッパ全ての国が含まれていたのだが、彼らはかなり時間がたってからフランスの脅威は実質的に国境を越えるものであることに気づいたのだ。これは長期にわたる平和状態の維持にとっては致命的なものであった。ヨーロッパは一八一四年頃にはナポレオンとは外交交渉が成立せず、彼の言葉には全く信用が置けないことを理解したのだ。あらゆる平和条約は破られ、あらゆる平和的な時期はフランスが次に行う突撃のための準備期間となった。よって、ナポレオン時代のフランスは阻止されなければならなかったのだ。[*4]

さらに最近の例では、本項の格言の意味する「超大型の脅威」を体現していたナチス・ドイツがある。この国は他国に比べて飛び抜けて強力であり、ナポレオンと同じように実質的に際限のない野心を持っていた人物によって率いられていたのだ。ここでも、アドルフ・ヒトラー（Adolf Hitler）との外交交渉は、一時的で戦術的に便宜的なもの以外は成立しなかったのだ。彼は交わされた約束には何の敬意も払わずに条約も締結せず、実際のところ、自分が目指していた「単一文化的なアーリア民族によるゲルマン超国家によるヨーロッパ支配」というビジョン以外には何も敬意を払うことはなかった。

最後の歴史的な例として挙げられるのは、一九九〇年代のアルカイダの登場と、この組織が二〇〇一年九月十一日に行った犯罪行為の宣伝に代表される、新型のテロリズムであろう。暴力的なイスラム原理主義というのはその宗教と同じくらいの古い歴史を持っているのだが、近代ではアルカイダのような破壊行為を、しかも世界規模で行ったものは初めてである。ところがアルカイダの特別な地位というのはどうやら長続きしそうもなく、いくつかの部分では致命的な弱さを抱えている。[*5]しかし九月十一日の事件の結果として、アルカイダが超大型の脅威となったのは否定のしようのない事実だ。

本項の格言の意味をさらに厳密にするためには、「超大型の脅威」としての判断基準を示しておくほうがいいだろう。この脅威は（１）現代の脅威という枠組みの中でも特に重大なものであり、（２）歴史的な脈絡はなく、ゆっくりと現れてきたものであっても突然現れたかのように見えるものであり、（３）通常の安全保障に関わる人間たちにとって見たこともないような性格を持っていて、（４）現在の国際システムの安定だけでなく、このシステムそのものにとっても脅威を及ぼしそうなものでなければならないのだ。全般的に言えば、超大型の脅威というのは質と量の両面を兼ね備えたものであり、その他すべての脅威と同じように、数式で表せば「能力×意図」となるのだ。ここでの問題は、その「能力」というものがそれ自身では何も語らないということだ。たとえばこれは、再武装化計画が必ずしも侵略的な意図を示すことにはならないのと一緒だ。もちろん「軍備管理」（arms control）というもので単純に全てが解決するという考え方も問題だが、それよりも本当に問題なのは「兵器」そのものの存在ではなく、それに関わる「人間」と「政治」の方なのだ。

本項の格言が注目に値するのは、それが「危険なことは（幸運なことにごく稀だが）再発する」という歴史の現実に気づかせてくれるからだ。国家というのは超大型の脅威が現れてもそれに備えることはしない。なぜかというと、超大型の脅威というのは元々あまりにも例外的なものであるため、正確な判断力を持つことを誇りにしていて責任感が強いまともな政府高官や政治家たちは、そのようなことが出現する可能性を否定するように指導・教育されているからだ。あまりにも珍しい歴史的事件という性格から、超大型の脅威というのはほぼ予測不可能なものである。実際的な観点から見れば、超大型の脅威が出現する可能性を論じることができたとしても、その予測が外れてしまうと自己の破滅につながりかねないのだ。

実際に発生するまで、「確実なもの」というのは存在しない。そういう意味で、超大型の脅威というのは、その存在が確実に証明されるまでは、「そんな脅威はすぐ消えてなくなる」とか、「誰かが対処してくれる」という風に否定できるのだ。この脅威を最初に発見した人物でさえも、慎重な態度で政策を動かす立場にいれば、その状況の事情から抜け出せなくなってしまうのだ。結局のところ、人間というのは超大型の脅威が近づいていると完全に理解できれば、普段のような行動はとらなくなるものだ。なぜなら、こうなると「迫り来る危険に対して何かしなければならない」という倫理的かつ実際的な義務が発生するからだ。そして、このような危険は「超」というカテゴリーに区別されるため、その準備のために必要とされる行動は社会的にも政治的にもかなり破壊的なものとなるし、同時に異常に高くつくものになるのだ。そして忘れてはならないのは、常にこの判断を下した人物が間違っている可能性があるということだ。また、この人物が間違っていること以上に問題なのは、警告を発することによって周囲の警戒感を高めてしまうため、逆にこの人物自体が疑われる対象となってしまうということだ。したがって、国家や国際安全保障に関わり、普段の問題を普段通りに対処している人物が、いきなり大きな警告を発することに大きな抵抗感を感じるのはよく理解できる。なぜなら、野蛮人が迫ってくるぞと叫ぶ人間には、それに対して何か行動を起こさなければならない義務が出てくるからだ。

超大型の脅威というのは、大抵の場合、国家が普段通りの動きで効果的な防止策を打ち出すには遅すぎる時点にまでならないと、その本質を見せることがないのだ。したがって、国際秩序の力はその脅威に追いつくように強要されることになるのだが、これはナチス・ドイツの場合でも同じであり、結果として一九四三年の夏まではきわどい状態が続いたのだ。そして、これはアルカイダやその暴力的な構成員たちについても同じことが言える。脅威というのは、西側の国家が自分達の情報機関の一部が知らせようとするよりもかなり前から生成・発達しているものであり、力をつけてからようやく姿を表すのだ。国際秩序と文明化された価値というのは、いつも手遅れになってから発覚する「構造上の危険」に常に晒されているのだ。国家で働く人間たちが、将来の超大型の脅威に対して、過去のそれよりも上手く対処できるという保証は全くない。我々は常に警戒しなければならないし、そのためには本項の格言を肝に銘じておくべきなのだ。

西ヨーロッパの平和的で寛容な民主制は、ドイツの狂信者たちによって徹底的に挫折させられた。

グレゴー・ダラス（Gregor Dallas）、二〇〇五年[*6]

＊1 Henry Kissinger, *Diplomacy* (New York: Simon and Schuster, 1994), p.133.［ヘンリー・キッシンジャー著、岡崎久彦監訳『外交』上下巻、日本経済新聞社、一九九六年］

＊2 西ローマ帝国の滅亡の最大の原因はフン族であったことを指摘した説得力のあるものとしては、Peter Heather, *The Fall of the Roman Empire* (London: Macmillan, 2005). を参照のこと。

＊3 See David Morgan, *The Mongols* (Oxford: Basil Blackwell, 1986); and John Mann, *Genghis Khan: Life, Death and Resurrection* (London: Bantam Books, 2005).

＊4 See Paul W. Schroeder, "Napoleon's Foreign Policy: A Criminal Enterprise," *Journal of Military History* 54 (April 1990), pp.147-161.

＊5 See Audrey Kurth Cronin, "How al-Qaida Ends: The Decline and Demise of Terrorist Groups," *International Security* 31 (Summer 2006), pp.7-48.

＊6 Gregor Dallas, *Poisoned Peace: 1945—The War that Never Ended* (London: John Murray, 2006), p.34.

格言32
慎重さというのは、国家運営と戦略における最高の美徳である

慎重になるということは、つまり特定の状況と具体的なデータを元に行動するということであり、何かの仕組みや言われた通りの（まやかしの）規範に従って行動するということではない。つまりこれは、いわゆる「完璧な正義」よりも、罪がある（と思われる）側を処罰するために使われる暴力を限定する方法を選ぶということであり、「民主制にとって安全な世界」や「力の政治が消滅した世界」のような、無制限で無意味とも言えるような目標ではなく、国際関係の世俗的な国際法に一致するような、具体的で手に届く目的を設定するということだ。

レイモン・アロン（Raymond Aron）、一九六六年[*1]

慎重（prudent）な人物というのは、自らの行動によって望まない結果を注意深く避けようとするものだ。辞書的な定義に従えば、慎重な戦略家というのは、まさに抑止のメッセージを一番深刻に受け取る必要のある人物のことだ。一九五〇年代から一九六〇年代に発展した抑止理論はたしかに近代

戦略理論の集大成とも言えるものだが、これは慎重な戦略的行動というものを前提としている。したがって、ここでは「慎重さ」と「合理性」(rationality)が同一視されている。

本項の格言は、国政術と戦略の歴史についての戦略家の持つ「知識の核心」ではないのだが、それでも戦略家の「教義の核心」を表している。フランスの哲学者・社会学者であるレイモン・アロンは、「慎重さ」を「理想主義者の幻想」と対比させている。理想主義者の幻想が問題なのは、それが実質的な有効性を持たないからだ。そのような政治家は、頑丈な制度のかわりに砂の城を建てるようなことをするのであり、自分の「誠実で高潔な意図」を「実現可能なもの」と混同してしまうのだ。このような間違いは派閥などと無関係に、ありとあらゆる政治家たちを苦しめることになる。たとえば、アドルフ・ヒトラーは「可能なこと」と、自分の意志で追求していた「やや曖昧な目標」を無分別に混同していた。たしかに、決意と強い意志というものは致命的に重要なのだが、それでもあまり慎重でない人物でさえ「明らかに不可能だ」と理解できるような目標はあるのだ。

慎重な戦略家というのは、リスクが適切に考慮されていない利益の見込みや自分の目指す目標に固執しすぎている政治家を警戒するものだし、実際にこのような実例はたしかに多い。本項の格言は国政術に大きな重要性を持つものだが、特にここで焦点になっているのは(当然のことだが)軍事・戦略面での話である。この格言はあまりにも重要であるために、「あえてそこまで持ち上げて賞賛する必要はないのでは?」と疑問に感じる人もいるかも知れないが、これは間違いだ。なぜなら、本項の格言の教えは常に実践面ではしっかりと守られていないのであり、そのような間違いは国際政治の安定や秩序や平和に致命的な影響を及ぼすこともあるからだ。

いくつかの国の軍隊では、異常な行動をすれば本当に危険なことになる軍事的責任を負う人々に対して、かなり厳正な人格適性試験を行っている。心理学テストやその他の医療検査を受けなければならない最も分かりやすい例では、核ミサイルの維持・管理や、突然の発射作業に関わる人々が挙げられよう。ところがこのように軍隊で日常的に行われるような人格適性試験も、政治家に対しては全く行われていない。著者である私は、本項の格言を戦略家だけではなく、国家のリーダーたちにまで範囲を拡大して主張している。よって、アロンの言葉は特に後者に当てはまるのだ。特に私が心配しているのは、戦略家よりも政治家のほうである。なぜなら政治家が出世をする際には、軍人と全く同じような試練を越える必要がないからだ。ところがここで忘れてはならないのは、「政治と軍事でトップに立つ道はたった一つではない」ということだ。たとえば、英米のような「非政治的な職業軍人」という伝統を持っていない国は多い。慎重な軍人というのは、追放されるという危険が迫らない限り、通常の昇進の過程をスキップするためにクーデターを起こすことはないのだ。これについてはパキスタンの独裁者であったパーヴェズ・ムシャラフ（Pervez Musharraf）将軍の例を挙げることができる。

本項の格言がそれほどまでに重要な理由は、これがあまり知られていない真実を述べており、しかもその認識不足は深刻な結果をもたらすことになる、という点にある。クラウゼヴィッツが戦争の不確実性とリスクについて警告していたことは有名だが、実際のところ、彼は戦争をトランプのゲームになぞらえて考えていた。[*2] したがってこの偉大な賢人は、「戦争は偶然性の領域にある」ということを強い説得力をもって主張していたのだ。我々は国家のリーダーや戦略家たちが慎重でなければならないことを知っているが、これは「特に核兵器の使用につながるような状況では、彼らはリスクを嫌うような人物でなければならない」という意味になる。しかし、彼らは本当にリスクを嫌っている人々なのだろうか？　たとえばリスクに対する態度でも、それによって腰砕けになる者から、生まれつきのギャンブラーで興奮することが大好きなリスク中毒の者まで、かなり大きな幅があるのだ。長年にわたって信じられてきた（というより願われてきた）のは、「核兵器には保有国の官僚やリーダーたちの頭を冷やす作用がある」ということだ。たしかに、中国、イスラエル、インド、そしてパキスタンが持つ核弾頭がからんだ悪夢のようなシナリオも、とりあえず現在まではかなり誇張されたものであることがわかっている。

西洋諸国の戦略家たちは、かなり以前から、核時代初期に存在した恐怖とは対照的に、「政治的に考えれば、核兵器の有用性はそれが防衛的な手段であるという点だけにある」と結論づけている。これは安心できる結論であり、我々が願うのはそれが本当に正しいものであるということだけだ。ところがこの結論の論理には、小さいながらも潜在的に破滅的な欠陥が潜んでいる。それは慎重ではない国家のリーダーが、自国の安全保障に本気で恐怖を感じて、結果的には完全に防衛的な理由から予防措置的に攻撃を行う、ということだ。戦略史を見てもわかるように、「戦争というのは獲得への欲望よりも恐怖と不安から生まれることが多い」という事実を無視することはできない。つまり我々は、国家のリーダーの主な動機は「恐怖、名誉、利益」にある、というトゥキディデスの言葉を思い出さなければならないのだ。

はっきり言うが、慎重でない政策家は危険である。もしこのような人物が核兵器を指揮・管理する立場にあることになれば、歴史的にも前例のないほど危険な存在となるのだ。慎重ではない戦略家というのも危険であるが、これは作戦、戦術、そしてロジスティクス面での制限や、彼らが従うべき政治レベルからの指示などによって統制できるのだ。ここで注意していただきたいのは、これが条件付きの言葉であるという点だ。最近の北朝鮮や、もうすぐイランが証明するような例からも分かるように、核の拡散は止められないのであり、そうなると本項の格言は国家の指導者達にとってますます重要性を増すことになる。本書の著者である私のような西洋諸国の戦略理論家は、核兵器の物理面やドクトリン、戦略面での扱いに極端に注意を払うことに慣れきってしまっているため、我々以外の国が核を持った時の行動については全く想定できていない。しかし、核兵器が異文化で政治的にも自信を持って分析することができない政権の手に渡ることになると、「核保有国が持つ慎重さ」という想定を相手側が持っているのかどうかさえわからなくなってしまうのだ。これは非常に恐ろしいことだ。

我々は国家の（特に核保有国の）リーダーには、慎重かつリスクを嫌う人物を期待するものだ。ところが、新たな核保有国が政治面で冒険的だったり、全くリスクを恐れない政治的・宗教的な狂人に率いられている場合はどうすれば良いのだろうか？　このような人物は、もしかすると高い知能を持ち、しかも国際社会（これは理想主義的なフィクションだが）が核保有国に対して強い行動をとれないことを熟知しているかも知れないのだ。外交交渉を有利に進めるために脅威を積極的に使おうとするこの「核武装したギャンブラー」は、ともすると自分以外の全員が持つ核兵器のリスクへの嫌悪を逆に利用することによって、自らの危険な賭けを懸命な手段へと変化させてしまうのだ。

我々は本項の格言を肝に銘じておくべきであるし、世界政治を動かしているのは慎重な人ばかりではないことを忘れてはならない。ある戦略の中で抑止の役割が高まれば高まるほど、様々な種類の個々の人間やグループの「リスクに対する行動」についての認識がさらに重要になってくるのだ。

我々は「**慎重さ**」と「**理想主義**」ではなく、「慎重さ」と「理想主義者の幻想」を（この幻想が法律的なものかイデオロギー的なものかに関係なく）対照的なものとして見ているのだ。

レイモン・アロン、一九六六年[*3]

*1 Raymond Aron, *Peace and War: A Theory of International Relations* (Garden City, NY: Doubleday 1966), p.585.

*2 Carl von Clausewitz, *On War*, edited and translated by Michael Howard and Peter Paret (Princeton, NJ: Princeton University Press, 1976), p.86. ［クラウゼヴィッツ『戦争論』］

*3 Aron, *Peace and War*, p.585 (emphasis in the original).

格言33
戦略史では善意が罰せられる

戦略学は軍事関連の分野のことについては非道徳的な分析を示すものだ。こうすることによって、いくら普通の道徳観念を持つ人や行為でも懸念される事態を発生させる原因となることを認めることができるため、ある行動や個人などについても客観的な検証ができることになる。そうなると、我々は戦略の分野で最適な方法を求める際に戦略的な判断から道徳的な判断を解放できることになるし、またそうするべきなのだ。

ディヴィッド・ロンズデール（David J. Lonsdale）、二〇〇四年[*1]

おそらく見た目とは違って、本項の格言は道徳・倫理の問題を否定しているわけではない。なぜなら道徳面での優位は戦争において決定的になることもあるからだ。実は本項の格言が自信を持って（しかも間接的に）主張しているのは、国家というのは「道徳面で正しいことをしたい」という欲望に動かされて政治を行ってはならないということだ。もし実際にこのようなことが起こってしまうと、戦略は「不可能な任務《ミッション・インポシブル》」を押し付けられることになる可能性が高い。道徳面での問題もたしかに重要だが、それは政策と戦略の慎重な流れを計画するための道具としては信頼できるものではない。なぜなら、戦略とは（本書で何度も強調されているように）あくまでも実践的な活動だからだ。戦略家は目的のために手段を合致させなければならないし、その最終結果にも注意を払う義務がある。政策の決断というのは道徳的な議論や世論の勢いに押されてしまいがちだが、こうなると、当然のように戦略的な推論からかけ離れることになってしまう。道徳面での怒りに動かされる政策というのは、いつまでも非難を巻き起こし続ける扇動的なオピニオンリーダーたちの餌食になる危険性がある。もし世界の全ての悪を正そうとしても、それは終わりのない戦いと屈辱的な失敗に直面するのが関の山だ。そして、そのような失敗から確実に生まれるのは、「二度と繰り返してはならない」という世論なのだ。

国際政治や国内政治に関係なく、政治というのは道徳的な話ではない。政治とは権力の問題なのであり、それをどう獲得して維持し、それを使って何をするかが問題なのだ。政治の真価というのは、倫理的な意味での「善行」や「正しくあること」にあるのではない。また、国家が道徳的な理由から戦争を行うことは少ないのだ。国家のリーダーには自国の存続に関わる国益を守る義務があるのであり、このような国益には正義の審判を下すことや悪を処罰することなど（しかもこれについて価値判断は当然のように文化によって違ってくる）は含まれない。世界は不条理にあふれているのであり、残虐な国家や政権の数も多く、この状態は今後も変わらないのだ。もし、ある政府が一九九七年に政権についたトニー・ブレア（Tony Blair）率いる労働党のように倫理的な対外政策を宣言しても、それはあまりにも世間知らずに聞こえるだけであるし、単なる偽善行為となるのは確実なのだ。

倫理的な対外政策がいかに戦略的になろうとも、「善いことを行う」という崇高な願いは戦略を使用した場合にだけ効果を発揮するのだ。これを言い換えれば、戦略とは政策（それがどのような動機のものであろうとも）と軍事力をつなぐ際に欠くことのできない「橋」なのだ。戦略は、あくまで実践的なプロジェクトであるべきだ。この世には（全員ではないとしても）ほとんどの人が「善意である」と認めることができるような意図というものはたしかに存在するのだが、これらも戦略を理解できなければ単なる空虚なレトリックでしかない。では、倫理的に導きだされた政策の意図を実現させるためにはどうすればよいのだろうか？　戦略家の出番というのは、政治家が単なる口先ばかりの宣言をするレベルから遥かに難しい「実現性の分析」を行うような（つまり目的が手段に意識的につなげられている）領域に下ってきてから初めて回ってくるのであり、また、少なくともそうでなければならないのだ。なぜなら国家というのは、空想的な事業や、十字軍のような自分で勝手に決めた「善」を、戦略的な計算もなく行うことがあるからだ。[*2]

本項の格言は、政治だけでなく戦略の議論にも常に現れてくる道徳論の危険性に注意するように警告している。戦略家である私は、戦略と倫理の間で実りのある対話は不可能であることを、個人的な経験に照らして証言することができる。倫理家と戦略家というのはそれぞれ別の世界に住んでおり、そもそもその考えの根本的な出発点が異なるために、知的な議論を行うための共通の土台がないのだ。こうなると、道徳的な議論が戦略的な議論によって打破されることはないことになる。戦略家ができることと言えば、政策家たちが「道徳的にも看過するわけにはいかない」と感じている時に、「それを実行すれば確実に失敗します」と指摘することだけなのだ。道徳のために戦う十字軍的な行為というのは危険だが、世界にはこのような十字軍的な行為を後押しするような道徳的な権威の元となるものがたくさんある。その良い例が、宗教、国際法、人権などだ。もしかしたらこのようなことを宣言するのは悲しむべきことなのかも知れないが、それでも「外国の道徳的な卑劣さが、ある国家・政府の存続に関わる利益を犯すことはない」というのは真実なのだ。もちろん、このような一般論には稀に例外があるのかも知れないが、それでもそのような珍しい例外の存在が、かえってこの理論の正しさを証明しているということにもなる。国政術に柔軟性が欠けてしまうと、国益の中でも優先順位の低いもののために限られた国家資源をわざわざ「浪費」することはできなくなってしまうのだ。この問題をさらに明確にするためには、国益に四つのカテゴリーがあることを示す必要があるだろう。それは、(1)生き残りのための国益、(2)致命的な国益、(3)主要な国益、(4)それ以外の国益、の四つである。この中で軍事的な手段で確保されなければならない国益は1と2だけであり、3で使用される軍事力は限定的で、しかもこれが必要とされることは稀であり、4ではその定義からもわかる通り、わざわざ軍事力をちらつかせる必要はほとんどない。

国政術や戦略というのは、常に世論から怒号や非難を浴びせられるものだ。そして、このような議論では道徳的な話が中心になってしまうことが多い。しかし、国家のリーダーや戦略家というのは結果論的に動かなければならないし、予測されるコストと見込まれる利益を最大化するような行動を計算して比較検討しなければならないのだ。[*3] また、優れた戦略家というのは、戦争が偶然性の領域にあり、たった一人の善行だけで大災害を防げるわけでないことをよくわきまえている。

本項の格言が暗示している重要な問題というのは、「そもそも道徳的な義務感から出た行動というのは戦略的な事柄については全くの素人である」ということだ。さらに、彼らの思い込みによる「正しい行い」というのは、戦略的な計算を脇に追いやってしまいがちなのだ。ところがいざ実践段階になると、世間知らずの善行者でさえも戦略の論理に逆らうわけにはいかなくなる。彼らはこの原則に例外が存在することを認めつつも、少なくともそれが普遍的な真実であると認めざるを得ないのだ。

ここで格言21の「不可能なものは不可能である」という言葉を思い出していただきたい。人間というのは誰も自己欺瞞の可能性を完全には否定できないものだ。たとえば、国内政治の実践について厳格で冷笑的とも言える態度をとるような政治家の中には、自国の社会さえ満足に変革できないにもかかわらず、なぜか「外国や地域全体くらいは作り変えることができる」と考える人もいるのだ。

ある政治家が「全人類に貢献する」という強烈なアイディアの虜になってしまうと、「このアイディアを現実的に進めることは不可能である」と教える戦略的なアドバイスには耳を貸さなくなるものだ。そうなると明白な偽善行為は避けられなくなり、たとえば、失敗国家（failed states）や全く反抗する力を持たない国家に対する人道的な理由による軍事介入が主張されたり、実行されたりすることになるのだ。ところが、ロシアがチェチェンで行った抑圧に対して人道面での介入は行われなかったし、北京政府が懸命に抹殺しようとしている文化を救うためにチベットへの介入が行われることも全く期待できない。これを言い換えれば、いくら正直な道徳主義者でさえも、いざ実践段階になると自分たちが最も弱い犠牲者の救済のために十字軍的な行動をすることについては躊躇してしまうのだ。道徳的に考えれば、このような実践的な区別をすることは、たんなる偽善行為でしかない。

道徳的な十字軍的行動というのは脅威である。これを実行してしまう人物というのは、単純に国際政治がどのような仕組みで動いているのかを理解できないことになる。すべての国家の政権というのは、自分たちにとって有利になる時だけに道徳的な議論を使うのであり、これには例外がない。しかし歴史の中には主に道徳的な理由から、戦争と平和に関する重要な決定がなされた例もいくつかある。動機というのは常に複雑なものであり、たとえば最近の中世史の研究家たちは「ヨーロッパの十字軍たちの間で宗教的な動機がどれほど重要な役割を果たしていたのか」という答えのない議論を行うことに忙しい。同様に、我々もアメリカが一九一七年に参戦した時には道徳的な動機と戦略的な動機のどちらが強かったのかを議論し続けることができるのだ。

尽きることのない批判や抗議にもかかわらず、国家のリーダーというのは道義的な衝動と同様に、常に政治・戦略的な理由による行動への衝動を持っている。本項の格言が大事なのは、「政治家というのは国家的な理由から決断したことを、後になってから道徳的に正当化するものだ」と信じて疑わない人間が騙されることがあるということを、我々に思い出させてくれるからだ。実は政治家が行動を引き起こす衝動というのは完全に道徳的な理由によって発生する場合がかなり多く、しかもこの理由には彼らの強い道徳観念が反映されており、そこで示される政治的・戦略的な理由は単なる表向きのものでしかない場合もあるのだ。

道徳的衝動、倫理的衝動、善の拡大への取り組み――これらは危険な現象である。もし戦略的な計算や行動による制限がなければ、これらは単に危険なだけでなく、ほぼ確実に大災害へとつながるのだ。繰り返すが、国政術や戦略というのは道徳的な訓話ではない。正しい側は、自分たちが正しいが故に権力に勝利してきたわけではない。もちろんそうあるべきなのかも知れないが、過去二五〇〇年間の歴史を見て明確にわかるのは、「正しいほうが勝利するわけではない」ということだ。また歴史が教えてくれるのは、十字軍的な人々が自分たちの道徳的使命やそれを追求する行為自体に酔ってしまい、自分たちが使う手段に対しては無関心である傾向が強いということだ。つまり、いくらその目的が深遠で望ましいものであっても、そのために使用される手段が忘れ去られてしまうのだ。いわゆる「信念を持った政治家」というのは、安定的な状態や（それが不条理なものであっても）良い秩序、そして平和に対する脅威となるのだ。

戦略分析というものを、ある問題を分析するための手法ではなく、紛争の正統化や、非道な結末の正当化のための手段として見る人も存在する。

モートン・カプラン（Morton A. Kaplan）、一九七三年[*4]

＊1 David J. Lonsdale, *Alexander: Killer of Men. Alexander the Great and the Macedonian Art of War* (London: Constable, 2004), p.3.

＊2 いままで民主制が根付かなかった場所に民主制を根付かせようという情熱は、近年の米英の対中東政策における重要な動機となっている。この試みの戦略的な理由付けは多くあるし、逆にあまりに皮肉にとらえるのも間違いだ。なぜならブッシュ政権とブレア政権は、民主制は全世界の全ての人々に良いものであると本気で確信しているからだ。

＊3 See my essay on "Force, Order, and Justice: The Ethics of Realism in Statecraft," in Colin S. Gray, *Strategy and History: Essays on Theory and Practice* (London: Routledge, 2006),pp.170-181.

＊4 Morton A. Kaplan, ed., *Strategic Thinking and Its Moral Implications* (Chicago: Center for Policy Study, University of Chicago, 1973), p.13.

格言34

防衛費は確実なものであるが、そこから得られる安全保障上の利益は不確実で議論の余地が残るものだ

外国の意図というのは、著しく友好的なものか、その逆に完全に戦う姿勢を見せているかのどちらかにハッキリとしている場合に限って、我々の防衛政策の方向性にきっかけを与えてくれるのだ。

バーナード・ブロディ（Bernard Brodie）、一九五九年[*1]

本項で引用されている言葉は、二十世紀の最も偉大なアメリカの戦略思想家の、優れた著作の中の優れた章から借りてきたものだ。バーナード・ブロディは一九五九年に発表された『ミサイル時代における戦略』（*Strategy in the Missile Age*）という古典的な著作の中で「戦略とは経済学である」ということを、口を酸っぱくして語っている。しかも彼は、（当然だが）経済的なテーマだけではなく、「実行しているものが経済的に支え続けることができなければ、その戦略は修正されるか破棄されなければならない」ということを主張しているのだ。本書のこれまでの議論はクラウゼヴィッツの

論理、つまり、「政治が主人で軍事力が従者である」ということにつながってくるものばかりだった。しかしながら、政治というのは金を払える余裕がある限り、その戦略の主人でいられる。そしてその余裕がいつまで続くのかは、政治と経済の両方の問題にかかってくるのだ。もちろんアメリカのように経済的に豊かな国はいつでも、「国家の安全保障のために必要なことは何でもするし、実際にこれからもそうしていくつもりだ」と宣言することができる。しかし、これを実現するには幾らかかるのだろうか？　そしてその金額をどうやって知ることができるのだろう？　本項の格言は、「理路整然とした戦略理論と防衛分析も、恐ろしく不確実な現実世界に直面すれば大いに悩まされることになる」ということを警告するものだ。脅威というのはそもそも不確実なものであり、これはこの脅威に対する「最適な対応」ということについても全く同じことが言える。この格言は、戦略が本質的に実践重視なものであることを教えており、これが経済面での実現性にも密接なつながりを持つことは、本書でもすでに何度か触れた通りである。

戦略的なアイディアと防衛分析というのは、結局のところは軍事プランやその能力に組み込まれ、それが実際に抑止や実際の戦闘行為のために適用（もしくは誤用）されることになるのだ。ところが、アイディアと現実の能力の間にはかなり険しいジャングルが横たわっている。このジャングルは様々な名前で呼ばれているものだが、本書ではとりあえずこれを「政策プロセス」や「防衛予算プロセス」と呼ぶことにしよう。ここで重要なのは、戦略家の合理的な世界というものが、実践面では（とりあえず民主制国家の中の）国内政治の非戦略的な謀略に支配されているということだ。しかも、防衛予算を議論する段階になると、国家の行政府と立法府のどちらも戦略を念頭において機能することはできなくなるのだ。むしろ防衛予算というのは、官庁の力関係や地方政治の影響力、そして流行の解決法など、戦略以外のところに存在する力によって決定されるのだ。これは事実なのであり、とりたてて文句を言うべきものではない。

たしかに一貫した政策がなければ、一貫した戦略をつくりあげるのは難しい。そしてこのような一貫した政策を作成する際に必要な情報が欠けている場合、この政策を決定することは確実に難しくなるのだ。冒頭で引用されたブロディの適格な言葉はこの点をよくあらわしている。つまり、国家というのは脅威が明確に出現した時か、その逆に完全に失われた場合にだけ、明確な目標を持った防衛政策や戦略を作り上げることができるのだ。脅威というものが、目の前にあるのではなく、たとえば国境を越えたテロリズムのようにむしろ潜在的なもので、しかもこれが軍事力だけでは対処できないようなものであった場合、戦略家は困難に陥ることになる。そして、この困難は実際にこの問題を担当する者にとっても重大なものであり、国内政治にも大きな影響を及ぼすことになるのだ。

とりあえず、ここでは我々戦略家があまりにも基本的なものであるためにかえって忘れがちな「民主制政治の現実」というものを思い起こすために、ちょっとの間いくつかの知的戦略議論から少しだけ距離をおいたほうが良いかも知れない。はっきり言えば、戦略家が取り組む問題というのはそれが防衛予算で扱われた場合にだけ実行されることになるものだからだ。もちろん防衛予算というのは国ごとに違うものであり、特に細かい政策レベルでは全く異なってくる。しかしながら、全ての国家の政権は似たような問題に悩まされている。これはつまり、毎年ごと、もしくは三年から五年ごとのまとまりで、防衛費にいくらまわすのかを決定しなければならないということだ。これが全面戦争を行っている場合はそれほど難しくない。なぜなら、国家はとにかく生き残りのために持てるもの以上の資産を防衛費に費やすからだ。ところが、ほとんどの国のほとんどの時代には、防衛費に国家予算をどれだけ割けるのかを決定するための確実な方法というものが存在しなかったのだ。これは単純な事実である。しかし、この事実というのはなるべく多くの数の人々に知られないように秘密にしておくべきものだ。たとえば、ある国が二〇〇七年度の防衛予算として五二七〇億ドルを請求したとすると、そこにはこの予算を「賢明に」使うという政治的（そしておそらく倫理的）な義務が発生することになる。しかし問題なのは、この「賢明」とは一体どういう意味かという疑問だ。そして、この「賢明さ」を我々はどう知れば良いのだろうか？　みんなが知っているのは、政府が五二七〇億ドルを請求したという事実だけであり、これは具体的で明白なものだ。ところがその一方で、その予算によって獲得できると見込まれる利益というのは、必然的にかなりあいまいなものとなってしまうのだ。

本項の格言は大切な事実を示している。それは、「いくら慎重な予算の準備をしても、実際の現実はどう転がるのか分からない」という事実だ。そもそも人間というのは、様々なコスト・利益の分析を行って行動するものであるため、防衛予算を擁護する政府高官というのは、（人によって程度は異なる）「経済的な痛み」と、本当に獲得できるのかどうかさえ全くわからない「安全保障上の利益」を提示しなければならないのだ。彼らにとって、「ある特定の防衛費の支出によって、ある安全保障上の利益が得られた」という直接的な因果関係の流れを示すことは文字通り不可能なのだ。あまりにも多くの人が「防衛計画というのは当て推量の実践である」ということをよく知らないために、政府側の人間は自分たちの知らないことをあたかも知っているかのように振る舞わなければならないような状態に陥ってしまっている。もし誰かが五二七〇億ドルの防衛費の予算請求を議会の予算審議委員会で説明しなければならないことになると、その証明責任はその人物一人の肩にかかってくるのだ。本当に率直な発言というのはあまり賢明なものであるとは言えない。国家というものは国防エスタブリッシュメントを持たなければならないものであり、しかも、このエスタブリッシュメントというのは対外政策からの要求に「適切」に応えることを狙った、いわば「推測」によって構成されたものなのだ。防衛分析についての洗練された方法論というのはたしかに豊富に存在する。[*2] ところが、政府高官たちがいくらがんばって防衛準備と戦略という「技法《アート》」を、定量化できる「科学《サイエンス》」に変えようとしても、「未来を知ることはできない」という絶対不変の事実だけは完全に隠すことができないのだ。

自信に満ちた防衛分析をする者にとってはとても残念な事実だが、安全保障というのはお金を払えば直接購入できるようなものではないのだ。「愛」と同じように、安全保障というのは「感覚」であり、「知覚」なのだ。また同時に、これは客観的に存在する状態でもあるのだが、これをしっかりと計測することはできないのだ。さらに矛盾を含むことになるが、国家はどれだけ自分たちの安全保障を犠牲にできるのか、その限界を知る必要もあるのだ。「安全」(security)と「(安全に対する)脅威」(insecurity)というのは同じスペクトルの中で連続的につながっているものだ。つまり、国というのは、今までよりもさらに不安定な状態に「慣れる」こともできることになる。国家が防衛費を増やすことによってなるべく慎重に振る舞おうとしても、その費用が安全保障面で大きな成果をもたらしてくれるかどうかは確実に分かるわけではないのだ。

防衛費というのは、むしろ保険的な政策として機能することが多く、しかも税金の高い国家では防衛費はあまり歓迎されない傾向にある。しかしその逆に、防衛費を全く集めないことになると、これもまた防衛費に使われる費用の価値に対して批評家たちの疑問を生むことになるのだ。たとえば、戦略史の教訓を理解できない人物から「我々のＩＣＢＭ部隊は、最近私たちにどんな貢献をしたのだ?」というようなコメントが発せられた場合に反論するのはかなり難しい。現在のイギリスの防衛関連の議論でも同じような例があり、たとえば、イギリスの戦略家が自国の議員に対して「二十一世紀のイギリスはトライデント核ミサイルを適切な時期に取り替えることによって安全になる」ということをどう説得をすればいいのかという問題が存在するのだ。

防衛費の負担に関する議論というのは国内政治のかけひきの場ではないし、またそうなってはいけない。コストは具体的で確実なものであり、しかも常に低く見積もられることが多いが、それが安全保障に貢献しているかどうかという点に関しては必然的に問題が多くなるのだ。

戦略にはドル・マークがついている。

バーナード・ブロディ、一九五九年[*3]

＊１ Bernard Brodie, *Strategy in the Missile Age* (Princeton, NJ: Princeton University Press, 1959), p.378.
＊２ See Richard L. Kugler, *Policy Analysis In National Security Affairs: New Methods for a New Era* (Washington, DC: National Defense University Press for the Center for Technology and Security Policy, 2006).
＊３ Brodie, *Strategy in the Missile Age*, p.358ff.

格言35

軍備はコントロールできるかもしれないが「軍備管理」ではコントロールできない

軍備管理（arms control）の永遠のパラドックスとは、それが不可能ものであるか、もしくはほんのささいなことでしかないということだ。

ジョージ・ウィル（George F. Will）、一九九〇年[*1]

この格言について、私は多くの（おそらくほとんどの）同業者である戦略家とは意見を異にする。一九九二年に私は『トランプの城：なぜ軍備管理は必ず失敗するのか』（*House of Cards: Why Arms Control Must Fail*）という、厚顔無恥ともいえる題名の本を出版しており、頭脳明晰な同業者から私の考えが間違っているという批判を受ける時間は十分あった。[*2] しかし、彼らは私が間違っているると論じ切れなかったのだ。もちろんこれは私の格言が正しいということを意味しているわけではなく、それよりもむしろ、「正しい可能性を強く示唆している」というべきであろう。しかしたとえ私が間違っていたとしても、彼らは私を（論理的・経験的な理由に関わらず）説得できていないという事実は残るのだ。

本項の格言は、戦略と政治の両方の論理と、歴史的な証拠から、その正しさが豊富に支持されているものだ。つまりこれは、軍備管理の実現可能性というものが政治的なコンテクストによって決定されるということだ。戦争と戦いの準備という行為自体が政治的な意図の現われであるということを考えれば、これはそれほど驚くべきことではない。本項の格言は、「紛争中、もしくはその状態になりそうな国家は、自分たちの軍備を制限されることを嫌う」という、あまりにも明白な結論を示しているだけだ。それとは反対に、国家が戦争の勃発を恐れるのをやめた時や、特に政治的な平和が望めるような状態が出てくると、軍備管理についての交渉は突然可能になるのだ。これについては一九二〇年代から現在までの軍備管理についての交渉と合意の歴史の全てが、本項の格言の主張の正しさを証明している。たとえば、冷戦期の軍備制限（arms limitation）に関する一連の交渉の中では、実際に軍備の制限に効果を発揮するようなものはそもそも初めから交渉できなかったのだ。その理由は、米ソ両国が「戦略兵器制限条約」（the SALT: Strategic Arms Limitation Talks）とその次の「戦略兵器削減交渉」（the START: Strategic Arms Reduction Talks）を、超大国間の競争のための一つの手段として扱っていたことにある。一九七二年の弾道弾迎撃ミサイル制限条約（ＡＢＭ）条約というのは、一見すると本項の格言に対する明らかな反証のようであるが、今日の我々はなぜ彼らがそうしたのか、その本当の理由をよく知っている。この時のソ連は国内全域への対ミサイル防衛網の配備を禁止したのだが、これは彼ら自身がそのような兵器を開発する技術面での競争でアメリカにかなり遅れをとっていることをよく知っていたからだ。言い換えれば、モスクワが一九七二年にＡＢＭ条約を締結したのは、弾道弾迎撃ミサイルの分野におけるアメリカの開発のリードを遅らせたり止めたりするためだったのだ。[*3]

一九二一年から一九二二年にかけて開催されたワシントン会議では、第一次大戦と第二次大戦の間の時期で軍備の必要性が減ったおかげで、軍備縮小が初めて可能となって達成させられた。一九三〇年のロンドン条約では、難交渉の末に海軍兵器の制限の取り決めが主力艦以外の分野にも及ぶことになった。ところが一九三〇年代に政治的状況の雲行きが急激に怪しくなってくると、制限交渉の枠組みそのものが崩壊してしまい、一九三四年に日本はその二年後に交渉から離脱することを表明している。国際連盟の援助のもとに一九一九年から開催を約束されていたジュネーブ軍縮会議（一九三二〜一九三四年）は、大きな期待とともに長い間待ち望まれて開催されたにもかかわらず、完全な失敗であることを証明してしまった。なぜなら、一九三三年になるとナチス・ドイツの新政権がすぐさま会議から離脱したからだ。

本項の格言のロジックは、全く矛盾のない豊富な歴史的証拠によって証明されている、永久不変で不可避なものだ。本項の冒頭で引用されているジャーナリストのジョージ・ウィルの言葉にもあるように、軍備管理（**arms control**）と軍縮（**disarmament**）というのは、そもそも重要でないか、もしくははじめから維持することが不可能なものなのだ。本項の格言がなぜ正しいのかをもう一度確認するためには基本に戻る必要がある。実質的にこの格言が主張しているのは、あらゆる軍備管理や軍縮についての試みというのは、一九一九年以降何千人もの人間と無数の時間を費やしてきたにもかかわらず完全に効果のないものであった、ということだ。さらに言えば、効果がないのは当然であり、成功するはずがなかったのだ。

もし、軍備管理というものが本項の格言が主張するような望み薄なものであるとすれば、そもそもこれはなぜ政府の政策や専門家たちのアイディア、そして不本意な人々の希望として、長年生き残ってきたのだろうか？　つまりこれはこれほど多くの人間が今まで間違っていたということなのだろうか？　残念ながら答えは「イエス」であり、彼らは間違っていたのである。しかし、この間違いにはどこにウソがあったのだろうか？　「軍備管理」と「軍縮」（これは一九五〇年代以前によく使われていた総称だが）を誤らせている間違いは二重構造になっており、全く無害なわけではないのだが、そもそも双方ともほとんど効果はないのだ。

第一の間違いは、軍備管理の理論が平和と安全保障に関係してくると想定される「戦争の原因」について、根本的に間違った理解を元にしているということだ。たとえばトゥキディデスは「恐怖、名誉、利益、そして武器」ではなく、「恐怖、名誉、そして利益」を指摘したのだ。戦争はなぜ発生するのだろうか？　この疑問に答えるには、経験的に裏付けられた理論や、武器の役割が重要な役割を果たしている理論を持ったものでない限り、その軍縮と軍備管理は誤った問題を扱っていることになる。もし戦争が、恐怖、名誉、そして利益によって起こるのであれば、武器はこれらの問題の原因ではなく、むしろその結果であると言ってもよいことになる。武器は政治面での敵対関係の結果として出てくる一つの「症状」であり、その「原因」ではないのだ。軍拡競争を含む「軍備」というものが従属変数（dependent variable）であることは、論理を真面目に勉強した人間でなくとも理解できる。軍備というのは、国家間の政治状況の温度に左右されるのだ。簡単に言えば、もし戦争を根絶、もしくはその発生回数を減らそうと考えるのなら、我々が最も注目しなければならないのは軍備そのものではなく、軍備競争を発生させる政治的信条と政策の方なのだ。

第二の間違いは、「軍備管理と軍縮が戦争の原因についての正確な理論を元にしていたとしても

（もちろんすでに見たようにその理論は正確ではないのだが）、その理論に内在する二番目の間違いによって致命的なダメージを受ける」というものだ。軍備管理の近代理論は、昔からある軍縮とは対照的に、一九五〇年代後半にトマス・シェリング（Thomas C. Schelling）によって、文字通り空港の待合室の椅子の上で「発明された」のだ。[*4] この新しい理論は洗練された説得力のあるものだったが、それでも間違ったものだ。皮肉だったのは、これが世界中で権威あるものとして受け入れられてしまったということだ。これによってグローバルな軍備管理コミュニティーが始まり、軍備管理そのものには実際的な効力がほとんどないにもかかわらず、その敬虔な信者たちの数は劇的に増えていったのだ。シェリングの論理が素晴らしかったのは、そのシンプルさにあった。ここでの軍備管理というのは、敵となる可能性のある相手の持つ武器を何かしらの手段でコントロールしようというものだ。しかしこれはかなり過激な計画だ。そもそもこれは軍備縮小という、古くてすでに忘れ去られたアイディアをあえて避けているのであり、その代わりに核時代の軍備管理は敵対する国家同士が競争関係をなんとか安全にするための限定的な技術上の合意を達成することはできる、というのだ。

あいにくだが、この理論の論理は破綻している。もちろん「敵もしくは敵となる可能性のある国同士が軍備管理を必要としている」という主張はたしかに正しい。またさらに、「武器が戦争の主な原因の一つである」ということが正しいのなら良いのだが、実際のところはそれが間違っているから問題なのだ。つまりこの理論は、「軍備管理という薬や手術が必要なために互いに協力しあっている国家というのは、軍備管理を必要としているという理由そのものによって、かえってそれを達成することができなくなる」という経験的、論理的、そして常識感覚的な点を単純に無視しているのだ。そして国家間のライバル関係を軍備管理によって和らげる必要性が高まれば高まるほど、軍備管理を達成することは難しくなるのだ。したがって、軍備管理の理論の問題点はそれが間違っているところにある。さらに言えば、これは一九二〇年代からの歴史的経験によっても間違っていることが証明されている。すでに本書でも紹介されているチャールズ・コールウェル大佐（Charles E. Callwell）が書いた一九〇六年の著作の中の有名な言葉には、「実際に起こっていることが別の方向を示している場合、その理論を決定的なものとして受け入れることはできない」というものがあることを忘れてはならない。

すこし楽観的な言い方で議論を終えてみたい。とりあえず、我々には軍備をコントロールできる可能性はある。その証拠に、ほとんどの時代と場所で軍備はコントロールされてきたからだ。しかしこれが可能だったのは、軍備管理の交渉やそのプロセスが持つ非公式な影響力を通じて行われてきたためではない。歴史的な実績から見れば、軍備というのは政策、戦略、経済、そして忘れてはならないのは、その結果を考慮した冷静な計算などによってコントロールされてきた、ということだ。これを言い換えれば、「軍備は抑止の効果によってコントロールできる可能性がある」ということになる。*5
本項の格言は、軍備の管理の必要性と実現性を肯定するものではあるが、同時に軍備管理のやり方や方法論から助けを求めるべきではないことを我々に教えている。「軍備そのものが秩序や平和、そして安全保障にとっても問題である」という主張に対する本当の「答え」（もしそのようなものが出せるとすればだが）は、実は政治の中にあるのだ。よってここで問題にされるべきなのは、「症状」ではなく、その「原因」の方である。

軍縮と平和を混同するのは、我々が犯す間違いの中でも最悪のものだ。なぜなら軍縮は平和を実現してからはじめて達成できるようになるものだからだ。

ウィンストン・チャーチル（Winston S. Churchill）、一九三四年[*6]

＊1 George F. Will, "Arms Control Irrelevance," *The Washington Post* (May 27, 1990): B7.

＊2 Colin S. Gray, *House of Cards: Why Arms Control Must Fail* (Ithaca, NY: Cornell University Press, 1992).

＊3 See William E. Odom, *The Collapse of the Soviet Military* (New Haven, CT: Yale University Press, 1998), p.436n25.

＊4 See Thomas C. Schelling, "From an Airport Bench," *Bulletin of the Atomic Scientists* 45 (May 1989), pp.29-31.

＊5 See Colin S. Gray, *Another Bloody Century: Future Warfare* (London: Weidenfeld and Nicolson, 2005), pp.357-368.

＊6 Winston S. Churchill, *The Gathering Storm* (London: Penguin Books, 1985), p.92.

パート5

歴史と未来

格言36

本当に重要なものは変化しない近代史は「近代的」にあらず

「近代的」(modern) な世界は存在しない。迫り来る未来に直面する我々のリーダーたちは、世界には「近代」や「ポストモダン」(post-modern) は存在せず、古代と同じ世界――つまりテクノロジーはあるが、中国、ギリシャ、そしてローマの最高の哲学者たちのほうが良く理解できて上手く生きて行ける世界に――にいることを知ることになるのだ。

ロバート・カプラン (Robert D. Kaplan)、二〇〇二年[*1]

本項の格言は、全ての歴史には均一性があることを強く主張している。本書の格言をよく考えてみれば、そこに共通しているのは「戦略史には実質的な均一さがある」という主張だ。戦略家でも教える場を持っている人々は（私もそのうちの一人だが)、とくに、現在起こっている出来事について学びたいと感じている学生たちに常日頃から悩まされている。彼らはまだ流動的な出来事の興奮と、それらが現在に及ぼす影響との関係性を知りたがっているからだ。また、彼らは自分たちの研究や論文の扱っているトピックが最近の出来事の中で特に目立つものであればあるほど、将来自分を雇ってくれそうなボスや出版社の目にとまるものであると考えがちだ。現在研究しているテーマを慎重に選ぶことは研究者としてのキャリアを考えればたしかに合理的なことなのだが、そのような研究には過去の研究、特に遠い過去の歴史の研究に対して、ある種の偏見を持ったものが多い。絶望的な使命なのかも知れないが、それでも本項の格言は、「歴史の関連性というものは時代をさかのぼればさかのぼるほど薄くなり、最近の出来事であればあるほど学者の考察が意義を持ってきて役立つものになる」というほぼ普遍的な偏見に対してあえて挑戦しているのだ。

歴史に詳しい戦略家は、アレクサンダー大王の大戦略が時代を越えた客観的な教訓を我々に教えてくれることをよく知っている。[*2] その教訓は、今日でいうアフガニスタンに対して行っていた彼の対暴動作戦の実行の際に起こっていた「軍事における革命」(revolution in military affairs: RMA) についても適用できるのだ。本項の格言が意味している国政術と戦略の最も根本的なことは、数千年もの時を経ても全く変化していない。もし我々が歴史の中から戦略面での教訓を知りたいと思うのなら、あえて二〇〇〇年代のイラクやアフガニスタンだけに注目する必要はなく、どの時代の歴史的な例でも使うことができる。もちろん、証拠（もしくは証拠の欠如）によって発生する限界は存在するわけであり、たとえば非正規戦と対暴動についての多くの興味深い歴史的な例には信頼に足る情報が少ないために、学者達はこれをかなり慎重に扱わなければならない。

実際に戦略教育者の観点から見れば、学生などに遠い過去の時代のエピソードを教えることには大きな利点がある。たとえば戦略家の卵たちは、現代の出来事を考える場合とは違って、中世や古代の戦略の例については文化的伝統による偏見のような余計なものを持たずに分析することができるのだ。

もちろん、本項の格言が主張している重要な点というのは全く知られていないわけではないが、それでも一般的によく知られているとは言いがたい。我々はどの時代の例からでも国政術と戦略を学ぶことができるのであり、戦略の教訓を得るという点では、遠い昔の例よりも現代のそれのほうが参考になるとは言い切れないのだ。もちろん、「多くの戦略家（と彼らの専門知識の消費者たち）は、戦略史をほぼ趣味的な娯楽とみなすことがある」と論じることもできよう。たとえば、映画というのは女性の華やかな部分と同時に人間の残酷さを鮮やかに描いて見せてくれるものだ。しかし、古代史の中、もしくは比較的最近の時代に行われた戦略的な行為や間違いというものが「戦略の教訓を教えてくれる良い材料である」と人々に感じられることはあまりない。もちろんこのような考え方は深刻な間違いなのだが、それでもかなり一般的に見受けられるものなのだ。

この点に関係するが、戦略家である私は最近、アイルランド共和軍（ＩＲＡ）がイギリスの統治軍に対して一九一九年一月から一九二一年七月まで行った非正規戦についての研究をまとめた。[*3] この研究で私が得た現代への教訓は、泥沼化しつつあるイラクとアフガニスタンの非正規戦の状況にほとんど当てはまるものであった。とりあえず現在までの私の戦争の研究で判明したのは、八十五年前に得られた教訓は二〇〇〇年代の非正規・非対称戦のあらゆる場面に当てはめることができるということだったのだ。もし、フラヴィス・ジョセフス（Flavius Josephus）[*4] による現代史の中のローマ式の対暴動の描写があまりにも残酷に見えるというならば、ドイツ軍がロシアで行った対ゲリラ戦と比較してみればよい。またさらに最近の例を挙げれば、一九九〇年代から今日までロシアがチェチェンで行っているタイプの対暴動は、古代ローマの兵士の目から見てもそれほど違和感のないものなのだ。

本項の格言が重要な理由は、もしこれが否定されてしまうと、近代以前のあらゆる戦略的経験による貴重な教訓の宝を得られなくなってしまう、という点にある。これは我々にとって単なる大きな損失や自発的な能力の低下になるだけでなく、そもそも大きな間違いである。本書の格言が扱っている戦争と平和、そして戦略についての主なテーマというのは、それらが提示している問題やチャンスなどは実質的に時間を越えた普遍的なものである、ということだ。もちろんそれらの細かい部分のほとんどは時代ごとに異なってくるものであることは言うまでもない。しかし特定の紛争が持つ特徴と、その状況の特殊性に注目する必要性というのは、時代ごとに劇的に変化する部分だけを追求している人々だけに発生する義務ではない。戦略家が近年の多くの紛争の歴史から「価値ある教訓」や「もっともらしい一般法則」などを学ぼうとするなら、彼らも紛争の細かい部分まで見る必要があるのだ。

「近代史」というのはかなり合理的な概念かも知れないが、それでも歴史の分け方というのは、それぞれの文化、もしくは文明ごとに違ってくるものなのだ。戦略家たちは、ある歴史的な日付（や時期）の直前の時期を検証すればするほど、我々の歴史の教科書でかつて教えられていたような明確な時代区分の説得力の無さを思い知るものだ。なぜなら、歴史というのは時間の経過と同じように非常に連続的なものであるからだ。このような平凡な分析も、実は本項の格言の正しさをささやかに支持していることになる。歴史家はそれぞれの時代の特徴を表すような好き勝手なラベルを時代ごとに貼りたがるものだが、本当に重要なのは、「時代によって変化すること」よりも「変化しないもの」の方である。これはかなり論争を呼びそうな意見であり、読者の中にはこの文章の間違いを指摘するためにすぐさま赤ペンを探し始める人もいるはずだ。

あえて説明を加えるとすれば、もちろん目に見えるほぼ全て（そして目に見えないもののほとんど）は常に変化するものだ。物質面での進歩と文化に起こる変化というのは、時と場所によってそれぞれ異なる速度で動いていくのだ。そして、「変化」という現象だけはほぼ確実に起こるのだ。しかし本項の格言は、「本当に変化するものは何もない」ということを主張しているわけではなく、ただ単に「国政術と戦略が持つ最も重要な特徴は変化しない」と言っているだけにすぎない。これは「正規戦」と「非正規戦」の区別にあまり厳密になりすぎてはいけないということと同じであり、[*5]強いて言えば、これは第一回目の十字軍（一〇九五〜一〇九九年）と二〇〇三年の米軍主導のイラク侵攻の結果の違いを強調しすぎてはならないということと同じだ。もちろんこの二つの歴史的な事件には歴然とした違いが数多くあるのだが、それでもこれらは国政術、戦略、そして戦争という、変化しない本質を暴いているのだ。つまりこれは、ある一定以上のレベルになると歴史的な文脈が持つ特徴はほとんど意味を失う、ということだ。そういう意味では、十一世紀と二十一世紀の人間たちは時代的に全く違う性格を持つ状況におかれていたにもかかわらず、双方とも本質的にはかなり似たような問題に直面していたのだ。本項の格言の真価は、我々をアクセス可能なあらゆる戦略史へ誘うことだけにあるわけではなく、その他にも国政術、戦争、平和、そして戦略などが変化しにくいものであることを主張することによって、これらの中で行われる動きについての理解を助けるのだ。[*6]

本項の議論の最後を結んでいるエリオット・コーエン（Eliot A. Cohen）の言葉は、俗に「安定性の神話」（myths of stability）と呼ばれるものや、歴史の断絶を探求するような主張に対する批判を最も特徴的に表している。この点についてコーエンは正しい。幸いなことに、本項の格言は「安定性の神話」を支持していないし、歴史家たちの「変化」というものに対する理解の広さと深さに強く賛同しているのだ。しかし、この格言は「歴史思想家」たちが歴史のあまりにも細かい部分などにこだわりすぎていて、戦争や平和、そして戦略などの面で発生する大きな問題を無視する可能性があることを戦略家に警告するものとして読むこともできる。

戦略思想家たちは、「歴史の永続性」——つまり「永遠に変わらないものも存在する」という考え——というドクトリンを主張して歴史を利用しようとするために、歴史思想家たちを心配させるのだ。この意味で言えば、アメリカの戦略家たちは、以前の敵であったソ連が「永遠に作用する要素」(permanently operating factors) と呼んでいたもの——「アメリカには国家建設は出来ない」と言っていた政府高官が根拠としていたような恒常的な真理（これは「アメリカは犠牲者を出すことに耐えられない」ということを「歴史の真理」であるかのような主張をするのと同じようなものだが）——を信じているように見えることがある。ところが歴史思想家はこのような歴史的な真実の大々的な呼びかけを必要としていない。彼らは歴史の継続性だけでなく、それ以上にその中に非継続性を見つけようとするものだし、歴史の発展と変化というものを信じているのだ。彼らは多くの意味で「安定性の神話」の推進者ではなく、むしろその**敵**なのだ。

エリオット・コーエン、二〇〇五年[*7]

＊１ Robert D. Kaplan, *Warrior Politics: Why Leadership Demands a Pagan Ethos* (New York: Random House, 2002), p.vii.
＊２ See David J. Lonsdale, *Alexander: Killer of Men. Alexander the Great and the Macedonian Art of War* (London: Constable, 2004).
＊３ Colin S. Gray, *The Anglo-Irish War, 1919-21: Lessons from an Irregular Conflict* (Fairfax, VA:

National Institute for Public Policy, October 2006).

＊４　Josephus, *The Jewish War* (London: Penguin Books, 1959).

＊５　イギリスのシンクタンクである国際戦略研究所が二〇〇六年九月に開催した年次会（「グローバル戦略レヴュー」と呼ばれるらしいが）についての報告によれば、その中で開かれた「対暴動：学ばれた／なかった教訓」という分科会では私と同じような結論に至ったようだ。どうやらこの分科会では「紛争解決というものは最初の戦闘段階よりも後半の方がはるかにコストがかかって複雑であるという事情から、正規戦と対暴動戦という区別をやめて、作戦を全体的に見ることが必要であることが論じられた」のだ。単純に言えば、優秀な頭脳は皆同じようなことを考えるものなのだ。これについては、*IISS News* (Autumn 2006), p.3. Also, see Gray, *Another Bloody Century* (London: Weidenfeld and Nicolson, 2005), Chs.5-6. を参照のこと。

＊６　一〇九〇年代の戦略的経験が永続的な教育的価値を持たないとお考えの方には、John France, *Victory in the East: A Military History of the First Crusade* (Cambridge: Cambridge University Press, 1994). を一読することをお勧めする。

＊７　Eliot A. Cohen, "The Historical Mind and Military Strategy," *Orbis* 49 (Fall 2005), p.582 (emphasis in the original).

格言37

歴史は何かを「証明」するために乱用されることもあるが、それでも未来を見通すために我々に残された唯一のものだ

人々がどのように戦争を遂行し、ストレスのかかった状態の中でどう行動するのかについての唯一の実証的なデータというのは我々が持つ「過去の経験」であるが、これを考える際に忘れてはならない重要なことは、これらの経験が現在とは条件が大きく異なる環境の中で起こったことであるということだ。

バーナード・ブロディ（Bernard Brodie）、一九七六年[*1]

バーナード・ブロディは、自身の最後の著作である『戦争と政治』（*War and Politics*）の中で、同僚のアメリカの戦略家たちの歴史知識の欠如を嘆いている。

したがって、ドゥーエという唯一の例外を除けば（しかも彼が除外される理由は当然だが）、戦略論について書いた過去の偉大な思想家や教育家たちの理論の発展は、そのほとんどが広範囲にわたる豊富で鋭い歴史知識を基礎にしている。たとえば比較的新しい例にはクラウゼヴィッツとジョミニが

あるが、彼らは必要以上に豊富な歴史知識を持っていたと言えよう。ところが、現在の「民間戦略家」たちというのは、歴史の知識を決定的に欠く、歴史上でも極めて稀な存在なのだ。*2

核兵器というのは全く新しいタイプの兵器であるために、現代のアメリカで影響力を持つ近代戦略理論家たちのほとんどが歴史研究に没頭して教訓を探そうとする必要を感じていないというのはたしかに理解できないわけではない。一九四五年以降の長い期間、その中でも特に一九五〇年代と六〇年代には、多く（もしかするとほとんど）の人々にとって、核が登場する以前の歴史は当時の核問題には全く役に立たないものに見えたのだ。核兵器の登場によって起こった革命は、国政術、戦略、そして戦争の意味を、いままでの理解を遥かに越えて根本的に変化させてしまったのだ。このロジックに従えば、本当に有益な歴史は一九四五年から始まることになる。*3

核が登場する以前の戦略史に対する態度に変化が起こり始めたのは一九八〇年代になってからであり、一九九〇年代になってからは冷戦の終結で核の脅威が急激に減少したため、この変化がさらに加速されることになった。それでも、歴史は相変わらず無知の海に浮かぶ悩める孤島のような扱いを受けている。特にアメリカの防衛コミュニティーでは歴史への関心が薄いのだが、これは主に文化的な理由によるものだ。アメリカというのは前向きで楽観的な国であり、過去の歴史（それが自国のものであっても）から刺激を受けて将来のために活用しようとはしない。悲しむべきことに、アメリカの防衛アナリストたちはテクノロジー社会に生まれ育ったため、アイディアよりも機械に関心を持つ傾向があり、ましてや古い歴史から生まれた教訓などに関心を持つことはないのだ。よく言われるように、アメリカというのは「新しい国家」であるため、古いものではなく、新しいものに権威があるのだ。このような理由から、ブロディは同期のアメリカの戦略家たちには歴史知識が豊富な者が少ないと見たのだ。

核時代におけるアメリカの最初の世代の戦略理論家たちは、歴史知識が欠けていたために不幸な結果をもたらすことになった。具体的に言えば、これは一九五〇年代と六〇年代の「戦略学」という新しい研究分野が、人文学の一分野である芸術《アート》ではなく科学《サイエンス》として（むしろ似非科学と言ったほうが良いのかもしれないが）発展させられてきたという点だ。これを書いている著者である私は、この時代の理論家と彼らの研究成果、そしてそれらがもたらした結果についてはよく知っているつもりだ。たとえば、アメリカの政策と戦略に対して実践面で影響を与えた現代の戦略理論の核心部分にあったのは、「抑止」(**deterrence**) と「制限戦争」(**limited war**)、そして「軍備管理」(**arms control**) の三つの理論である。ところが、理論的に守備範囲が狭いがよく洗練されたこれらの三つの理論は、朝鮮戦争（一九五〇～一九五三年）よりも以前の歴史の中の事例をほとんど参考にしていないのだ。[*4]

本項の格言は、「真剣な歴史教育をまともに受けていない戦略家というのは歴史的知識を持たないために、現在という状況にがんじがらめになる」という悲しむべき事実を指摘している。たとえば、歴史知識を軽視する戦略家がいたとしよう。この彼は、過去というものを現在の状況とはほとんどつながりのない無関係のものとして切り捨ててしまうために、何をすべきかを判断する際には「今日と明日」という範囲の中だけでしか物事を考えられなくなってしまうのだ。ところがあいにくなことに（しかし確実に）、明日という日は白紙なのだ。そこではまだ何も起こっていないのであり、これについては推測することしかできない。しかし、この推測そのものはどの前提を元にしたものなのだろうか？　そしてこの前提はどこから来たのだろうか？　この戦略家にとっては、この問題に対する答えは「今日現在」にしかない。エドワード・ギボン（**Edward Gibbon**）が書いたように、「歴史……

というのは犯罪歴や愚行、そして人類の不運に毛が生えたようなものでしかない」という風に過去が拒否され、しかも未来が文字通り「何も与えてくれないもの」になってしまうと、この戦略家は「今日現在」だけに閉じ込められてしまうことになる。これはつまり、戦略的な考えと行動が現在のコンテクストだけを元にした分析と洞察に頼ることしかできないことを意味する。ところが問題なのは、このコンテクストが変化しつづけるものであるという点だ。今日の状況というのは、明日の状況を見通すための優秀なガイドにはならないのだ。この重要な点を理解するためには、一九〇〇年代以降から今日に至るまで、近未来の予測を試みた戦略家たちの実績を一〇年ごと(一九一〇年代、一九二〇年代、一九三〇年代……)に区切って考えてみればよい。ここで明確になるのは、いわゆる「現代風の見方」(presentism) というものがかなり無分別な決定や行動につながったということだ。

直前の段落の中で行われた議論はたしかに誇張されたものだが、それでも重要な点を指摘していると言える。実際のところ、歴史知識が浅く、しかも歴史を元にしたアドバイスに軽い疑いを持っている戦略家でさえ、自分の意見に当てはまるような歴史的証拠がある場合は嬉しいものだ。それに加えて、本当に歴史には無知でありながら、感受性の強い時期に学んだ(自分にとって好都合な)「歴史の真実」を熱狂的に支持し、しかも自分が無知であるという事実に気づかない戦略家もいる。このような人間はむしろ危険でさえある。彼らの主張する歴史の教訓についての限定的な知識(しかもこれはかなり頑固に信じ込まれている場合が多いのだが)は、実践面において破滅的な結果をもたらすこともあるからだ。たとえば、一九三八年のミュンヘンの教訓である「宥和政策の危険性」というのはその典型的な例だ。[*6] 歴史家のマイケル・ハワード (Michael Howard) は、歴史知識にまつわる悲しい現実について以下のように説明している。

「歴史」というのは、そこにいくらか判断を行う際の参考になる価値があろうとも、何かの「教訓」を教えてくるわけではない。したがって、プロの歴史家というのは、患者に向かって「即効性のある特効薬だ！」と喧伝する医者のように、同僚たちに疑いの目で見られてしまうことを覚悟しなければならなくなってしまう。過去というのは無限の価値を持つものだが、これはある物事を証明したり、または反証したりすることに使える、様々な出来事にあふれた無尽蔵の宝庫なのだ。[*7]

この点において、ハワードはたしかに正しく、これは歴史的経験から詳細な行動的指針を探そうとするのが間違いであることを説明している。ところが、歴史というのは時がかなり経過するまでその秘密を明かさないという傾向があるし、歴史は異なる「公正な解釈」に役立つものであるという事実は、戦略家にとっての歴史の価値を決定づけてくれるわけではないのだ。本項の冒頭で引用したバーナード・ブロディの「人々がどのように戦争を遂行し、ストレスのかかった状態の中でどう行動するのかについての唯一の実証的なデータは我々の過去の経験である……」という言葉を思い出して欲しい。現在と未来を戦略的に考えるための証拠として我々が唯一持っているのは歴史なのだ。「乏しい歴史知識」に対する答えは「正しい歴史知識」なのであり、決して「歴史を無視すること」ではない。

戦略家が活動するコンテクストというは常に流動的であり、これは時間を経ることによって劇的に変化するのだが、それでもこれは本項の格言の論理を無効にするわけではない。本書の格言の中には「戦略史の中でも変化しない重要な構造」を主張していたものがあったことを思い出していただきたい。そこでは戦略、政策、そして戦闘行為などの主な行動については永続的な特徴が存在すると論じられていた。これを知っている戦略家にはあまりにも明白なことなのだが、これは人類の持つ全ての(といっても知り得る限りのものだけだが)戦略的経験は、どのような価値を持つものであっても検証されて活用されるべきである、ということになる。これに対する反論はどのようなものであっても完全に説得力を欠くものだ。特に「歴史の中には現在と過去があまりにも違うということを示す非連続性の証拠が豊富にあるため、歴史の流れは現在の出来事にはなんの関連性も持たない」という主張にはなんの意味もないのだ。少なくとも、これが戦略と政策にまで拡大解釈された場合には何のメリットも無くなってしまう。なぜなら現在の戦略というものは、その本質と構造においてはどの時代のものとも全く変わらないからだ。悲しむべきことだが、いわゆる「歴史の教訓」とされているものの多くはほぼ確実にその正しさを証明できないのだが、それでもこれは歴史をよく研究することに対する反論とはならないのだ。これが示している意味については、本項の最後に引用されているジェフリー・ティル(Geoffrey Till)の言葉によく表現されている。ここで私が正直に言いたいのは、私はほとんどの歴史家たちよりも「歴史の教訓」という考え方に対してはそれほど恐れを抱いていないということだ。

しかし、このような私の弱点は、おそらく「社会科学の研究者」という自分の経歴のせいかも知れない。

現代と将来の分析にとっての歴史の主な有用性というのは、教訓を導き出す点にあるのではなく、むしろ必要な物事を要素ごとに区別して考えさせてくれる点にある……歴史は我々に「答え」ではなく、洞察力とより良い質問を与えてくれるものなのだ。

ジェフリー・ティル、一九八二年[*8]

＊1 Bernard Brodie, in Carl von Clausewitz, *On War*, edited and translated by Michael Howard and Peter Paret (Princeton, NJ: Princeton University Press, 1976), p.54.

＊2 Bernard Brodie, *War and Politics* (New York: Macmillan, 1973), p.475.

＊3 核兵器が登場する以前の経験に対する偏見への反論については、Colin S. Gray, *Strategy and History: Essays on Theory and Practice* (London: Routledge, 2006), Ch.1, "Across the nuclear divide-strategic studies, past and present."を参照のこと。

＊4 See Colin S. Gray, *Strategic Studies and Public Policy: The American Experience* (Lexington, KY: The University Press of Kentucky, 1982).

＊5 Edward Gibbon, *The History of the Decline and Fall of the Roman Empire*, edited by J. B. Bury (London: Methuen, 1909),1: 84.［エドワード・ギボン著、中野好夫ほか訳『ローマ帝国衰亡史』全一〇巻、一九七六〜一九九三年］

＊6 See Jeffrey Record, *Making War, Thinking History: Munich, Vietnam, and Presidential Uses of Force from Korea to Kosovo* (Annapolis, MD: Naval Institute Press, 2002).

＊7 Michael Howard, *The Lessons of History* (New Haven, CT: Yale University Press, 1991), p.11.

＊8 Geoffrey Till, *Maritime Strategy and the Nuclear Age* (London: Macmillan, 1982), pp.224-225.

格言38

未来は予見できるものではない

今日にとっての「明日」ほど素早く過ぎ去るものはない

未来を予測するのは不可能であり、このようなことを細かいレベルまで行おうとするあらゆる試みは、ほんの数年以内にまったく馬鹿げたものに見えてきてしまうのだ。

アーサー・C・クラーク（Arthur C. Clarke）、一九六二年[*1]

本項の格言は、戦略家である私が「議論の余地のない真実」と考えていることを説明している。しかしながら、この格言が本書に加えられるほど議論の余地のない高い価値を持つ主張（厳密には二つの主張によって構成されているのだが）である理由は二つある。一つ目の理由は、多くの人が忘れている「未来は予測不可能である」ということであり、これは破滅的な結果をもたらす可能性がある。二つ目の理由は、この格言が示している真実は、知らないことや不可知な未来に対して準備しなければならない我々の使命をごまかす際の言い訳にはならない、という点にある。戦略家というのはあくまでも実務的な職業なのであり、彼らは自分の無知という不可避なことに対して、精一杯対処せざるを得ないのだ。

このような議論と対極にあるように見えるものに、「未来は実際に予見できる」という主張がある。本書の議論でも繰り返し論じられているように、歴史における国政術と戦略の継続性は驚くべきものだ。したがって、普遍性という高いレベルで考えれば、二十一世紀もそれ以前の世紀とよく似たものになると思われる。つまり、相変わらず戦争の発生や戦争の噂があるだろうし、戦いは正規戦と非正規戦の両方で行われ、地域と国際的な秩序はもろくなり、障害が発生し、不安定で、崩壊の危機にさらされることになるはずだ。また当然だが、世界中の戦略家たちはトゥキディデスによって指摘された普遍的な国家の動機である「恐怖、名誉、利益」を活用することになるのだ。端的に言えば、私の最近の著書のタイトルのように、二十一世紀は『再び迫る血まみれの世紀』（***Another Bloody Century***）となる。

著者である私は、政策を作る側にいる政治家や、いわゆる専門家としての立場から発言するコメンテーターたち、そして実務に関わっている国政官僚たちが、「予見できる将来」という言葉を軽々しく使っているのを見るにつけ、常に驚かされずにはいられない。彼らは未来が予見できないものであるという事実を知らないのだろうか？　それとも、彼らは我々凡人が手に入れることのできない、未来を見通す水晶玉を覗くことができるのだろうか？　もしかすると（そしてこの可能性はかなり高いが）、彼らはあまりにも霧の向こうの未来を見通すことに慣れているために「自分たちだけは物理法則を越えたことができる」と思い込んでいるのだろうか？　おそらく彼らは、未来に備えて準備しなければならない人間たちの精神・感情面での健康のためには、あえて「予見したことが起こる」と信じ込むことが必要不可欠だと考えているのかも知れない。

たしかに、未来について細かく知ることは無理なのだが、それでも「未来は完全に白紙のページでできた本だ」という主張は正確ではない。結局のところ、二十一世紀を推測しなければならないとすれば、我々にはとりあえずそれを行うための目安となる、二五〇〇年間にわたる人類の経験があるのだ。もちろんその歴史の中には劇的な非継続性は存在するのだが、それでも「人間の行動」そのものにはそのような変化は起こっていない。歴史家、特に社会科学者たちは、常に「決定的な瞬間」、「分岐点」、そして「戦略的瞬間」などを見つけようとするものだ。ところが、なぜか様々な戦闘行為の中で表わされる戦略や国政術というのは、どれも常に似たようなものになってくるのだ。「未来がこれまでとは違うものになる」というのは、実はそれが単にそうなる可能性を持っているというだけの話だけだ。もしかすると、現代の理論家たちはグローバルな共同社会が実現した未来の到来は確実であり、人類はとうとう政治的なコミュニケーションの一手段である「暴力」を捨てる日が来る、ということを提唱しているのかも知れない。[*2] しかしここでは「慎重さは国政術における最高の美徳だ」という格言32のアドバイスを思い出すべきだ。個人の場合は自分の命と財産を賭けても良いのかも知れないが、国家のリーダーや戦略家というのは社会全体の命と財産を軽々と賭けるわけにはいかないからだ。

本項の格言には二つの難題がある。まず一つ目は、「細かいところまで予測することができない将来」というものにいかに慎重に対処できるかという難しい問題である。そして二つ目は（それよりもやや簡単かも知れないが）、いわゆる「専門家」たちを含む多くの人々に対して、「予見できる将来」というものは実は予見できるものではないことを彼らに教育し直す必要がある、という点だ。しかもこの作業には、評判、エゴ、そして多くの資金が関わってくるため、すでに定着している未来についての考え方をわざわざ脱構築するのは至難の業となってくる。たとえば、現在の英米の防衛コミュニティーの一般常識となっているものには、「未来の戦争は非正規的・非対称的な敵との戦いになる」というものがある。ところが、これについての戦略面での論拠にはあまり説得力がない。その証拠に、「未来の戦いは非正規戦になる」という考え方は、「明日は今日よりも今日らしくなるはずだ」という、いわばその場しのぎの気休め的な前提に立ったものでしかないからだ。これこそが、戦略家である私が言うところの「現代風の見方の誤り」（the error of presentism）の典型的な例である。ところがここでのポイントは、「未来の戦闘のほとんどが非正規戦になるという考えは間違いだ」ということではない。それよりも大事なのは、これが本当に正しいのかどうかを誰も証拠を示しながら確信を持って答えることができない、という点なのだ。

これまでの議論の目標とは反対にこれから論じなければならないのは、本項の格言の背後にある論理というのは（逆説的かも知れないが）実際のところはポジティヴで建設的なものを狙っているということだ。まずはじめに、我々は未来について考える際のあさはかで危険とも言える前提や予備知識を忘れなければならない。

未来の歴史の詳細について無知というのは、実は国政術や戦略の実行につきものであり、歴史的に見てもこれを完全に防ぐことができないことがわかる。しかもこれは人間の意志によって操ることができない「自然の脅威」のようなものではなく、むしろ我々が作り変えることが可能な、「偶発性」と「条件」によって構成されたものなのだ。しかしここで注意しなければならないのは、未来を自分たちの好みの状態に変えていこうとする人々というのは「傲慢さ」という罪を抱えているために、常に思いがけない方向から厳しい賞罰を受けやすい、ということだ。これはまさに、ヨーロッパをナチスの悪から救うためにもう一つ別の悪（ソ連）と置き換えることが必要だったのと同じだ。では、我々はどうすれば良いのだろうか？

予見不可能の未来に向かう戦略家は、「慎重さ」と「柔軟性」という二つのことを特に尊重する必要がある。慎重さの必要性については、すでに本書でも格言32で説明した通りだ。戦略家たちは自分たちが備える未来に対して柔軟に対応できるようにしておくべきであり、こうすることによって彼らの属する社会は、後に容赦なく否定されることになる「支配的な未来予測」によって身動きがとれなくなることもない。たとえば、一九三九年から一九四〇年にかけてのフランスの戦略家たちは長期戦になることを予測して準備を進めたのだが、彼らは当然のようにこの戦いには勝つつもりでいた。英仏両国は、ナチス・ドイツよりも余裕をもって準備できていたのだ。ところが、「資源面での強さを活かした長期戦の末の勝利」という想定は、ドイツにとってソ連の資源へのアクセスを可能にした一九三九年八月二十三日に締結されたモロトフ＝リッベントロップ協定（独ソ不可侵条約）によって挫折した。その上さらに致命的だったのは、長期戦という考えが一九四〇年の五月から六月のたった六週間でフランスを敗北せしめたドイツの作戦面や戦術面での勇猛さによって否定されてしまったということだ。ここでの明白な教訓は、いくら圧倒的な戦略シナリオに強い信頼を置いていたとしても、「歴史には大規模で不都合なサプライズが発生する」ということを忘れずに、必要最小限の効果的な保険をかけておく慎重さが必要である、ということだ。

本項の格言の真意は、「防衛計画を作成する戦略家は〈最低限の後悔〉という黄金の法則を追求するべきだ」というところにある。つまり、目的は未来予測で絶対失敗しないようにすることにあるわけではなく、それよりも、失敗してもそれを比較的マイナーなものに抑えることにあるのだ。戦略家の本当の優秀さというのは「取り返しのつかない致命的な間違いをどこまで犯さないでいられるか」という点にある。もし、これがほぼ不可能なことのように聞こえるのなら、本項の議論は予見できない未来に対処することの難しさを正確に説明できたという意味で成功したといえるだろう。

我々は「知らないもの」を「起こらないもの」であると判断しがちだ。

ダグラス・スミス（S. Douglas Smith）、二〇〇四年*3

＊１ Arthur C. Clarke, *Profiles of the Future: An Enquiry into the Limits of the Possible* (London: Gollancz, 1962). ［アーサー・C・クラーク著、福島正実・川村哲郎訳『未来のプロフィル』早川書房、一九八〇年］

＊２ コミュニタリアンのビジョンについては、Amitai Etzioni, *From Empire to Community: A New Approach to International Relations* (Basingstoke, UK: Palgrave Macmillan, 2004). を参照。やや後悔しているが、私はEtzioniの意見に対して"Sandcastle of Theory: A Critique of Amitai Etzioni's Communitarianism," *American Behavioral Scientist* 48 (August 2005), pp.1607-1625.という論文の中で大批判している。

＊３ S. Douglas Smith, book review, *Naval War Review* 57 (2004), p.147.

格言39

サプライズは避けられないが、それが及ぼす影響は防げる

砲撃と「鉄条網切断」は（一九一七年の）五月二十一日に始まり、五月二十八日には大規模に行われ、七日間にわたる集中砲撃で頂点に達したが、これには配備体制をテストするための弾幕射撃の実習も含まれていた。その結果として奇襲のチャンスは失われたのかも知れないが、それでも範囲が完全に限定されていたメッシーネ作戦にとっては大きな問題にはならず、突破できると勘違いして大失敗したアラスの場合とは対照的であった。メッシーネ作戦では奇襲は行われなかったが、（十九個ほど仕掛けられた）地雷と圧倒的な砲火が奇襲的効果をあげたために短期的な目標を獲得するのには十分であった。このような点や、実際の「奇襲」と「奇襲が及ぼす効果」との違いは、戦いの理論にとって重要な意味を持っているのだ。

B・H・リデルハート（B. H. Liddell Hart）、一九七二年[*1]

本項の格言は、格言38を補うものだ。たとえば前項では未来の詳細を予見することはできないと主

張したのだが、これは人気のある「予見できる将来」という馬鹿げた概念があるにもかかわらず、それでも我々は慎重な手段をとることにより、自分たちの無知によって発生した被害をかなり抑えることができる、ということまで示している。柔軟性というのは、「戦略」、「大戦略」、そして（当然だが）戦略に使用される「能力」の中において、最も大切なものであることが確認されたのだ。本項の格言は、「国政術と戦略においてサプライズ（奇襲：surprise）が多く発生するのは、ゴルフのパーと同じように普通のことである」という主張をあまり目立たずに行っている。サプライズはたしかに存在するだけでなく、競争が激しく行われているコンテクストの中で成功するためには必要不可欠なことでさえあるのだ。加えて、彼らは常に偶発的な事態に影響されてしまう危険と隣り合わせなのだ。その逆に、本項の格言は目立つところでも本当に重要なことを主張している。たとえば、「サプライズ」と「サプライズが及ぼす影響」という区別は、一般的にそれほど深く理解されているわけではない。このような簡潔な「格言」という形で見せることができれば、本来の意味が間違って受け取られることも少なくさせることができるのだ。

この格言はサプライズの発生が宿命的であることを主張しているのだが、その発生を防ぐことに無関心で良いと言っているわけではない。つまりここでは、「諜報活動やその分析が重要ではない」と言うつもりは全くなく、ただ単に「サプライズが起こる」という歴史的事実を述べているだけに過ぎない。しかも、サプライズというのは頻繁に起こるものだ。サプライズというのは常に不快なものだが、実際に不快であっても、それが国家の安全保障にとって本当に脅威であることは少ない。つまり、この格言は「あらゆる種類の諜報や情報を集めて分析してもサプライズは起こる」という意味で解釈すべきなのだ。するとここでの問題は、そもそも実現不可能な「政策と戦略においてサプライズのないコンテクストを実現すること」ではないことになる。慎重という基準から考えれば、我々はサプライズの及ぼす影響を最小限に抑えることに努めなければならないことがわかる。ここで我々が決定的に理解しておく必要があるのは、「サプライズそのもの」には価値がないということだ。それよりも重要なのは、軍の司令官の考えや軍隊の戦意、もしくは困難な政策を実行していこうとする政府の決意などを破壊する「サプライズが及ぼす影響」の方だ。もちろん我々はサプライズの発生を完全に防ぐことはできないが、それでも事前にそれが及ぼす効果について何からの手段を講じておくことだけはできるのだ。

本項の格言では、サプライズの発生は不可能であることを認めているために、それが及ぼす影響についてスマートに対処できるよう計画できるという主張はむしろ奇妙で、見方によっては矛盾しているように聞こえるはずだ。これを分かりやすくするためには、国政術と戦略についての利益面でのサプライズが以下のように大きく分けて四つの形――（1）政治的、（2）戦略的、（3）作戦的、そして（4）戦術的――で現れることを示すことが有効かもしれない。この区別をわかりやすくするためには、一九四四年六月六日のD-Day（ヨーロッパ大陸進撃開始日）に始められた、連合国側のフランスへの侵攻を考えてみればよい。この時には政治的サプライズは無関係であり、戦略的サプライズは達成不可能であった。なぜなら、ドイツ側はすでに連合国側が侵攻して来ることを知っていたからだ。ところが、連合国側は作戦的および戦術的なサプライズの両方において驚くべき成功を収めた。なぜならドイツ側は、六月六日という運命の日に部隊が浜辺に到着するまで侵攻する側が狙っていた地理目標がノルマンディーであったことには気付かなかったからだ。また、作戦の実行が元々予定されていたのは五日だったのだが、アイゼンハワー将軍は暴風雨のために作戦開始の指令を二十四時間遅らせなければならなかったのだ。

ドイツ側から見れば、以前から予期していたこの侵攻には、本項ですでに論じられた二つの問題が含まれていた。まず彼らは連合国側が（作戦的、戦術的な）サプライズによって得ることになる利益を抑止する必要があり、その次に、もし連合国側がそのサプライズを成功させたとしても、自分たちの「西の壁」とその大陸の後背地を維持する能力に対して壊滅的な効果を与えさせてはならなかったのだ。よって、ドイツ側が連合国側のサプライズに対する解決法として示したのは、予備の機甲師団を偶発的な事態にも柔軟に対応できるような地点に大挙して集結させることだった。これをいいかえると、連合国側が上陸地点について選択肢を持っていたことを踏まえて、ドイツ側は柔軟に対処できるように準備しておく必要があったのだ。実際にドイツ側の西部戦線の司令官たちは、機甲師団の配置場所や、それについてのタイミングと、その際にどのような大規模な反撃を行うのかについて合意することができなかったのだ。それに加えて、そのような大事な師団を動かすことについて総統の許可を得られるのかどうかという不確実な要因もあった。この歴史的な例の結論から言えば、連合国側は十分なサプライズの効果を達成し、ノルマンディーにおいて（その基盤は浅かったかも知れないが、それでも）確固たる地位を得たということになる。ところが、このサプライズの効果だけではこの地域におけるドイツの防御を打ち負かしたり、ましてや壊滅させることなどできなかったし、あらかじめ反撃を排除しておくこともできなかったのだ。

本項の格言は、「サプライズ」や「サプライズの影響」の地位を極限まで高めるものとして読まれるべきではない。サプライズというのは単なる一つの「条件」であり、いわば舞台の備品の一つなのだ。本項のように誰かが「サプライズの影響」を語っていることを見かけた場合に思い出してほしいのは、その人は単に一つのコンセプトを使っているだけだ、ということだ。そのコンセプトに詳細な歴史が含まれてくるまで、それは単なるアイディアでしかないのだ。「サプライズの影響」には最初から価値観が備わっているわけではない。それが及ぼす結果というのは、常に特定の歴史的なコンテクストに限定されたものなのだ。この点をさらに理解しやすくするためには、一九四二年か一九四三年に連合国側が北フランスへと侵攻したと仮定して、その場合に現代のアメリカの統合幕僚本部がどのような戦略をとるのかを考えてみてほしい。たしかに、戦略、作戦、そして戦術レベルではサプライズが確保できるかも知れないが、そのサプライズの影響で大規模な軍事的勝利を十分に達成できる可能性は低いのだ。したがって、いくつかのレベルでのサプライズが行われても、この侵攻には軍事力が足りないため失敗してしまうのだ。連合国側は一九四二年から一九四三年にかけての時期にはドイツ陸軍を大陸戦で打ち負かすことができるほど強くはなかったからだ。サプライズというのは、たしかに大きな価値を持つものである。なぜなら、とりあえず少しの間は相手に対して有利な立場に立てるからだ。しかしほとんどの場合、サプライズの影響というのは物質面での深刻な不利を十分に補ってくれるわけではない。サプライズをかけられて驚いた敵というのは、素早く決定的に打ち負かされない限り、大抵の場合はそこから復活してくるものだからだ。

本項の格言は、「避けることが不可能な問題」と、「そのような危機はほぼコントロール可能である」ということの両方を認めている。具体的に言えば、たしかにサプライズは起こる。しかし、敵対するもの同士がサプライズの効果によって政治的、心理学的、軍事的に不能になるかどうかは、実は攻撃する側でもほとんどコントロールできないものなのだ。これはサプライズとそれが及ぼす可能性のある影響に頼る戦略は常にリスクの高い行為（もしくは冒険）であることを説明する、数多い理由のうちの一つである。[*2]

サプライズの及ぼす影響の問題に対する唯一の答えは、広範囲に起こりうるような脅威や、起こりそうも無いが潜在的には致命的な脅威に対して順応的かつ柔軟になる、ということだ。戦略家が必死に防がなければならないのは、戦略面での対応の仕方がある程度固められてしまい、戦略・軍事面での心構えに柔軟性が失われてしまうような事態だ。現在の例を挙げれば、アメリカの防衛コミュニティーが正規戦と非正規戦のどちらかだけを選ぶことを避ける必要があることがこれに当たる。彼らはこの両方の戦いで戦えるようにしておかなければならないのであり、その二つを上手く融合させるよう努力しなければならないのだ。二十一世紀では、戦略面におけるこの両方の問題が明らかになってくるはずだ。国家が狭い範囲で脅威を想定してしまうと、サプライズが及ぼす影響を最大限に発生させるような、順応的な敵を招くことになってしまうからだ。

本項の議論の最後を飾る言葉は、最近（というよりもおそらく現在）のアメリカの状況に痛いほど当てはまるものだ。現在アメリカが取り組んでいるハイテクや情報技術主導の「軍事における革命」(RMA：revolution in military affairs) を念頭におきつつ、以下の言葉の意味をじっくり考えてみてほしい。

我々が答えを見つけたその瞬間に、彼らは質問を変えたのだ。

作者不詳

＊1　B. H. Liddell Hart, *History of the First World War* (London: Pan Books, 1972), p.325. ［ベジル・リ

デルハート著、上村達雄訳『第一次世界大戦』上下巻、中央公論社、二〇〇〇年〕

＊2 See James J. Wirtz, "Theory of Surprise," in Richard K. Betts and Thomas G. Mahnken, eds., *Paradoxes of Strategic Intelligence: Essays in Honor of Michael I. Handel* (London: Frank Cass, 2003), pp.101-116.

格言40
悲劇は起こる

ローマ人は敵軍を破壊し、彼らが二度と戦うことができなくなるまで戦った。

エイドリアン・ゴールズワーシー（Adrian Goldsworthy）、二〇〇二年[*1]

「カルタゴは滅ぼされなければならない」（Delenda Carthago）というのは紀元前三世紀の地中海最大の商業帝国に起こった悲劇である。しかし、これは当時勃興しつつあったローマ帝国にとって必要な勝利でもあった。[*2] 戦争の悲劇というのは、大抵の場合は社会・国家レベルにおいて偏った広がり方をするものであり、時としてこの分布がひどく不均衡になることもある。たとえば、一九四五年のドイツで破壊されたのは軍隊だけではなかったのであり、政治基盤そのものが消滅し、都市部では瓦礫の山が広がったのだ。それとは対照的に、西側の連合国のリーダーであるアメリカの国土はほぼ無傷であり、後に「善い戦争」と呼ばれるようになった戦いに参加したことによって、逆に国力を上げているのだ。たしかに戦争は、ドイツ人、もしくはポーランド人、または（中立を維持したことによって栄えたスイスとスウェーデンを除く）すべてのヨーロッパ社会にとって全く無益であった。視点を高い政治のレベルに移してみると、悲劇というのはどの政治派閥に属したり共鳴しているのかということによって決定されるわけで、これはあくまでも主観的なものだ。なぜなら、ある社会にとっての悲劇は、他の社会にとって栄光への大きなチャンスとなるからだ。これは少なくともカルタゴとローマの場合は事実であり、また部分的にはアテネとスパルタにも当てはまる。ところが視点を実際に歴史を形成する個人を網羅する人間レベルに移してみると、戦闘行為というのは常に悲劇的な結果をともなうものであることがわかる。国の勝敗や手詰まり状態を押し付けることができたかどうかに関係なく、人々は常に死傷してきたからだ。一九一四年以前の戦いにおける物理的な環境はあまりにも厳しく不健康なものであったため、当時の犠牲者のほとんどは戦闘によるものではなかった。つまり、敵の武器よりも、病気や困窮のほうが多くの人命を奪ってきたのだ。したがって、人間レベルにおける戦略家の主な焦点は常に戦闘行為にあったのだが、そこには小規模ではあるが個人やその家族にとっての「完全な悲劇」というものが含まれざるを得ないのだ。戦略家は悲劇的な職務を遂行するものだ。そしてこの必要不可欠な職務は、人間の悲劇という事実を根本的に変えることができるわけではないのだ。

ジョン・キーガン（John Keegan）は、一九七六年に出版した『戦闘の様相』（*The Face of Battle*）の中で、「戦うとはどういうことか」ということを検証するために、今まで大統領や王様、将軍、そしてその他の戦略家たちに集まっていた視点を、泥や雪のあるレベルまで落としている。[*3] 実際の戦闘の経験はどういうものだったのだろうか？　戦略家というのは、戦略を実行しなければならない人間に求められる活躍というテーマについてはあまり雄弁に語ることはない。しかし、戦略というのは実行されてこそ価値が出てくるものだ。戦略としての「戦略」というのは単なるプランでしかなく、見方によれば一つのアイディアでしかない。良きにしけ悪しきにつけ、戦略というのは作戦や戦術などによってはじめて実現されるものなのだ。そして戦術とは、戦火の中や、斧を振りかざす野蛮なゲルマン民族の攻撃や、自分たちとほぼ同じような重装歩兵の密集軍と対峙した状況での人間の行動を示すのだ。[*4] 本書で行われた議論では、人間、つまり実際の人間たちや個人の持つ重要性が平等であるという強固な主張が出てきた。これについては格言22の「人間が最も重要である」という主張を思い出していただきたい。ところが、戦略家である私が心配しているのは、他の戦略家たちが大きな間違いを繰り返してしまうことや、戦争、平和、そして戦略における、人間的な面を適切に受け入れることができずに失敗することだ。ここで注目すべきなのは、戦略の企画者たちが自分たちの作戦コンセプトの素晴らしさに夢中になってしまうことや、その結末は多くの兵士たちにとって確実に悲劇的なものになる、ということだ。近代の戦略史におけるこの典型的な例は、一九四一年から一九四五年にかけてロシアで戦っていたドイツ東部軍（Östheer）の成功の成否を決定する上で致命的となった、構造的な兵站不足である。[*5]

戦略家というのは、職業柄、「悪い知らせを運ぶ人間」である。実際のところ、戦略家たちは「悪い知らせ」が自分の仕事であることを正確に主張することもできる。よって、軍事力の行使やその脅しについての専門家を必要としない社会では、戦略家は必要とされないのだ。もちろん、彼らは何人かの戦略家を使って初歩的なことを慎重に決定することもできよう。戦略家というのは、医学の世界の第一の原則である「人を傷つけない」ということに魅惑されがちだ。ところがあいにくなことに、彼らはこのような誰も反論できないようなことが実現可能かどうかについて確信することはできないのだ。戦略家というのは、以前には全く想定されていなかった脅威を認識したり予期したりすることだけではなく、彼自身の軍事力の行使についてのグランドデザインが間違っていることを常に証明されやすい状況に置かれている。戦略家というのは、主に受動的で無反応なものに対して戦うのではなく、むしろ活動的で非協力的な敵の意志や力を打ち負かすために戦うものなのだ。つまり、戦略家というのは、悲劇というものに関わりながら、その責任を大きく背負うのだ。現代のように世界中で政治的なリーダーシップがプロの戦略家（軍・民間を問わず）を支配しているという事実を踏まえれば、戦略の結果についての責任は、それを採用して実際に実行する指令を出した人間にあるということを法的にも主張できるだろう。しかしながら、戦略家である私は、自分のアイディアが与えた実際的な影響については、少なくとも現実社会に限定的だがそれなりの影響を持つという意味で、ある程度の責任が発生すると考えている。

一九一九年以来、善良な意志を持った数多くの人々は（説得力はなかったかも知れないが）、「戦争と平和、そして戦略の研究というものは、歴史の戦略的な面を撲滅するというたった一つの目的のために行われるべきだ」と信じてきた。このような見方からすれば、彼らにとって最も重要なテーマは、本書の格言11が述べているような戦略研究を維持することの難しさではなく、「戦争という悪そのもの」であることになる。この点について、戦略家である私が経験した実際の不快な体験から言えることは、戦略家が戦争の「解決策」ではなく、その「問題の一部」であると勘違いされるということであり、しかもこれは日常茶飯事のように起こるのだ。覚えておいていただきたいのは、私はこのような非難を何度か真剣に考えたことがあるが、それでもまだ（おそらく当然なのかも知れないが）それらには強い説得力を感じられないと思っているということだ。「我々のような戦略家が世界を支配している」という考えをもてあそぶのは楽しいことかも知れないが、不幸なことに、実際の我々は我々の仕事を必要としている世界の中で生きる国家の奉仕者でしかないのだ。さらに我々戦略家たちは、「世界の歴史は戦いのない状態に向かって突き進んでいる」とは全く考えていない。

戦略家の使命とは、自分たちが防ぐことができない大規模な悲劇に対処することであり、また悲劇的な状況を変化させる実際的な方法を探すことなのだ。これから分かるのは、戦略家は自分たちの主《あるじ》である政治家やオピニオンリーダーたち、そして国民に対して、経済的に大規模な悲劇が発生することを説明する義務を感じなければならない。さらに言えば、全ての人間が作った悲劇というのはその発生を理論的には防ぐことは可能だが、実際には無理なのだ。ホロコーストの発生は防げたのだろうか？　もちろん理論的には可能であった。ところが一九三〇年代から一九四〇年代初期にかけての実際の歴史の偶発的な流れを考えてみれば、これは不可避だったのだ。一九六二年十月には「悲劇」という言葉の定義を変えるほどの悲劇の発生の直前まで行った。キューバ・ミサイル危機は一触即発の状態だったのであり、その関係者全員、または直接関わりのない多くの人々にも、悲劇的な結末となる可能性が高かったのだ。

戦略家は、自分たちが仕える国家の戦略遂行能力を高めるためにベストを尽くさなければならないし、それと同時に、国民に対して（本項の格言をあえて使えば）本当に酷く悲劇的でさえある出来事が起こるということを思い起こさせる必要があるのだ。アメリカが南ベトナムで行っていたことには崇高な理想があったのであり、ハノイ政府（北ベトナム）が勝利した時の残虐な行為を見たアメリカの多くの批評家たちも、遅まきながらこのことを素直に認めている。しかし様々な理由のおかげで、崇高な理想は南ベトナムとアメリカの両方にとって悲劇的な結末となってしまった。ナチス・ドイツは少なくとも戦略家である私の個人的な視点からすれば崇高な理想を持っていたわけではないのだが、それでもこれがドイツ人全員と国内外の被害者たちにとって悲劇的であったことは間違いない。
米英による二〇〇三年のイラク侵攻は、その最終的な結果がどうであれ、とにかく悲劇となった。国民、特に超大国の国民にとって大事なのは、「悲劇は起こる」ということを理解することだ。悲劇は常に避けられるものではない。「善意」、「神からの支持があるという確信」、そしてアメリカの「意志の力」や「ノウハウ」など、これらのどれもが悲劇の発生をしっかりと防いでくれるわけではないのだ。プロの戦略家は、すでに述べたように個々の人間の運命についてはは確かに悲観的だが、それでも社会や国家レベルでの悲劇の発生についてははじめから悲観的なわけではない。むしろ戦略家というのは、悲劇を発生させる歴史的なサイクルを確実に生み出すような、あまりにも出来すぎた未来像に対しては、悲観的、もしくは現実的であると言える。

強制労働収容所が大規模な拡大を始めた一九二九年からスターリンが死ぬ一九五三年まで、およそ千八百万人もの人々がこの巨大なシステムを通じて命を落としている。それとは別に、六百万人がカザフの砂漠やシベリアの森に送り込まれた。彼らは鉄条網に囲まれて生きていたわけではないが、法的には追放者の村にとどまることを要求され、強制労働を強いられたのだ。

アン・アップルバウム（Anne Applebaum）、二〇〇四年[*6]

＊1 See Adrian Goldsworthy, *Roman Warfare* (London: Cassell, 2002), p.81.
＊2 Adrian Goldsworthy, *The Fall of Carthage: The Punic Wars, 265-146 BC* (London: Cassell, 2003).

＊３ John Keegan, *The Face of Battle* (New York: Viking Press, 1976).

＊４ See J. E. Lendon, *Soldiers and Ghosts: A History of Battle in Classical Antiquity* (New Haven, CT: Yale University Press, 2005); Victor Davis Hanson, *Why the West Has Won: Carnage and Culture from Salamis to Vietnam* (London: Faber and Faber, 2001); and John A. Lynn, *Battle: A History of Combat and Culture* (Boulder, CO: Westview Press, 2003).

＊５ See Martin van Creveld, *Supplying War: Logistics from Wallenstein to Patton* (Cambridge: Cambridge University Press, 1977), Ch. 5. ［クレフェルト『補給戦』］

＊６ Anne Applebaum, *Gulag: A History of the Soviet Camps* (London: Penguin Books, 2004),pp.4-5.

あとがき
戦いのための教訓

本書の結論として、私はかなり大胆とも言える五つの主張を以下のように提示してみたい。

第一に、読者の中には「格言」（maxim）という概念が好きではない人もいるかも知れないが、それでも本書で展開された四〇の小論文の説明は熟考するだけの価値を持つものであることは認めていただけるはずだ。戦争、平和、そして戦略という死活的に重要なテーマにとって、そこで議論されている内容ほど大事なものはないからだ。戦略の理論家や実践者の中で戦略知識をかなり持っていると自負している人でも、本書の中に真実や有益なテーマだと感じることができるような、論理や相互関連性、そして警句などをいくつか発見できるはずだ。そしてこれこそが、私のせめてもの偽りのない願いである。

第二に、私は本書のイントロダクションで主張したことを再び強調したい。そこで約束したように、本書の格言ではまさに一貫性のある世界観が反映され、そして表現されているのだ。結果的にこれらはひとつの大きな物語を構成しており、これは国政術と戦略の全体的な世界図を描いている。本書の流れの中で何度も繰り返し出てくる格言は互いに補い合う関係にあり、またそうあるべきなのだ。本書は四〇の小論文を集めたものだが、単に別々のものを寄せ集めただけのものではない。

第三に、本書に収録され説明されている格言は、以下の四つの重要なテストを受けているために、それぞれがそれなりの正当性を持ったものであると言える。その四つとは、①経験的、つまり歴史的に正しいことが証明されている、②論理に整合性がある、③コモンセンス（常識感覚）に合致する、④実践面での有用性がある、ということだ。本書の格言には「単なる知識」ではなく、「有益な知識」が含まれている。戦略はあくまでも実践的な研究なのだ。

第四に、戦略についての著作は森林が犠牲になるほどその数が多いのだが、それらの中で戦略の「総合理論書」として書かれた本当に価値のあるものは非常に少ない。本書は控え目であるが、このように希少だが必要不可欠な文献リストに貢献できることを願って書かれている。

第五の、そして最後の主張は、戦略があくまでも実践的な事業であり、そのプロセスにおいて繰り返し作り直されるものである、ということだ。このプロセスは非常に困難であり、仕方なく行われる妥協というのは論争を呼ぶものであるため、参加者である戦略の作成者たちはその最中に自分たちを導いてくれる根本的なことを見失いがちだ。本書で論じられている戦争、平和、そして戦略についての四〇の格言は、これらのテーマの本質の中でも最も重要なことをすぐに思い起こさせてくれるものであり、これによって実践的な世界で役立つのだ。

本書の最後を飾るのは十八世紀のフランス陸軍元帥モーリス・ド・サックス（Maurice de Saxe）の言葉である。彼が一七三二年に出版した『戦争術に関する予の瞑想』（*My Reveries upon the Art of War*）のまえがきの最初の一文には、以下のようなことが書かれている。

「本書は新しい戦争術を確立するために書かれたのではなく、むしろ著者である私自身を楽しませ、また教育するために編まれたものだ[*1]」

＊1　Maurice de Saxe, "My Reveries upon the Art of War," in Thomas R. Phillips, ed., *Roots of Strategy: A Collection of Military Classics* (London: John Lane the Bodley Head, 1943), p.100.

【普及版】訳者あとがきと解説

奥山　真司

本書はコリン・グレイの *Fighting Talk: 40 Maxims on War, Peace, and Strategy* (2007) の完全日本語版である。グレイの著書については、日本でも一九八〇年代に地政学について書かれた小論文（モノグラフ）[*1]が一冊の本として邦訳されているが[*2]、それ以後の邦訳として本格的なものは本書が二十数年ぶりとなるために、ここでは原著者についてあらためて解説しておく必要があるだろう。

コリン・スペンサー・グレイ（Colin Spencer Gray）はイギリスで一九四三年にエンジニアの家庭に生まれた。父親は第二次世界大戦中にイギリス空軍の爆撃機のパイロットであったという。マンチェスター大学の経済学部に在籍中にジョン・エリクソン（John Erikson）という天才肌のソ連陸軍の世界的権威に大いなるインスピレーションを受け、卒業後はオックスフォード大学に進み、『国際社会論――アナーキカル・ソサエティ』の著者として有名なヘドリー・ブル（Hedley Bull）の元で「アイゼンハワー政権の対外政策」というテーマで博士号論文を書いている。その時の論文の外部審査官は、イギリスの歴史家としても名高いマイケル・ハワード（Michael Howard）であったという。

博士号獲得後はランカスター大学で国際関係論を教えたのを皮切りに、イギリスのシンクタンクである「国際戦略研究所」(ＩＩＳＳ)で研究部門のアシスタント・ディレクターを務めた後に北米に渡り、カナダのブリティッシュコロンビア大学やヨーク大学で安全保障論を教え、カナダの安全保障について書いた論文などが認められてからアメリカに渡り、当時は核戦略家として有名で「二一世紀は日本の時代になる」と宣言したハーマン・カーン(Herman Kahn)が設立したハドソン研究所で研究員となった。また、自分でもワシントンでシンクタンクを二つ設立し、一九八一年からはレーガン政権下の軍備管理軍縮局でアドバイザーを五年間務めており、ここでは主にソ連の核戦略についての分析を行ったり意見を進言していた。その後も二重国籍保持者という立場を活かしながら米英両政府の公式・非公式アドバイザーを続け、一九九〇年代半ばにはイギリスに戻って北東部にあるハル大学の教授となり、二〇〇〇年からは南部のレディング大学に移って教えていた。二〇一四年にリタイアして名誉教授となってからも精力的に著作と論文を発表しつづけ、二〇二〇年二月に七六歳で亡くなっている。[*3]

グレイは本書の他にすでに二〇冊を越える単行本や十数本の政府用の報告書、そして数百本にも及ぶ論文や記事を書いており、かなりの多作家であると言えよう。[*4]代表作は自身も認めるように、クラウゼヴィッツの理論を現代に復活させて戦略の総合理論書を目指した『現代の戦略』(*Modern Strategy*)であるが、その他にも戦略研究の教科書の編集に関わったものや、[*5]個別の戦略問題について、戦略の根本的な面から論じたものが多い。学界の議論に登場した時の専門研究分野はとくにミサイル問題を含む「軍拡競争」(arms race)であったが、[*6]軍事戦略の理論そのものにも強い関心を示しており、とくに核戦略論では有名な論文や著作がある他、戦略文化、航空戦略、シーパワー論、スペースパワー論、特殊部隊論、そして地政学などの理論についても発言を続けており、すでに述べたように日本でもその中の論文はいくつか翻訳され、[*7]一部ではその名が知られている。

ちなみに核抑止論にはその烈度によって四つの理論があるとされており、まず一つ目は平和運動家のような存在に代表される、そもそも核兵器による抑止などをはじめから信じていない「完全拒否派」。二つ目は、国際関係論のネオリアリズムという学派の始祖として名高いケネス・ウォルツ(Kenneth Waltz)や、ケネディ、ジョンソン両政権で国家安全保障アドバイザーをつとめたマクジョージ・バンディー(McGeorge Bundy)などが支持していた「最小限抑止派」であり、これは数百発からたった十発程度の核弾頭だけで他国に対する十分な抑止になるという立場。そして三つ目は「大規模破壊派」なのだが、これは抑止が効くのは自分の能力が敵(とその同盟国)に対してそのほとんどを破壊できるだけの強力な能力を備えた時だけだ、という立場である。これは冷戦期の主要国のリーダーたちや核抑止の理論家たちに多く、フルシチョフ(Nikita Khrushchev)元ソ連書記長やアイゼンハワー(Dwight Eisenhower)元大統領、そしてロバート・マクナマラ(Robert McNamara)元国防長官や、核問題を論じていた知識人たちのほとんどがこのカテゴリーに入る。そして最後の四つ目は、抑止論をあまり信じておらず、とにかくどのレベルでも核戦争に勝てるだけの準備はしておかないといけない、という立場の「戦争勝利派」だ。彼らは最悪のシナリオでも勝てるようにするために、先制攻撃力などの構築を積極的に進めることを提案するのだが、前述のハーマン・カーンや元国防長官のジェームス・シュレシンジャー（James R. Schlesinger）、ポール・ニッツェ（Paul H. Nitze）[*8]、それにソ連の参謀本部の将校たちはみんなここに入っている。そしてグレイは核戦略でソ連に勝つことを狙った最も強烈な「勝利の理論」を同僚のキース・ペイン（Keith B. Payne）と提唱して大問題になった事情もあり、この最後の「戦争勝利派」に属することになる。[*9]

このようなことからもお分かりの通り、グレイの思想は保守・タカ派であり、国際関係論で言うところのいわゆる「リアリスト」に分類されるのだが、本人はパワーを重視するリアリストでありながらも、国際社会の構造のような枠組みを重視する「ネオ・リアリスト」ではなく、かといって闇雲《やみくも》に「パワー」だけからすべてを解明しようとする「古典現実主義者」（クラシカル・リアリスト）ではなく、むしろ「パワー」の要素の他にも「文化」のような国内的要因を重視する「新古典現実主義者」（ネオ・クラシカル・リアリスト）であると言っている。[*10]また、「戦略文化」（strategic culture）の研究においてはジャック・スナイダー（Jack Snyder）などと共にいわゆる「第一世代」に属する学者に分類されており、アメリカの安全保障研究に「文化」という概念が本格的に導入される以前から、「国家様式」（national style）という言葉を使いつつ、当時のソ連の核戦略が、アメリカ側の研究で盛んだったゲーム理論をはじめとする合理選択理論では説明できないことを鋭く指摘していた。[*11]近年は特に戦略そのものについて新しい理論を確立しようとしており、本書の中でもそのような傾向が見られる格言や議論をいくつか散見することができる。

このように軍事・戦略・安全保障分野で四〇年以上にわたって精力的な発言を続けてきたグ

レイだが、いままでの著作は地政学のもの以外では一冊分の分量が多くて訳すのに適度な本がなく、また日本では彼の得意とするテーマがあまり人気のあるものではなかったために、彼の存在がそれほどクローズアップされることはなかった。[*12] しかしアメリカの士官学校ではエドワード・ルトワック (Edward L. Luttwak) やマーチン・ファン・クレフェルト (Martin Van Creveld) らと共に「現代の三大戦略思想家」として知られ、その発言は米英の防衛関係者たちには常に注目されていた。本書はこのような経歴を持つグレイの特色がいかんなく発揮されたものであり、しかも彼の専門である西洋の軍事戦略論のエッセンスが比較的短い分量の中でかなり簡潔にまとめられた、これまでの中でも一番アクセスしやすいものとなっている。実際に彼の博士号課程の人間たちの間では、本書が最もグレイの思想が理解しやすいものとして評判であったことを記しておきたい。

本書のグレイの戦略論の特徴をまとめると、以下のような三つの点に集約される。一つ目は、グレイがリアリズムの視点を前提にした「戦略家」という特殊な立場から発言を行っていることだ。日本で「戦略家」といってもいまひとつイメージしにくいところがあるのだが、グレイはアメリカの民間の防衛アナリストや政府に対する軍事アドバイザーという意味で使っており、これはあくまでも実践重視の職業であることを強調している。彼らは戦争の危険があるからこそ存在するのであり、その視点は紛争が起こることを想定した世界観を持っているという意味で悲観的な「現実主義」(Realism) に近い。また彼らが使う理論は徹頭徹尾「実践重視の理論」でなければ意味がなく、この事実から目をそらしてはいけないことになる。日本では安全保障のかなりの部分をアメリカに依存しているために、このような国防における実践の理論についての議論から社会的にある程度目をそらすことはできていた部分はあるのだが、グレイのような戦略家としては自分たちのアドバイスが国家の生死にも関わってくるために、あくまでもその姿勢は真剣である。

二つ目は、グレイ自身がクラウゼヴィッツの思想や分析を基礎においた発言をしていることだ。ご存知の通り、クラウゼヴィッツというのは名著『戦争論』において、実際の軍事行動もすべては政策の延長であり、軍事行動よりも常に政策が優位に立たなければならないと説いたことで有名だ。これはつまり戦略には「階層」が存在するという前提に立っているということであり、グレイはこのクラウゼヴィッツの政治が優位にあることを認めつつ、ルトワックの分析法、つまり国家などが戦争を行う時の階層を、「政策」→「大戦略」→「軍事戦略」→「作戦」→「戦術」のように、いくつかのレベルにわけて説明している。[*13] これを最初に言ったのはもちろんクラウゼヴィッツであり、彼の場合は、「政策」は王様や大臣が行うもの、そして「戦略」は将軍などに担当させるべきだと分析していた。これを踏まえたグレイにとっての「戦略」とは、国家の政府などが政治レベルで実行する「政策」と実際の軍事行動を動かす「戦術」というレベルをつなげる「橋」という微妙な立場にある概念だという。こうなると戦略家は軍事だけを考えてもいけないし、かといって政治だけを考慮して軍事を軽視するのも問題であることになる。グレイは過去に戦略には一七の面（次元・位相）があると説いているが、[*14] このような複雑さがからんでくるために「戦略は難しい」ことになる。

三つ目は、彼が「戦争や戦略の本質は変化しない」という立場を貫いていることだ。これも大きくはクラウゼヴィッツに影響を受けた考え方であり、このプロイセンの軍人が戦争には時代ごとや戦争ごとの「独自の方法」（文法）は異なるが、その本質である「論理」（ロジック）は変わらないとしているところがその根拠になっている。これを応用すると、戦争は戦争であり、テロやゲリラ戦いに注目が集まったおかげで近年流行していた「非正規戦」と「正規戦」という区別にもそれほど大きな意味は無くなる。冷戦が終了してからの十年間に内戦型の「新しい戦争」（new wars）が始まったという意見も欧米では多く聞かれたが、グレイはあくまでも戦争というのは終始一貫して政治行為なのであり、もし政治行為でなければ、テロなども単なる破壊的な犯罪行為でしかなくなってしまうという立場をとっている。またこれを逆に考えると、政府などが行うどの軍事・戦闘行為も、それが政治的な効力を全く発揮できなければ、いくら核兵器などの大量破壊兵器で多くの敵を死に至らしめても意味がないことになる。これはテクノロジーを信奉する現在のアメリカの国防エスタブリッシュメントが、ベトナム戦争時代には火力によって、そして九〇年代からは情報通信技術の主導による「軍事における革命」（RMA）によって複雑な戦略問題を解決できるものだとどこかで楽観視していることと結びついてくるのであり、グレイはこれを非常に問題視している。たしかに戦争の形（キャラクター）は、時代や状況やそれに使われるテクノロジーや手段（騎馬戦、核兵器、テロ、特殊部隊、通常兵器による大部隊など）によっていくらでも変わるのだが、「戦争や戦略の本質」、つまりそれがあくまでも「政治的な活動である」という本質は変わらない。グレイのあらゆる論文や著作にはこのような考え方が通奏低音として響き渡っている。

本書のような戦略論はビジネスにも使えるかどうかは、基本的に門外漢である私にはよくわからない。近年はビジネス論や経営論における「戦略論」の研究が日本でもかなり盛んになってきているが、拙訳の『戦略論の原点』や『戦略の未来』と共に、本書がこのような分野の研究者や一般の知性の高い読者たちにとって、軍事戦略論に対する偏見を払拭できたり、その理解のためにわずかでもお役に立つことできれば、訳者としては望外の喜びである。

本書は現代の戦略研究の分野の本の中でもより実践的かつ平易に書かれた教育書として、とても貴重な価値を持つ本である。そういった意味で本書の訳出作業をたった一人で行うという贅沢を味わえたことは研究者としても大変勉強になったが、同時に訳者としての大きな責任も感じている。そもそも私自身も訳文が完全なものであるとは考えておらず、ぜひ読者諸氏の叱責・訂正などを賜りたいと願っている。ご意見・ご批判のある方は、訳者のメールアドレスまでお気軽にご連絡いただければ幸いである（masa.the.man@gmail.com）。

最後にこの場を借りて、本書を訳出する際にお世話になった方々の名前を記して謝辞と代えさせていただきたい。まず原著の著者であるコリン・グレイ教授には本書の日本語訳を勧めてくださったことに感謝したい。本書の「はしがき」などでもわかるように、彼は自分の生徒との知的交流をとても大切にする人物だ。多作家であるためにいつも忙しくしているが、コースメイト同士の交流ができる場を積極的に作り出してくれるなど、私を含む生徒たちはグレイ教授が与えてくれるインスピレーションと勇気にどれだけ助けられたかわからない。この二月に七六歳でお亡くなりになったが、もっとご自宅に足を運んで貴重なお話を聞けなかったのかと、自責の念が強く残っている。

また、英文の意味についてはトーマス・ヒューズ（Thomas Jeffrey Hughes）氏に多少の助けを頂いており、あらためてお礼を言わなければならない。もちろん最終的な訳文や意味の解釈の責任は、訳者である私にあることは言うまでもない。そして最後に芙蓉書房出版の平澤公裕社長にはわがままな企画を採用していただいて本当に感謝している。ありがとうございました。

二〇二〇年六月一五日

註

＊1 Colin S. Gray, *The Geopolitics of the Nuclear Era: Heartland, Rimlands, and the Technological Revolution*, (New York: Crane, Russak, September 1977).

＊2 コリン・グレイ著、小島康男訳『核時代の地政学』紀尾井書房、一九八二年。

＊3 訳者によって原著者に対して行われた二〇〇八年六月二六日のインタビューによる。

＊4 現在までに刊行されているグレイの単著は以下の通り。

Colin. S. Gray, *Canadian Defence Policy: A Question of Priorities* (Toronto: Clarke, Irwin, 1972); idem, *The Soviet-American Arms Race* (Lexington, MA: Lexington Books, 1976); idem, *The MX ICBM and National Security* (New York: Praeger, 1981); idem, *Strategic Studies: A Critical Assessment* (Westport, CT: Greenwood Press, 1982); idem, *Strategic Studies and Public Policy: The*

American Experience (Lexington, KY: The University Press of Kentucky, 1982); idem, *American Military Space Policy: Information Systems, Weapon Systems, and Arms Control* (Cambridge, MA: Abt Books, 1983); idem, *Nuclear Strategy and National Style* (Lanham, MD: University Press of America, 1986); idem, *The Geopolitics of Super Power* (Lexington, KY: University Press of Kentucky, 1988); idem, *War, Peace, and Victory: Strategy and Statecraft for the Next Century* (New York: Simon and Schuster, 1990); idem, *House of Cards: Why Arms Control Must Fail* (Ithaca, NY: Cornell University Press, 1992); idem, *The Leverage of Sea Power: The Strategic Advantage of Navies in War* (New York: The Free Press, 1992); idem, *Weapons Don't Make War: Policy, Strategy, and Technology* (Lawrence, KS: University Press of Kansas, 1993); idem, *The Navy in the Post-Cold War World: The Uses and Value of Strategic Sea Power* (University Park, PA: Penn State University Press, 1994); idem, *Explorations in Strategy* (Westport, CT: Greenwood Press, 1996; 1998 sec. ed. pb [Praeger]); idem, *The Second Nuclear Age* (Boulder, CO: Lynne Rienner Publishers, 1999); idem, *Modern Strategy* (Oxford: Oxford University Press, 1999)〔コリン・グレイ著、奥山真司訳『現代の戦略』中央公論新社、二〇一五年〕; idem, *Strategy for Chaos: Revolutions in Military Affairs and Other Evidence of History* (London:: Frank Cass, 2002); idem, *The Sheriff: America's Defense of the New World Order* (Lexington, KY: The University Press of Kentucky, 2004); idem, *Another Bloody Century: Future Warfare* (London: Weidenfeld and Nicolson, 2005); idem, *Strategy and History: Essays on Theory and Practice* (Abingdon, UK: Routledge, 2006); idem, *War, Peace and International Relations: An Introduction to Strategic History*, (London,: Routledge, 2007); idem, *Fighting Talk: Forty Maxims on War, Peace and

Strategy (London: Praeger, 2007)〔本書〕; idem, *National Security Dilemmas: Challenges & Opportunities* (Washington D.C.: Potmac Books, 2009); idem, *The Strategy Bridge* (Oxford: Oxford University Press, 2010); idem, *Airpower for Strategic Effect* (Air War College Military Book, 2012); idem, *Perspectives on Strategy* (Oxford: Oxford University Press, 2013); idem, *Strategy and Defence Planning* (Oxford: Oxford University Press, 2014); idem, *The Future of Strategy* (Cambridge: Polity Press, 2015)〔コリン・グレイ著、奥山真司訳『戦略の未来』勁草書房、二〇一八年〕; idem, *Strategy and Politics* (Abingdon, UK: Routledge, 2016); idem, *The Theory of Strategy* (Oxford: Oxford University Press, 2018).

＊5 John Baylis, James Wirtz, Eliot Cohen and Colin S. Gray, eds., *Strategy In the Contemporary World: An Introduction to Strategic Studies* (Oxford: Oxford University Press, 2002). 現在は第六版まで出ている。日本語版は第三版を要約したもの。ジョン・ベイリスほか編著、石津朋之監訳『戦略論：現代世界の軍事と戦争』勁草書房、二〇一二年。

＊6 Colin S. Gray, "The Arms Race Phenomenon", *World Politics*, Vol. XXIV, No. 1 (October 1971), pp. 39-79.

＊7 一例として、コリン・グレイ「9・11後も変らぬ世界政治」ケン・ブース、ティム・ダン編、寺島隆吉監訳『衝突を超えて—9・11後の世界秩序』日本経済評論社、二〇〇三年、二六二〜二七二頁。グレイ「第十八章　核時代の戦略—アメリカ（一九四五〜一九九一年）」ウィリアムソン・マーレー、マグレガー・ノックス、アルヴィン・バーンスタイン編、石津朋之、永末聡監訳『戦略の形成』下巻、二〇〇七年、四〇二〜四六六頁。グレイ、奥山真司訳「戦争とは何か—戦略研究からの視点」、「戦略はなぜ難しいのか」『年報戦略研究』第六号、戦略研究学会、二〇〇九年三月。

＊８　余談だが、ニッツェは晩年に「完全拒絶派」に思想転向している。この転向を表明したものとして代表的な論文は、Paul H. Nitze, "A Threat Mostly to Ourselves", *the New York Times*, Oct. 28th 1999.

＊９　Colin S. Gray and Keith B. Payne, "Victory Is Possible", *Foreign Policy*, No. 39 (Summer 1980), pp. 14-27.

＊１０ Colin S. Gray, "Clausewitz Rules, OK? The Future is the Past- with GPS", *Review of International Studies*, Vol. 25, Special Issue (December 1999), pp.161-182.

＊１１　「戦略文化」に言及した初期の議論には、idem, *Nuclear Strategy and National Style* (Lanham, MD: University Press of America, 1986); その後に「戦略文化」についてまとめた議論としては、idem, "Strategic Culture as Context: The First Generation of Theory Strikes Back", *Review of International Studies*, Vol. 25, No. 1 (January 1999), pp. 49-69; idem, "Out of the Wilderness: Prime-time for Strategic Culture," *Comparative Strategy* 26 (January-March 2007). を参照。

＊１２　唯一の例外としては、野中郁次郎、戸部良一、鎌田伸一、寺本義也、杉之尾宜生、村井友秀『戦略の本質―戦史に学ぶ逆転のリーダーシップ』日本経済新聞社、二〇〇五年、第一章。

＊１３ Colin S. Gray, *War, Peace, and Victory: Strategy and Statecraft for the Next Century* (New York: Simon and Schuster, 1990), pp. 29-38.

＊１４ idem, *Strategy for Chaos: Revolutions in Military Affairs and Other Evidence of History* (London: Frank Cass, 2002)

Translated from the English language edition of
Fighting Talk/ Forty Maxims on War, Peace, and Strategy,
by Colin S. Gray,
Originally published by Praeger Pubilshers,
an imprint of ABC-CLIO, LLC, Santa Barbara, CA, U.S.A.
Copyright ©2007 by Colin S. Gray
Translated into and pubilshed in the Japanese language
by arrangement with ABC-CLIO, LLC.,
through Tuttle-Mori Agency, Inc., Tokyo. All rights reserved.

※本書は2009年刊の同名書のソフトカバー普及版です

著者略歴

コリン・グレイ（Colin S. Gray） 1943-2020

専門は安全保障、戦略研究、地政学、戦略文化など多岐におよぶ。1943年英国生まれ。1970年にオックスフォード大学で博士号（Ph.D.）を取得。英国やカナダの大学で教鞭をとった後、ニューヨークのハドソン研究所で研究員を務め、英米の二重国籍を取得。自らもワシントンにシンクタンクを設立し、レーガン政権では戦略アドバイザーを５年間務めた。1990年代半ばに英国ハル大学教授となり、2000年からレディング大学教授。2020年2月27日没。著書は20冊を超えるが、邦訳されているものは本書のほか『戦略の未来』（奥山真司訳、勁草書房）、『現代の戦略』（奥山真司訳、中央公論新社）、『核時代の地政学』（小島康男訳、紀尾井書房）などがある。

訳者略歴

奥山真司（おくやま　まさし）

1972年生まれ。地政学・戦略学者。戦略学Ph.D. 国際地政学研究所上席研究員、戦略研究学会常任理事、日本クラウゼヴィッツ学会理事。カナダ、ブリティッシュ・コロンビア大学卒業後、英国レディング大学大学院で戦略学の第一人者コリン・グレイ博士に師事。著書に『地政学』（五月書房）、最近の訳書に『目に見えぬ侵略』（C・ハミルトン著、飛鳥新社）、『ルトワックの日本改造論』（E・ルトワック著、飛鳥新社）、『大国政治の悲劇』（J・ミアシャイマー著、五月書房）、『現代の軍事戦略入門』（E・スローン著、芙蓉書房出版）、『戦略の未来』（C・グレイ著、勁草書房）、『ルトワックの“クーデター入門”』（E・ルトワック著、芙蓉書房出版）、『真説孫子』（D・ユアン著、中央公論新社）などがある。

戦略《せんりゃく》の格言《かくげん》〈普及版〉

——戦略家のための40の議論——

2020年9月15日　第１刷発行

著　者

コリン・グレイ

訳　者

奥山《おくやま》　真司《まさし》

発行所

㈱芙蓉書房出版

（代表 平澤公裕）

〒113-0033東京都文京区本郷3-3-13

TEL 03-3813-4466　FAX 03-3813-4615

http://www.fuyoshobo.co.jp

印刷・製本／モリモト印刷　　ISBN978-4-8295-0795-7

【芙蓉書房出版の本】

海洋戦略入門　平時・戦時・グレーゾーンの戦略

ジェームズ・ホームズ著　平山茂敏訳　本体 2,500円

海洋戦略の双璧マハンとコーベットを中心に、ワイリー、リデルハート、ウェゲナー、ルトワック、ブース、ティルなどの戦略理論にまで言及。軍事戦略だけでなく、商船・商業港湾など「公共財としての海」をめぐる戦略まで幅広く取り上げた総合入門書。

戦略論の原点　軍事戦略入門　新装版

J・C・ワイリー著　奥山真司訳　本体2,000円

軍事理論を基礎とした戦略学理論のエッセンスが凝縮され、あらゆるジャンルに適用できる「総合戦略入門書」。クラウゼヴィッツ、ドゥーエ、コーベット、マハン、リデルハート、毛沢東、ゲバラ、ボー・グエン・ザップなどの理論を簡潔にまとめて紹介。

クラウゼヴィッツの「正しい読み方」『戦争論』入門

ベアトリス・ホイザー著　奥山真司・中谷寛士訳　本体 2,900円

『戦争論』解釈に一石を投じた話題の入門書。戦略論の古典的名著『戦争論』の誤まった読まれ方を徹底検証する。

『戦争論』レクラム版　カール・フォン・クラウゼヴィッツ著

日本クラウゼヴィッツ学会訳　本体 2,800円

原著に忠実で最も信頼性の高い1832年の初版をもとにしたドイツ・レクラム文庫版を底本に、8編124章の中から現代では重要性が低下している部分を削除しエキスのみを残した画期的編集。

現代の軍事戦略入門　増補新版

陸海空からPKO、サイバー、核、宇宙まで

エリノア・スローン著　奥山真司・平山茂敏訳　本体 2,800円

古典戦略から現代戦略までを軍事作戦の領域別にまとめた入門書。コリン・グレイをはじめ戦略研究の大御所がこぞって絶賛した書。